Wirtschaft

Band 3

Lernbereich Arbeitslehre

herausgegeben von

Dietmar Krafft

Heinrich Meyer

erarbeitet von

Renate Harter-Meyer

Dietmar Krafft

Heinrich Meyer

Denis Mujkanovic

Melanie Spiller

in Zusammenarbeit mit

der Verlagsredaktion

Cornelsen

Die in diesem Buch angegebenen Internet-Adressen und -Dateien wurden vor Drucklegung geprüft (Stand: Januar 2013). Der Verlag übernimmt keine Gewähr für die Aktualität und den Inhalt dieser Adressen und Dateien und solcher, die mit ihnen verlinkt sind.

Redaktion: Jürgen Grabowski; Martin Glania, Brieselang
Bildassistenz: Elke Schirok
Layout: hawemannundmosch, Berlin
Technische Umsetzung: CMS – Cross Media Solutions GmbH, Würzburg
Collagen, Grafik, Illustrationen: Anette Schamuhn, Berlin
Fotos: Peter Wirtz, Dormagen
Umschlaggestaltung: Klein & Halm Grafikdesign, Berlin
Titelfoto: lev dolgachov/shutterstock

www.cornelsen.de

1. Auflage, 1. Druck 2013

Alle Drucke dieser Auflage können im Unterricht nebeneinander verwendet werden.

Druck: Stürtz GmbH, Würzburg

ISBN 978-3-06-064412-4

Inhalt gedruckt auf säurefreiem Papier aus nachhaltiger Forstwirtschaft.

Inhalt

Lernfeld: Vorsorge und Lebensplanung zwischen Familien-, Bürger- sowie Erwerbsarbeit

Lernfeld: Berufswahlorientierung und Berufswegeplanung

Persönliche Zukunft zwischen Erwerbsarbeit, Familien- und Bürgerarbeit

1 Zusammenhänge zwischen Arbeit und Leben

Wenn ihr über eure Zukunftsvorstellungen sprecht, werdet ihr feststellen, dass die meisten von euch ähnliche Ziele haben. Jeder möchte eine Arbeit, die ihm Spaß macht, eine schöne Wohnung oder ein Haus und die meisten möchten eine Familie. Aber um diese Träume erfüllen zu können, benötigt ihr Geld. Ihr werdet also einer Erwerbsarbeit nachgehen, für die ihr ein Entgelt erhaltet.

Heute müsst ihr bereits beginnen, für eure Lebensträume zu planen, damit sie sich erfüllen können. Mit der Berufswahl legt ihr schon einen großen Teil eures Lebens fest. Dabei geht es nicht nur um den Spaßfaktor an der Arbeit – auch die Höhe des Einkommens, die Arbeitszeiten und die Arbeitsorte werden davon beeinflusst.

So erzielt ein Pilot zwar im Vergleich ein relativ hohes Einkommen, ist aber beruflich viel unterwegs und hat unregelmäßige Arbeitszeiten.

Es ist schwer, in Deutschland ein angenehmes Leben zu führen, ohne einem Erwerb nachzugehen. Auch die Frage nach den Zukunftschancen eines Berufes sollte man sich also rechtzeitig stellen (siehe auch S. 9). Wer seine Träume im Leben umsetzen möchte, muss langfristig planen und seine Schritte für die Zukunft mit viel Bedacht setzen.

Leider können, trotz guter Planung der Zukunft, Ereignisse geschehen, die zum Umdenken zwingen, wie Scheidung, Krankheit oder Tod. Auch berufliche Probleme verändern das Privatleben. Zufriedenheit im Beruf hängt besonders von gutem Miteinander im Kollegium ab. Finanzielle Schwierigkeiten, die durch Kündigung oder schlechte Bezahlung entstehen, wirken sich auf Zukunftspläne stark aus. Bei aller Planung für die Zukunft sind Flexibilität und die Bereitschaft, Neues zu akzeptieren, wichtige Eigenschaften, um wieder neue Möglichkeiten im Leben zu schaffen.

▸ **Leitauftrag** Bezieht Stellung zu den Ergebnissen der Grafik. Was steht in eurem Leben an erster Stelle? Vergleicht die Ergebnisse mit euren Ansichten.
Beschreibt eure persönliche Zukunftsvorstellung und stellt erste Zusammenhänge zwischen euren Träumen und der angestrebten Berufsvorstellung dar.

Auf einen Blick

B

Ihr könnt verschiedene Formen der Lebensplanung benennen.

Ihr entwickelt eigene Zukunftswünsche und beschreibt sie.

Ihr erkennt die Notwendigkeit individueller Vorsorge.

Ihr schätzt die Bedeutung von Familien- und Bürgerarbeit für die heutige Gesellschaft ein.

2 Lebensplanung und Vorsorge gehören zusammen

Vorsorge für sich und die Familie zu treffen ist ein bedeutsamer Bestandteil des täglichen Lebens. Es gibt viele Situationen, die dazu führen können, dass das vorhandene Einkommen nicht mehr verfügbar ist.

Es gibt verschiedene Wege der Vorsorge (siehe auch S. 15 ff.).

Wichtig ist, die eigene Vorsorge auf die geplante Zukunft abzustimmen. Bei der Vielzahl an Möglichkeiten ist unabhängige und individuelle Beratung unerlässlich.

Aufgaben

A

1 Lest die Aussagen der Personen und erstellt eine tabellarische Übersicht über die Art und Ziele ihrer Vorsorge.

2 Versucht, eine eigene Sprechblase mit einem Statement zu Lebensplanung und Vorsorge zu schreiben. Stellt es euren Mitschülern vor und besprecht die verschiedenen Vorstellungen.

3 Welche Schwierigkeiten könnten für die hier dargestellten Personen bei der Planung ihrer Zukunft auftreten?

3 Familien- und Bürgerarbeit als Stütze der Gesellschaft

Familien- und Bürgerarbeit

Gemeint ist damit unentgeltliche Arbeit im privaten Haushalt der Familie oder in Bereichen, in denen freiwillige Hilfe benötigt wird. Das sind in der Familie Tätigkeiten wie Krankenpflege, Kindererziehung und Betreuung von Angehörigen. Bei der Bürgerarbeit ist eine kaum erfassbare Bandbreite zu finden. Menschen engagieren sich unter anderem für:

- Vereine, Verbände, Gewerkschaften
- Kinder, Senioren, Kranke
- Feuerwehren, Rettungsdienste, Hilfswerke
- Tiere, Pflanzen, Umwelt
- und vieles mehr …

Dies sind Bereiche, in denen die Arbeit vor allem langfristig ist. Hinzu kommen die Arbeiten, die nur zeitweise bei Bedarf verrichtet werden. Ein Beispiel wäre, Sandsäcke zum Schutz vor Überflutungen zu legen.

Familienarbeit heute

Männer und Frauen möchten vermehrt Berufsarbeit und Familie verbinden. Berufliche Mobilität bedeutet häufig, dass keine Betreuung der Kinder durch Großeltern möglich ist. Familien sind, besonders in teuren Großstädten, auf zwei Einkommen angewiesen, um ihr Leben angemessen finanzieren zu können.

Dringend müssen zusätzliche Kinderbetreuungsplätze geschaffen werden. Arbeitgeber sind gefordert, die Arbeitswelt familiengerechter zu gestalten, damit Eltern sich neben ihrer Erwerbsarbeit ihren Kindern ausreichend widmen können. Familienarbeit ist grundsätzlich schwer zu organisieren und verlangt neben der Flexibilität des Arbeitgebers auch Unterstützung von Freunden und Angehörigen.

Oftmals argumentieren Erwachsene, dass die Bedingungen und die finanziellen Spielräume nicht ausreichen, um eine Familie zu gründen. Die Folge ist der demografische Wandel. Künftig gibt es in unserer Gesellschaft weniger Kinder und einen höheren Anteil Senioren.

Notwendigkeit der Bürgerarbeit

Wer sich in unserer Gesellschaft umsieht, kommt nicht umhin festzustellen, dass unser tägliches Leben von freiwilliger Arbeit umgeben ist. Da sind die Menschen in der freiwilligen Feuerwehr, die täglich Menschenleben retten. Es gibt die Bundesfreiwilligendienstler, die für ein Taschengeld z.B. alte Menschen pflegen. Menschen aus der Nachbarschaft beteiligen sich an Müllsammelaktionen im Wald und auf Spielplätzen.

Auch Teile der Familienarbeit werden oftmals von Freiwilligen verrichtet. Sie helfen in Kindertagesstätten, in Jugendtreffs und in Horten. Hausaufgaben machen, Spielen und gemeinsames Essen stehen auf der Tagesordnung, wenn Eltern, besonders Alleinerziehende, neben der Erwerbsarbeit nicht die Zeit dafür finden.

Es gibt viele Gründe, die Menschen zu sozialem Engagement motivieren: Sie möchten soziale Kontakte knüpfen, etwas Sinnvolles tun oder die eigenen Kenntnisse erweitern. Andere möchten dadurch eigene Ziele erreichen und etwas zur Gesellschaft beitragen.

Die Verrichtung dieser vielen Tätigkeiten in Form von Erwerbsarbeit wäre in unserer Gesellschaft nicht bezahlbar. Darum ist es für jeden Einzelnen wichtig, sich ebenfalls zu engagieren und seinen Teil beizutragen.

Aufgaben

A

1 Erstellt eine Tabelle, die die Schwerpunkte der Familienarbeit sowie der Bürgerarbeit übersichtlich darstellt.

2 Was führt zu den Veränderungen in der Familienarbeit? Welche Konsequenzen werden dadurch hervorgerufen?

3 Bildet Teams und recherchiert im Internet auf www.engagiert-in-nrw.de.
Sucht euch eine Aktion in eurer Umgebung und präsentiert sie eurer Klasse.

Erwerbsarbeit im Wandel

1 Wie werden wir zukünftig arbeiten?

Die deutsche Wirtschaft verändert sich stark. Hauptursachen dafür sind die Entwicklung der Informationstechnik, Herausforderungen im Umweltschutz und bei erneuerbaren Energien sowie die zunehmende Verflechtung der Weltwirtschaft. Diese → Globalisierung ist mit steigenden Ausfuhren und Einfuhren verbunden.

Das Institut für Arbeitsmarkt- und Berufsforschung (IAB) sieht folgende Trends:
- hohe Steigerungen der Produktivität im verarbeitenden Gewerbe bei sinkendem Bedarf an Arbeitskräften,
- Innovationen, z.B. bei Techniken zur Energieeinsparung,
- weniger Arbeitsplätze bei Dienstleistungsbereichen, in denen die Produktivität steigt, wie Handel, Verkehr, Kreditwesen,
- mehr Arbeitsplätze bei unternehmensnahen Dienstleistungen, wie Rechts-, Steuer- und Unternehmensberatung, EDV-Dienste und Werbung sowie personenbezogenen Dienstleistungen für Ältere.

▸ **Leitauftrag** Findet Antworten auf die Frage der Überschrift.

▲ Die Arbeiten in diesem Hochregallager werden computergesteuert ausgeführt

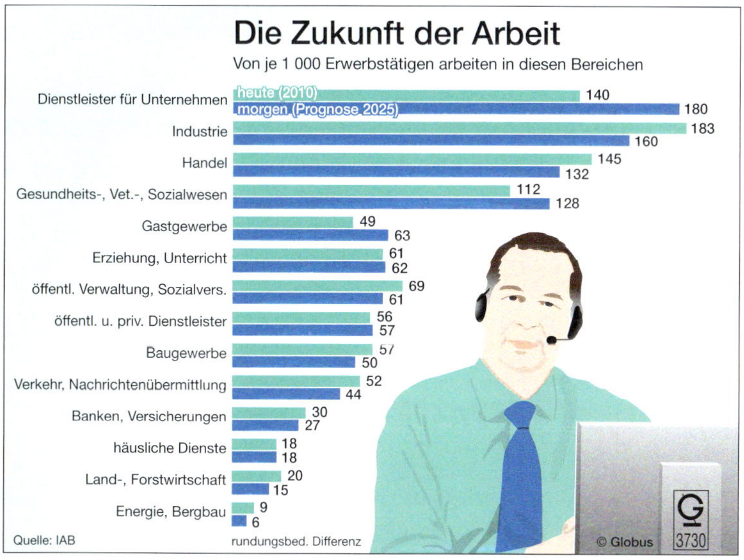

Auf einen Blick

B

Ihr begründet an Beispielen den Wandel der Erwerbsarbeit.

Ihr erklärt Gründe für den Berufswechsel während des Erwerbslebens.

Ihr entwickelt mithilfe der Methode Zukunftswerkstatt eigene Vorstellungen für euer zukünftiges Leben.

2 Nach der Umschulung in die Selbstständigkeit

Maren Heise berichtet

„Ich bin 57 Jahre alt und leite seit 12 Jahren meine eigene Sozialstation MOBIL. Wir betreuen pflegebedürftige und kranke Menschen zu Hause. Wie kam es dazu?“

Ausbildung als Näherin

„Nach Abschluss der Hauptschule habe ich Näherin gelernt. Handarbeiten lagen mir. Die Arbeit in der Textilfabrik erfolgte arbeitsteilig. Tagelang nähte ich z.B. bei Hosen nur Taschen ein.“

Die Familienphase

„Mit 21 Jahren heiratete ich, bekam bald Jonas und später Mareike. Wegen der Kinder konnte ich keine Erwerbsarbeit leisten. Eine Kinderkrippe gab es nicht. Als die Kinder in die Grundschule gingen, arbeitete ich wieder halbtags.
Später, die Kinder waren acht und zehn Jahre alt, wurde ich geschieden. Ich arbeitete wieder Vollzeit. Die Kinder waren erst im Hort und dann ganztags in der Gesamtschule. Ich habe mich weitergebildet. Weil ich gut mit Menschen umgehen konnte, wurde ich Vorarbeiterin.“

Der Wettbewerb um die Arbeitsplätze

„1990 schloss die Näherei. Die Lohnkosten waren im Ausland niedriger. Ich wurde arbeitslos. Mit dem Arbeitslosengeld konnte ich kaum auskommen.
Das Arbeitsamt empfahl mir eine Umschulung zur Altenpflegehelferin. Mir wurde gesagt, das sei ein Zukunftsberuf, weil die Zahl pflegebedürftiger Menschen steigt. Nach erfolgreichem Abschluss fand ich erst keine Arbeit. Ich wollte wegen der Kinder nicht umziehen. Ich hatte Aushilfsjobs beim Discounter an der Kasse und auch Putzstellen.“

Als Altenpflegerin angekommen

„Nach einem Jahr kam ich in einem Seniorenheim an, zuerst in Teilzeit. Auch jetzt bildete ich mich weiter. Später schloss ich noch den Beruf Altenpflegerin ab. Dafür musste ich viele Abende und Wochenenden einsetzen.
Nach Einführung der gesetzlichen → Pflegeversicherung (s. S. 17) sind Dienstleistungen im Bereich der häuslichen Pflege stärker nachgefragt. Ich entschloss mich zur Selbstständigkeit. Ich führe in meinem Betrieb fünf Mitarbeiterinnen, kontrolliere ihre Arbeit, mache Termine und erledige Abrechnungen. Auch vermittle ich bei Konflikten und werbe neue Kunden. Wir wenden neueste Erkenntnisse zur Pflege an.“

A Aufgaben

1 Nennt den Grund für die erste Berufswahl und den Berufswechsel von Maren H.

2 Begründet bei Maren H. Zusammenhänge zwischen Familienarbeit, Erwerbsarbeit und beruflichen Entscheidungen.

3 Welche Bedeutung hat Weiterbildung für gute Berufsarbeit?

4 Sprecht mit euren Eltern über deren Berufsarbeit. Berücksichtigt die Inhalte dieser Aufgaben.

3 Spannungsfeld Strukturwandel – Arbeitslosigkeit, Weiterbildung, Mobilität und Familie

Frank Meine berichtet

„Ich habe nach der Schule Schlosser im Braunkohleabbau gelernt und dort bis zur Wende 1991 gearbeitet. Ich reparierte große technische Geräte. Die Technik veränderte sich, da war Weiterbildung angesagt.

Mit meiner Frau und später zwei Kindern habe ich in Spremberg gewohnt. Meine Frau arbeitete als Erzieherin. 1993 wurde der Tagebau hier in der Region teilweise geschlossen, weil die Lagerstätten erschöpft waren. Das alte Kraftwerk wurde abgeschaltet, auch weil man für Filter und andere Umwelttechnik Millionen hätte investieren müssen.

Viele meiner Kollegen wurden sofort arbeitslos, die älteren gingen vorzeitig in Rente.

Ich war dann noch mit dem Abbau der alten Anlagen beschäftigt. In den ausgebeuteten Gruben wurden Seen und Freizeiteinrichtungen angelegt. Dann war 1994 auch für mich Schluss."

Arbeitslosigkeit erfordert Mobilität

„Ich bewarb mich durch Vermittlung des Arbeitsamtes (heute Arbeitsagentur) in Baden-Württemberg. Zuerst ergebnislos, weil ich im IT-Bereich nicht gut genug war. Ich habe dann noch viel Weiterbildung gemacht, u.a. in der CNC-Technik.

In Stuttgart in einem Unternehmen des Anlagenbaus hat es dann geklappt. Dort werden komplette Fabriken geplant und exportiert (ausgeführt). Auch da musste ich noch viel lernen. Mit meinem ursprünglichen Beruf hatte das wenig zu tun. Später fuhr ich auch ins Ausland auf Montage."

Leben getrennt von der Familie

„Privat lief es weniger gut. Meine Kinder und meine Frau wollten nicht von hier weg. Ich war dann Wochenendpendler. Aus Kostengründen kam ich meist nur alle drei Wochen nach Hause. Fast wäre unsere Ehe gescheitert.

Ich habe mich dann bemüht, hier wieder was zu finden. Mit 50 Jahren nicht ganz einfach. Vor 5 Jahren hat das im neuen Kraftwerk endlich geklappt. Eine freie Stelle passte genau zu meinen Fähigkeiten. Ich denke, auch die Auslandserfahrung hat mir geholfen.

War eine ziemliche Umstellung, nicht nur wegen der Einarbeitung. Leider verdiene ich weniger als vorher, aber ich bin zu Hause, spare die Fahrtkosten und die zweite Wohnung."

A Aufgaben

1 Bereitet selbst Interviews Berufstätiger vor, führt diese durch und trefft Überlegungen zur Auswertung. Berücksichtigt die Methode *Befragung* (s.S.46, 47).

2 Untersucht durchgeführte und/oder hier abgedruckte Interviews nach folgenden Gesichtspunkten:
- Zusammenhänge zwischen Schulbildung und Erwerbsarbeit
- Gründe für die Berufswahl
- Zusammenhänge zwischen der Familienarbeit und beruflichen Entscheidungen
- Gründe für Veränderungen
  - im Betrieb
  - der Berufsarbeit
- Bedeutung der Weiterbildung und des Berufswechsels
- Gründe für Arbeitslosigkeit

4 Anforderungen an die Erwerbsarbeit der Zukunft

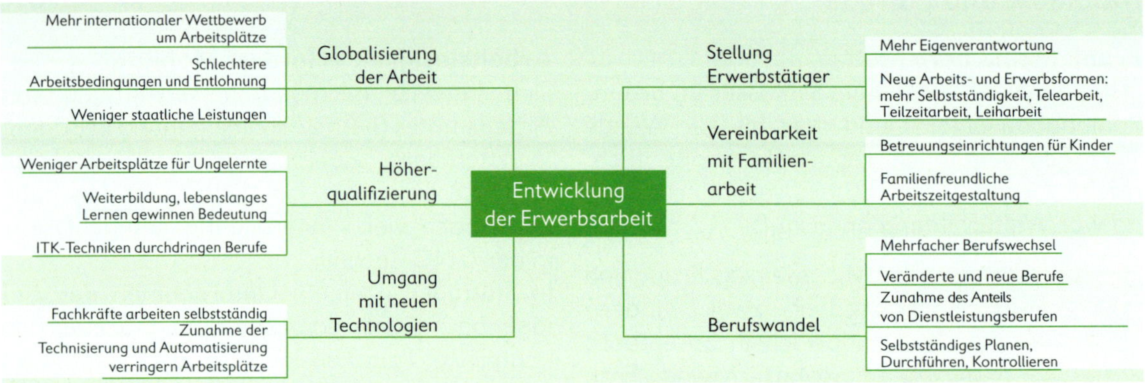

Berufswandel
Den → Beruf fürs Leben wird es kaum noch geben. Immer schon haben technische Neuerungen und die Entwicklung der Arbeitsorganisation Berufe verändert. 1960 enthielten Berufsbeschreibungen, z.B. für den Tischler, keine Bearbeitung von Kunststoffen und Bedienung computergesteuerter Maschinen. Im Beruf wird oft selbstständiger gearbeitet. Neue Berufe entstehen, z.B. entstand 2011 der neue Beruf „Printmedienverarbeiter/-in".

Umgang mit neuen Technologien
Bei fast allen Tätigkeiten werden Computer genutzt. Manche Routinearbeit entfällt dadurch. Die Arbeitsproduktivität steigt. Das verringert teilweise die Zahl der Arbeitsplätze.

Höherqualifizierung
Fachkräfte planen (im Team) ihre Arbeit, führen diese durch und werten sie aus.
Maschinen ersetzen die Arbeit Un- und Angelernter. Wer gut ausgebildet ist, findet eher Arbeit. Er kann sich auch besser weiterbilden.

Globalisierung der Arbeit
Fast überall können heute Güter hergestellt werden. Weltumspannende Kommunikationsmittel fördern dies. Einfache Produkte lassen Unternehmen in Ländern mit geringen *Arbeitskosten* von gering qualifizierten Beschäftigten herstellen. Arbeitnehmer in Deutschland müssen zum Erhalt ihrer Arbeitsplätze teilweise geringere Verdienste und/oder längere Arbeitszeiten hinnehmen. Der Wohlstand lässt sich sichern, wenn auch zukünftig besonders hochwertige Güter hergestellt werden können.

Stellung Erwerbstätiger
Sie müssen stärker selbst für Krankheitskosten und Alterssicherung vorsorgen. Teilzeittätigkeiten und Leiharbeit nehmen zu. Bestimmte Aufgaben lagern Betriebe an → Selbstständige aus. So sollen die Arbeitskosten wettbewerbsfähig bleiben.

Vereinbarkeit mit Familienarbeit
Eltern benötigen in ausreichendem Maße gute Betreuungseinrichtungen, z.B. Ganztagsschulen und Kitas. Betriebe fördern stärker eine familienfreundliche Arbeitszeitgestaltung.

A
Aufgaben

1 Sprecht mit euren Eltern über den Wandel ihrer Berufe und ihre Weiterbildung.

2 Informiert euch über neue Berufe im Internet unter www.bibb.de (05.01.2013).

3 Wie kann Deutschland seinen Wohlstand sichern? Welche Anforderungen müssen dazu an Erwerbstätige gestellt werden?

4 Formuliert Ratschläge: Wie können Erwerbstätige klarkommen, wenn zu wenig Vollzeitarbeitsplätze angeboten werden?

5 Wie will ich in 20 Jahren leben?

... so lautete der Auftrag zum Auftakt des Unterrichts zur Berufsorientierung in der Klasse 8. Hier könnt ihr erfahren, wie die Schüler nach der Methode **Zukunftswerkstatt** ihre Aufgabe lösten.

Kritikphase

Die Schüler beschäftigen sich in frei gewählten Kleingruppen mit Erfahrungen zu Familie und Erwerbsarbeit. Sie schreiben auf, was sie am Familienleben ärgert, was ihnen Freude macht und was sie ändern möchten. Sie formulieren Sorgen, die sich auf zukünftige Erwerbsarbeit und auf das Einkommen beziehen. Ihre Antworten halten sie auf Karten fest (je eine Antwort).

Fantasiephase

Sie entwickeln ihre Utopie (Wunschvorstellung) vom guten Leben in einem Traumberuf mit hohem Einkommen, einer schönen Wohnung, Familie, einem Partner, der sie glücklich macht und der sich in die Familienarbeit einbringt.
Diese „positiven" Gegenkarten werden auf einen großen Papierbogen geklebt. Jede Kleingruppe hängt ihren Bogen für alle sichtbar auf. Das ermöglicht Ideen für die anschließende Umsetzung der Utopien in Texte, Collagen, Bilder, Gedichte ...
Die Gruppen stellen ihre Ergebnisse gegenseitig vor – eine Bewertung findet nicht statt.

Verwirklichungsphase/Auswertung

Die Ergebnisse der Fantasiephase werden mit der Wirklichkeit durch eine Leitfrage verbunden: **„Was kann ich tun, um meine Wunschvorstellungen zu verwirklichen?"**
Es entstehen Einzelfragen, die sich meist um die richtige Berufswahl drehen.

Was kann ich dafür tun, einen Beruf zu ergreifen,
- der mir Freude macht, bei dem ich mit Menschen, mit Technik, mit ... zu tun habe?
- der eine anspruchsvolle Ausbildung (und ein hohes Einkommen) ermöglicht?
- in dem ich mich selbstständig machen kann?
- bei dem Berufsarbeit und Familienleben befriedigend zu verbinden sind?

Die Ergebnisse werden präsentiert und unter folgenden Gesichtspunkten reflektiert:
- Traue ich mir meinen Traumberuf zu, trauen andere ihn mir zu? Ist er in meinem Interesse? Wie sehen andere das?
- Wie sollte ich den Berufswunsch verändern?
- Welche Fähigkeiten müsste ich ausbauen?
- Wie haben die Schüler meiner Gruppe miteinander gearbeitet?

Methode Zukunftswerkstatt

1 Darum geht es

Eine Zukunftswerkstatt will Menschen anregen, ihr zukünftiges Leben mitzugestalten. Sie sollen sich ihrer Sorgen bewusst werden, jedoch nicht nur abwarten, was kommt. Sie lernen, ihr Leben in die Hand zu nehmen.
Sie will auch Fantasie und Kreativität fördern. Es können Wege gefunden werden, Wünsche, z.B. nach einem besseren Leben, zu benennen und umzusetzen.
Diese Methode wird auch von Gruppen, z.B. Bürgerinitiativen, zur Bewältigung von gemeinsamen Problemen genutzt. Dabei geht es um die Verbesserung von Lebensmöglichkeiten für bestimmte Gruppen in der Gesellschaft.

2 So läuft es ab

Vorbereitung

- Zu Beginn ist eine Problemstellung wichtig. So ließe sich z.B. der Einstieg in die Berufsorientierung mit einer Zukunftswerkstatt verbinden. Der Auftrag könnte lauten:

  „Wie kann ich mein zukünftiges Leben gestalten, um glücklich zu sein?"

Als Rahmenbedingungen gelten:

- vier bis fünf Stunden Zeit
- ein großer Raum und Kleingruppenräume
- zur Dokumentation und Präsentation: DIN-A4-Papier, in Streifen zu 10 x 20 cm geschnitten; große Bögen, Scheren, Bunt- und Filzstifte, Klebstoff, Zeitschriften und Kataloge (Material für Collagen)

Durchführung

Die Arbeit in der Zukunftswerkstatt läuft in drei Phasen ab. Während der Kritik- und Fantasiephase kann in Kleingruppen gearbeitet werden. Die Verwirklichungs-/Auswertungsphase erfolgt im Plenum. Für das Verhalten gelten die Regeln der Methode *Gruppenarbeit*.

In der **Kritikphase** werden Missfallen am derzeitigen Zustand, Ängste, Sorgen und Ärger bewusst gemacht und festgehalten.

In der **Fantasiephase** wird die Kritik nun ins Positive gewendet. Die Lernenden äußern ein Zukunftsbild nach ihren Bedürfnissen.
Zu Beginn könnte eine Entspannungsübung stehen. Der Lehrer unterstützt mit einem gesprochenen Text und Musik die Fantasien. Alle machen sich frei von Zweifeln, Denkblockaden und Einschränkungen. Sie fantasieren sich in eine schöne heile Welt (Utopie), in der alles möglich ist. Die geäußerten Ideen werden nicht kritisiert, auch unrealistische nicht.

In der **Verwirklichungsphase** werden für Fantasien und Utopien Wege gefunden, wird ein Zukunftsentwurf verwirklicht.

Auswertung

Erkenntnisse aus der Verwirklichungsphase können Auftrag für ein weiteres Projekt sein.
Die Reflexion der Zusammenarbeit in der Gruppe wird eventuell verbunden mit Vereinbarungen zu angestrebten Verhaltensänderungen.

Soziale Sicherung

1 Soziale Sicherung – eine Verpflichtung des Sozialstaates

Es gibt Lebensrisiken, gegen die sich ein einzelner Mensch oder auch eine Familie alleine nicht oder nicht ausreichend absichern können: das Risiko

- einer langen und schweren Krankheit,
- von Erwerbsunfähigkeit oder
- Behinderung.

Auch im Alter fehlen Kraft und Möglichkeiten, durch Erwerbsarbeit die Existenz abzusichern. Notwendig ist Solidarität zwischen Jungen und Alten (Generationenvertrag, s. M 2, S. 29), Gesunden und Kranken, Menschen mit hohem Einkommen und Vermögen und solchen, die nur über geringe Mittel verfügen. Ein Sozialstaat hat die Aufgabe, eine befriedigende soziale Sicherung für alle zu organisieren. Die gesetzliche Sozialversicherung leistet dazu einen bedeutenden Beitrag.

▸ **Leitauftrag** Beschreibt die Abbildungen. Was ist heute anders?

Umgang mit Lebensrisiken vor 1883

▲ Bei Krankheit

▲ Vorsorge für das Alter

▲ Arbeitslose suchen im Müll nach Verwertbarem

Soziale Sicherheit heute

Grundsatz des Sozialstaates

„Die Bundesrepublik Deutschland ist ein demokratischer und sozialer Bundesstaat."

(Artikel 20 Grundgesetz)

B Auf einen Blick

Ihr nennt wichtige Bestimmungen der gesetzlichen Sozialversicherung und beschreibt Risiken, die abgesichert werden.

Ihr erklärt die Notwendigkeit eines Sozialausgleichs bei der sozialen Sicherung.

Ihr versetzt euch, bezogen auf die soziale Sicherung, in die Lage von Erwerbslosen.

Ihr erklärt und beurteilt wichtige gesetzliche Bestimmungen zum Schutz und zur finanziellen Absicherung von Eltern und Kindern.

Ihr bewertet die Bedeutung eines Anspruchs auf Sozialhilfe unabhängig davon, ob jemand seine Notlage selbst verschuldet hat.

Ihr informiert euch über aktuelle Probleme der sozialen Sicherung und überprüft Ursachen und Auswirkungen.

2 Krankenversicherung

Alle Bürger müssen dagegen versichert sein, die Behandlungskosten bei Krankheit nicht selbst zu tragen. In der gesetzlichen Krankenversicherung (GKV) sind rund 85 % der Bevölkerung versichert, u.a. Arbeitnehmer, Erwerbslose, Rentner, Kinder und Ehepartner, denen gegenüber eine Unterhaltspflicht besteht. Es gibt Anfang 2013 134 Krankenkassen.

Pflichtversicherte

Arbeitnehmer sind nur dann in der GKV pflichtversichert, wenn sie ein vom Staat festgelegtes Bruttoarbeitsentgelt nicht überschreiten. Im Jahre 2013 liegt diese Versicherungspflichtgrenze bei 4 350 Euro im Monat.
Arbeitnehmer, deren Bruttoarbeitsentgelt über dieser Pflichtgrenze liegt, können in eine private Krankenkasse (PKV) wechseln. Beamte können sich in einer (PKV) versichern. Auch Selbstständige versichern sich meistens in der PKV.

Beiträge

Die Höhe der Beiträge in der GKV richtet sich nach der Höhe des Bruttoarbeitsentgelts. 2013 liegt der Prozentsatz bei 15,5 %. Arbeitnehmer zahlen 8,2 %, Arbeitgeber den Rest. Die Beitragsbemessungsgrenze beträgt 3 937,50 Euro. Die Höhe der Beiträge in der PKV wird weitgehend nach persönlichem Risiko (Vorerkrankung, Alter) berechnet.

Wichtige Leistungen der GKV

- Krankengeld, sofern die Lohnfortzahlung wegen einer längeren Erkrankung entfällt
- Arzt- und Zahnarztbehandlung
- Arznei-, Verbands-, Heil- und Hilfsmittel
- Krankenhausbehandlung
- Rehabilitationsmaßnahmen
- Mutterschaftshilfe

Die Versicherten müssen für einige Leistungen fünf bis zehn Euro zuzahlen. Kinder bis 18 Jahre sind von den Zuzahlungen befreit.

siehe auch M7, S.24

Solidarausgleich in der gesetzlichen Krankenversicherung

Familienlastenausgleich
Ein Arbeitnehmer mit nicht erwerbstätigem Ehepartner und Kindern zahlt für die Leistungen der GKV bei gleichem Bruttoarbeitsentgelt genauso viel wie ein alleinstehender Arbeitnehmer.

Ausgleich beim Arbeitsentgelt
Ein Versicherter mit einem geringen Arbeitsentgelt und entsprechend geringerem Beitrag erhält bis auf das Krankengeld die gleichen Leistungen wie ein Versicherter mit einem höheren Arbeitsentgelt.

A Aufgaben

1 Nehmt Stellung zu folgenden Meinungen.
JANA: „Warum verlangt der Staat für Arbeitnehmer eine Pflichtversicherung? Jeder sollte das selbst entscheiden können."
ORHAN: „Großverdiener können sich dem Solidarausgleich entziehen. Das finde ich ungerecht."
JUDITH: „Privat Versicherte bekommen eher einen Arzttermin. Das ist ungerecht."
SIMON: „Wer mehr zahlt, soll auch eine bessere Leistung erhalten. "

2 Informiert euch zur Entwicklung der Krankenversicherung unter www.bmg.bund.de.

3 Renten- und Pflegeversicherung

Rentenversicherung
Sie bietet im Alter und bei Erwerbsminderung eine Grundsicherung. Renten werden durch die Erwerbstätigen finanziert (Generationenvertrag). Für eine befriedigende Sicherung ist notwendig, dass die Menschen zusätzlich Ersparnisse bilden. Der Staat fördert die Altersvorsorge.

Versicherungspflicht
Pflichtversichert sind alle Arbeitnehmer. Selbstständige können sich freiwillig versichern.

Beiträge
Die Beiträge zur Rentenversicherung zahlen Arbeitnehmer und Arbeitgeber. Sie richten sich nach der Höhe des Bruttoarbeitsentgelts bis zu einer Bemessungsgrenze (5800 Euro im Jahre 2013 – Beitragssatz 19,3 %). Für Zeiten der Arbeitslosigkeit entsteht kein Rentenanspruch.

Altersrente
Die Höhe der Altersrente hängt ab von
- der Höhe des persönlichen Arbeitsentgelts während des Erwerbszeit,
- der Entwicklung des durchschnittlichen Arbeitsentgelts aller Versicherten und
- der Versicherungszeit.

Die Renten werden an die Entwicklung der Arbeitsentgelte angepasst. Sie sollen nicht sinken.

Kindererziehungszeiten
Müttern und Vätern werden bei der Erziehung von Kindern, die ab 1992 geboren sind, drei Versicherungsjahre angerechnet.

Anspruch auf Zahlung der Altersrente
Bislang wird die Rente mit 65, bis 2029 jedoch ansteigend mit 67 Jahren ausgezahlt. 2012 erhöhte sich die Versicherungspflicht um jährlich jeweils einen Monat. Wer früher eine Rente beantragt, muss Abschläge hinnehmen.

Rente bei verminderter Erwerbsfähigkeit
erhält, wer bei Krankheit oder Behinderung nicht oder nur teilweise erwerbstätig sein kann.

Rente wegen Todes
Anspruch auf Witwen-/Witwerrente haben überlebende Ehepartner unter bestimmten Voraussetzungen. Kinder erhalten Waisenrente.

Pflegeversicherung
Die Pflegeversicherung unterstützte 2010 2,29 Mio. Menschen, die ständig auf Pflege angewiesen sind (zu Hause 1,67 Mio., davon ca. 1 Mio. durch Angehörige; 0,75 Mio. in Heimen). Beiträge müssen alle zahlen, die in der gesetzlichen oder der privaten Krankenversicherung versichert sind. Arbeitgeber und Arbeitnehmer zahlen die Beiträge. Sie liegen 2013 bei 2,05 %, bzw. 2,2 % für Kinderlose, des Bruttoarbeitsentgelts. Die Beitragsbemessungsgrenze beträgt 3 937,50 €.
Die Höhe der Leistungen für häusliche oder stationäre Pflege richtet sich nach der Pflegebedürftigkeit. Es gibt vier Abstufungen.

A Aufgaben

1 Ein erheblich höherer Anteil Frauen als Männer erhält Renten bis 900 €. Im Bereich von 900 € bis 1500 € ist es umgekehrt. Notiert Gründe.
Siehe auch www.sozialpolitik-aktuell.de
▸ Datensammlung.

2 Die Lebenserwartung der Menschen (s. S. 23) steigt ständig an. Nennt Folgen für die Renten- und Pflegeversicherung.

3 In der Renten- und Pflegeversicherung sind Änderungen zu erwarten. Informiert euch unter: www.bmg.bund.de und www.bmas.de.

4 Mutterschutz, Kindergeld, Elterngeld und Elternzeit

Mutterschutz

Nach dem Mutterschutzgesetz besteht während der Schwangerschaft Kündigungsschutz. Außerdem dürfen Schwangere nicht schwer arbeiten. Sonn- und Feiertagsarbeit sind verboten.

Sechs Wochen vor und acht Wochen nach der Entbindung besteht ein Beschäftigungsverbot mit Anspruch auf Lohnfortzahlung.

Kindergeld

Eltern oder andere Bezugspersonen, die mit einem Kind in einem Haushalt leben, erhalten Kindergeld. Für das erste und zweite Kind werden pro Monat 184 Euro, für das dritte Kind 190 Euro und ab dem vierten 215 Euro gezahlt (2013). Das Kindergeld ist unabhängig von der Höhe des Einkommens. Im Alter von 18 bis 25 Jahren wird es nur gezahlt, wenn der Jugendliche zur Schule geht, eine Berufsausbildung absolviert, ein freiwilliges soziales oder ökologisches Jahr leistet oder studiert.

Elterngeld und Elternzeit

Mütter oder Väter, die wegen der Betreuung eines Kleinkindes ihre Erwerbsarbeit unterbrechen oder auf unter 30 Stunden reduzieren, erhalten 12 Monate lang Elterngeld. Das sind 67 % des bis dahin bezogenen Einkommens, höchstens 1800 Euro. Erwerbslose erhalten 300 Euro pro Monat. Verringert der voll erwerbstätige Elternteil die Erwerbszeit auf mindestens 30 Stunden, so verlängert sich die Elternzeit auf 14 Monate.

Unbezahlt können sich Eltern bis zu drei Jahre von der Erwerbsarbeit freistellen lassen. Während dieser Elternzeit besteht ein Kündigungsschutz.

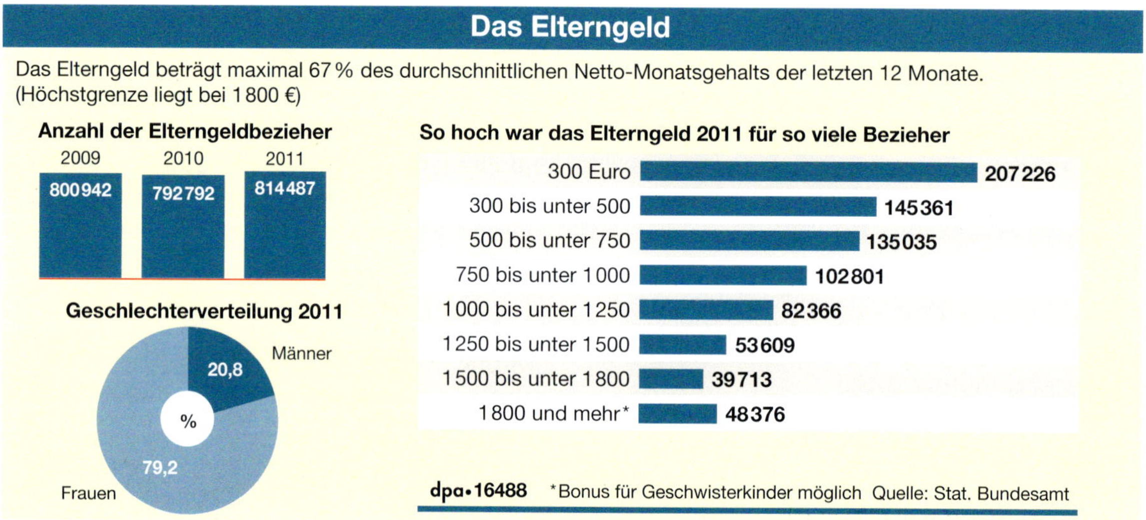

A Aufgaben

1 Begründet den Schutz der Mutter vor und nach der Geburt ihres Kindes.

2 Nehmt Stellung zu folgenden Meinungen.
JESSICA: „Ich finde es ungerecht, dass Eltern, die viel verdienen, ein genauso hohes Kindergeld erhalten wie Eltern, die wenig verdienen."
JUDITH: „Alle Kinder sind gleich. Deshalb sollte auch das Kindergeld gleich hoch sein."
TIM: „Beim Elterngeld haben diejenigen einen Vorteil, die viel verdienen. Ist das gerecht?"
MIKE: „Ich verstehe nicht, warum der Staat so viel Geld dafür ausgibt, dass Eltern 12 oder 14 Monate ihr Kind betreuen. Das Geld sollte lieber für mehr und bessere Kitaplätze ausgegeben werden."

5 Sicherung bei Arbeitslosigkeit

Gegen den Entgeltausfall bei Erwerbslosigkeit sind alle Arbeitnehmer pflichtversichert. Der Beitragssatz beträgt im Jahr 2013 3,0% und die Beitragsbemessungsgrenze 5800 Euro.
Wer arbeitslos wird, hat nach dem Arbeitsförderungsgesetz Anspruch auf Arbeitslosengeld. Nur Erwerbsfähige haben einen Anspruch auf die Leistungen. Erwerbsfähig ist, wer mindestens drei Stunden pro Tag arbeiten kann.

Arbeitslosengeld I und Arbeitsförderung

Die Höhe des Arbeitslosengeldes (ALG) I beträgt für Alleinstehende 60%, für einen Arbeitslosen ab einem Kind 67% des Nettoarbeitsentgeltes. Es wird maximal 12 Monate gezahlt. Für Arbeitslose über 50 Jahre gelten Altersstufen bis 24 Monate. 2011 erhielten ca. 0,8 Mio. Arbeitslose ALG I. Wird in einem Unternehmen die Arbeitszeit abgesenkt (Kurzarbeit), kann Kurzarbeitergeld Entlassungen vermeiden. Es gleicht einen Teil des geringeren Verdienstes aus. Ergänzend gibt es durch die Arbeitsagentur u.a. Beratung und Arbeitsvermittlung, Fördermaßnahmen zur Berufsausbildung, Fortbildung und Umschulung (s. auch S. 140). Bei auswärtiger Arbeitsaufnahme werden Zuschüsse gezahlt. Arbeitgeber können Eingliederungszuschüsse erhalten, wenn sie einen Erwerbslosen einstellen.

Grundsicherung für Arbeitsuchende (Arbeitslosengeld II) und Sozialgeld

Erwerbslose ohne Anspruch auf Arbeitslosengeld (ALG) I im Alter von 15 bis 65 Jahren erhalten ALG II (Hartz IV). Sie müssen erwerbsfähig und hilfsbedürftig sein. Sozialgeld erhält, wer mit einem Hilfebedürftigen zusammenlebt (Bedarfsgemeinschaft) und nicht erwerbsfähig ist.
Diese Gruppen erhalten auch die Erstattung angemessener Kosten für Wohnung und Heizung.

Der Regelsatz für ALG II beträgt (ab 2012)
- für Alleinstehende 374 Euro,
- für Kinder bis zum 6. Lebensjahr 219 Euro,
  von 6–13: 251 Euro,
  von 14–18: 287 Euro,
- für Partner ab 19 Jahren 337 Euro,
- Erwachsene ohne eigenen Haushalt 299 Euro.

Ein Mehrbedarf für Kinder, z.B. bei Klassenfahrten, ist möglich. Daneben erfolgt eine Förderung durch Sachleistungen, z.B. Nachhilfestunden. Bei der Bedürftigkeitsprüfung wird Vermögen angerechnet. 2011 erhielten 4,6 Mio. Menschen ALG II. Davon waren 1,4 Mio erwerbsfähig.

Zumutbare Arbeit

Wer ALG II erhält, muss alles tun, um eine Erwerbsarbeit zu finden. Wer das versäumt oder eine zumutbare Arbeit ablehnt, muss mit Kürzungen rechnen.

▲ „Dieser Betrieb nimmt Sie jetzt als Praktikantin und bei Bewährung nach 12 Monaten als Auszubildende. Stellen Sie sich bitte dort vor."

A Aufgaben

1 Informiert euch über den aktuellen Stand der Leistungen unter www.bmas.de.

2 Befragt Erwerbslose, die ihr kennt, wie sie die Erwerbslosigkeit erleben, z.B.:
- Hat sich das Zusammensein mit Freunden verändert?
- Reichen das Arbeitslosengeld II und die möglichen zusätzlichen Leistungen zur Sicherung der Existenz aus?
- Wie erleben die Kinder die Erwerbslosigkeit des Vaters oder der Mutter?
- Was ist besonders schwer zu ertragen?

6 Sozialhilfe sowie Grundsicherung im Alter und bei Erwerbsunfähigkeit

Wer in Deutschland in einer Notlage ist oder in eine Notlage zu geraten droht und von keiner anderen staatlichen Stelle Anspruch auf Unterstützung hat, hat Anspruch auf Sozialhilfe. Dieser ist getragen von der Überzeugung, dass jeder Mensch in Würde leben soll. Es spielt keine Rolle, ob eine Person die Notlage selbst verschuldet hat oder nicht. Jeder soll sich der Solidarität der Gesellschaft sicher sein. Sozialhilfe soll vor großer Armut und sozialer Ausgrenzung schützen.
Die Stärkung der Selbsthilfekräfte des Menschen ist das erklärte Ziel der Sozialhilfe.

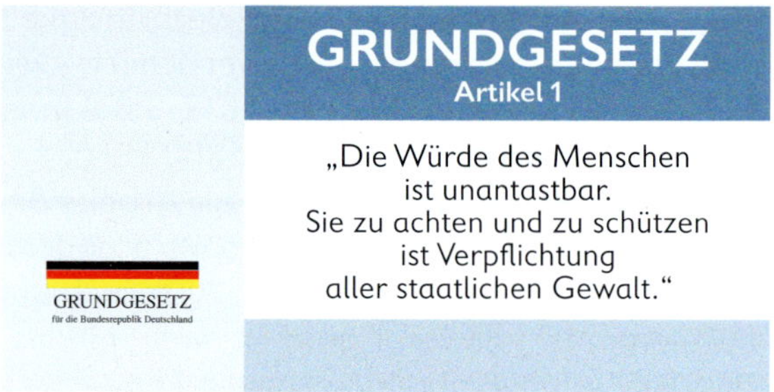

Leistungen der Sozialhilfe

Die Leistungen sind auf den persönlichen Bedarf einer Person abgestellt. Möglich sind Geld- und Sachleistungen sowie Beratung.
Es besteht z.B. ein Anspruch auf Lebensunterhalt. Er umfasst den grundlegenden Bedarf an Essen, Kleidung, Wohnung, Hausrat und Körperpflege, Hilfe zur Pflege und Unterstützung bei Krankheit, Krankheitsvorsorge, Obdachlosigkeit und Behinderung.
Der Regelsatz ist ähnlich wie ALG II (s. Vorseite). Zusätzlich gibt es Geld für die Wohnung. Es kann ein Mehrbedarf beantragt werden. 2009 erhielten 306 000 Personen Sozialhilfe. Daneben gibt es die Grundsicherung im Alter und bei Erwerbsminderung. Sie ist für Menschen, die über eine geringe Rente verfügen bzw. kein Vermögen und keine unterhaltspflichtigen Partner, Eltern oder Kinder mit gutem Einkommen haben. 2010 erhielten 895 000 Personen Grundsicherung, davon ca. 17 % Kinder unter 15 Jahren.

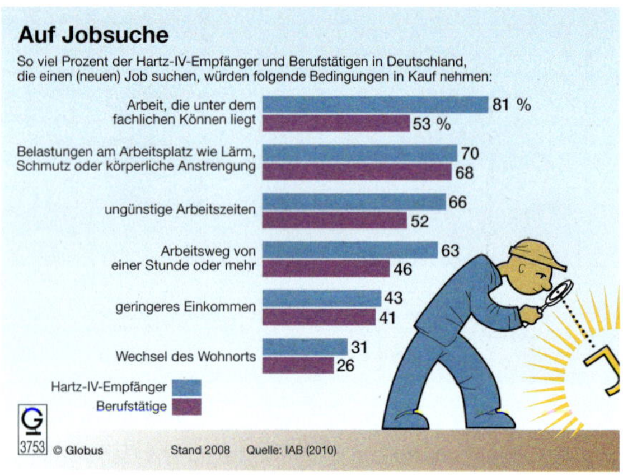

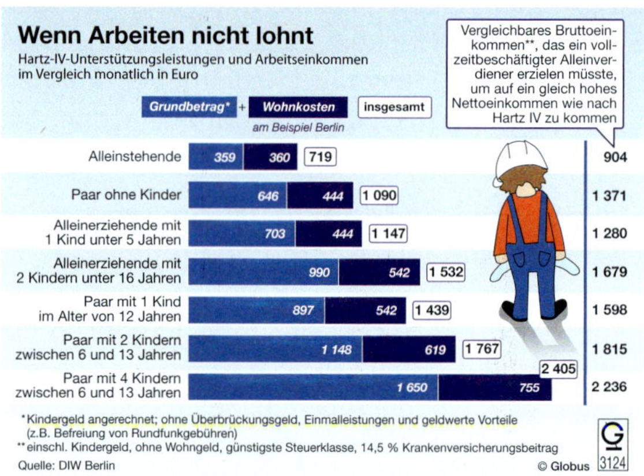

A Aufgaben

1 Begründet den hohen Anteil von Kindern bei den Empfängern von Sozialhilfe und ALG II.

2 Viele schämen sich, Sozialhilfe zu beanspruchen. Nennt Gründe.

3 Sprecht darüber, wie sich bei der Jobsuche Bedürftigkeit auswirkt.

4 Nehmt Stellung zu folgenden Meinungen:

ALEX: „Solidarität mit Menschen in Notlage finde ich sehr wichtig. Gut, dass dies im Grundgesetz verankert ist."

TARIK: „Man sollte Sozialhilfe nur als Kredit vergeben. Jeder ist für sich verantwortlich."

7 Unfallversicherung

Die gesetzliche Unfallversicherung schützt bei Arbeitsunfällen, bei Unfällen auf dem Weg zur Arbeit und bei Berufskrankheiten. Versichert sind Arbeitnehmer, Kinder in Kinderbetreuungseinrichtungen, Schüler, Studierende und ehrenamtlich Tätige. Träger sind insbesondere die → Berufsgenossenschaften und Unfallkassen. Gegen andere Unfälle, z. B. im Haushalt, kann man sich selbst zusätzlich versichern.

Die gesetzliche Unfallversicherung finanziert Maßnahmen zur Wiederherstellung von Gesundheit und Arbeitskraft (Rehabilitation), sie zahlt Renten bei Minderung der Erwerbsfähigkeit und kümmert sich um die Unfallverhütung. Darüber hinaus sorgt sie für Maßnahmen zur beruflichen und sozialen Teilhabe, z. B. die Finanzierung einer Haushaltshilfe oder einer Umschulung.

Schülerunfallgeschehen in Deutschland

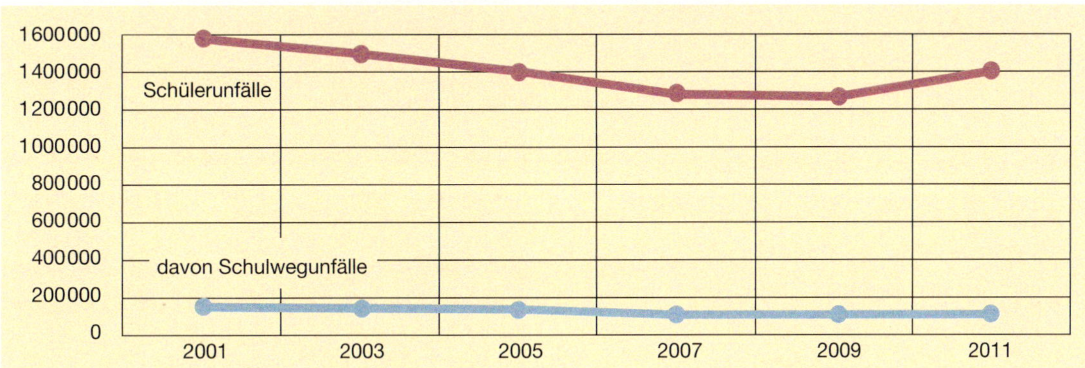

Angezeigte Schülerunfälle nach Schulart (2011)

Schularten	Schulunfälle	Schulwegunfälle
insgesamt	1 293 653	114 157
davon:	**Angaben je 1 000 Schüler**	
Grundschulen	77,4	5,2
Hauptschulen	296,3	22,2
Realschulen	132,3	12,6
Gymnasien	80,3	8,2

Aufteilung der Schulunfälle nach Art der schulischen Veranstaltung (2011)

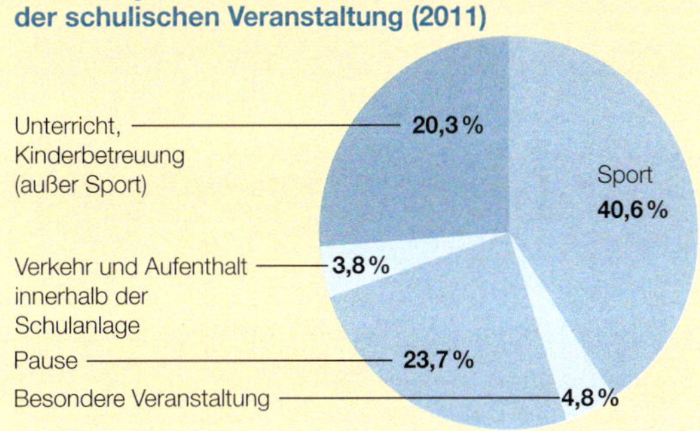

Deutsche Gesetzliche Unfallversicherung (Dez. 2012):
„Statistik Schülerunfallgeschehen 2011" www.dguv.de ▸Zahlen und Fakten ▸Broschüren ▸Broschüren und Veröffentlichungen Schüler-Unfallversicherung (15.01.2013)

A Aufgaben

1 In welchen Schularten passieren die meisten Unfälle? Notiert Gründe.

2 An welchen Orten passieren die meisten Unfälle? Nennt Gründe.

3 Vergleicht mit der Unfallstatistik eurer Schule. Überlegt, ob die Maßnahmen zur Unfallverhütung ausreichen.

4 Notiert Unfallverhütungsmaßnahmen in der Schulküche und im Werkraum.

5 Überprüft in eurem Praktikumsbericht, welche Unfallverhütungsmaßnahmen in eurem Praktikumsbetrieb zu beachten waren.

8 Weiterführendes Material

M1 Wie fühlen sich Menschen, die keine Erwerbsarbeit finden?

Michael, 42 Jahre:
„Anfangs habe ich mich kaum aus dem Haus getraut. Da hab ich angefangen zu trinken. Das war schlimm. Meine Frau und die Kinder haben mir geholfen, da herauszukommen. Das Verständnis meiner Kinder hat mich sehr berührt – ich habe sie ganz neu kennen gelernt. Ich hab noch immer damit zu kämpfen, mich nicht als Versager zu fühlen. Ich war 15 Jahre als Werkmeister tätig. Hätte nie erwartet, einmal erwerbslos zu werden. Früher hab ich gedacht: Die Arbeitslosen – das sind faule Drückeberger. Die sind selbst schuld, wenn sie keine Arbeit haben. Ja, heute sehe ich das anders. Es gibt sicher einige solcher Leute, aber die Masse der Erwerbslosen will arbeiten.

Als Mann hast du es besonders schwer. Ich spüre bei einigen Bekannten deutlich, dass sie mich bemitleiden und für einen Versager halten – auch wenn sie das nicht laut sagen. Beides ist gleich unerträglich. Ich hab schon ungefähr 50 Bewerbungen abgeschickt.

Jetzt hab ich was in Aussicht. Hoffentlich klappt's.“

M2 Gibt es für mich eine Perspektive?

Frank Mainz ist 25 Jahre alt und gelernter Verkäufer. Wenn er Bewerbungen schreibt, wird eine Seite voll, um sein Arbeitsleben darzustellen.
Beinahe halbjährlich rutschte er neu in die Arbeitslosigkeit.
Frank hat Praktika gemacht, bei einer Zeitarbeitsfirma gejobbt, in einer Spedition und in einem Getränkehandel. Dabei lernte er viele Orte und Tätigkeiten kennen.
Teilweise hatte er Stress mit Kollegen und Vorgesetzten, auch mit der Pünktlichkeit.
Ist der Job wieder weg, muss Frank zurück in die elterliche Wohnung nach Sachsen ziehen, weil er die WG-Zimmer nicht mehr bezahlen kann. Dann sucht er eine neue Stelle.
Auf eine Dauerbeschäftigung hofft er kaum noch.
Mit 16 Jahren zog Frank nach Hamburg. Dort gab es einen Ausbildungsplatz für ihn. Flexibel war er bei der Arbeitssuche, jobbte für weniger als 700 Euro Monatslohn. „Genutzt hat es nicht.“
Das Arbeitslosengeld reicht zum Leben, nicht für Hobbys oder eine Freundin. Arm und isoliert fühle er sich, sagt er.

M3 Kritik an den Leistungen für Empfänger von ALG II und der Sozialhilfe

Vertreter der Wohlfahrtsverbände (z.B. Arbeiterwohlfahrt, Diakonisches Werk, Caritas) kritisieren immer wieder Folgendes:
Der Regelsatz ist zu gering. Er ermöglicht kein Leben in Würde, z.B. Teilhabe an Aktivitäten wie Sport- oder Musikveranstaltungen.
Alleinerziehende mit Kindern sind kaum in der Lage, ihre Kinder gut zu ernähren und ihnen ein kindgerechtes Leben zu ermöglichen.
Bezieher von ALG II sind nicht in der Lage, für unerwartete Ausgaben Rücklagen zu bilden.

Viele Empfänger von Sozialhilfe und ALG II fühlen sich ausgegrenzt und unerwünscht. Das gilt oft auch für die Kinder.

Viele schämen sich z.B., dass sie Nahrungsmittel bei einer „Tafel" annehmen (siehe **M4**).

M4 Die Tafel – Hilfe für Arme

Tafel ist die Bezeichnung für eine gemeinnützige Hilfsorganisation, die einwandfreie Lebensmittel, die sonst nicht mehr verwendet würden, an Hilfebedürftige austeilt. Spender sind z.B. Gaststätten, Bäckereien, Supermärkte, Metzgereien und Großmärkte. Bei einem Teil der Tafeln gibt es Suppenküchen, die kostenlos warmes Essen ausgeben. Die Verteilung erfolgt durch ehrenamtlich tätige Personen, die für diese Arbeit kein Geld bekommen. Sie achten darauf, dass nur Bedürftige die Waren erhalten.
Die erste Tafel entstand 1993 in Berlin. 2012 gab es bereits 906 Tafeln. Dort wurden regelmäßig 1500000 Personen von 50000 Helfern unterstützt.

M5 Lebenserwartung steigt

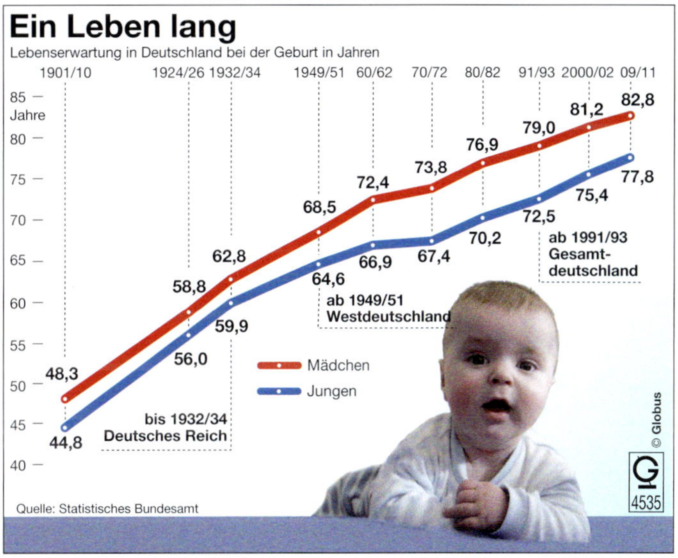

M6 Entwicklung der gesetzlichen Sozialversicherung

1883 Kranken- und Unfallversicherung für Arbeiter
1889 Alters- und Invaliditätsversicherung für Arbeiter
1911 Rentenversicherung für Angestellte
1927 Arbeitslosenversicherung und Arbeitsvermittlung
1957 Rentenreform; die Höhe der Rente hängt u.a. von der wirtschaftlichen Entwicklung und den eingezahlten Beiträgen ab. Das neue Modell geht von einem Generationenvertrag aus.
1957 Lohnfortzahlung im Krankheitsfall
1969 Arbeitsförderungsgesetz
1972 Rentenversicherungsberechtigung erweitert, z.B. für Selbstständige und Hausfrauen; flexible Altersgrenze für den Rentenbeginn
1995 Pflegeversicherung
2001 Staatliche Förderung privater Altersvorsorge
2005 Arbeitslosengeld II ersetzt Arbeitslosenhilfe und Sozialhilfe
2007 Reform der Krankenversicherung; Versicherungspflicht für alle
2007 Rentenbeginn steigt ab 2012 in Stufen auf 67 Jahre

M7 Die Gesundheitsgesamtrechnung

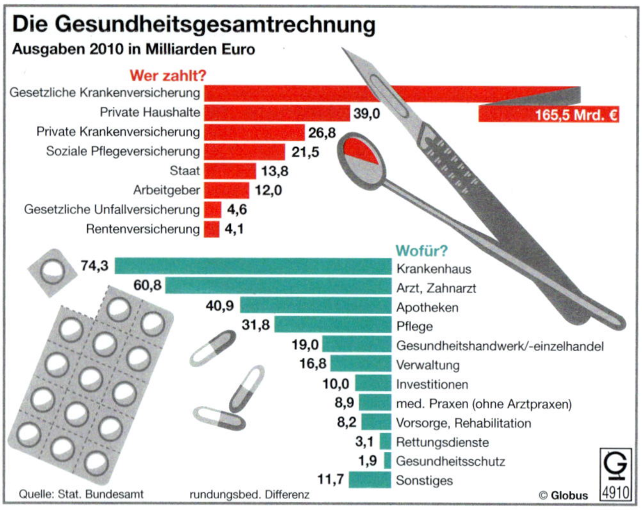

Arbeiten mit den Materialien

Zu M1

1 Notiert, was für Michael besonders schwer ist und was ihn stützt.

2 Beurteilt folgende Meinung.
ANNA: „Ich wundere mich, dass so viel über arbeitslose Menschen geredet wird. Es gibt nur wenige. Ich kenne jedenfalls keine.“
Seht dazu auch Schulbuch S. 139.

Zu M2

1 Notiert die Stationen von Mainz' Arbeitsleben.

2 Wie könnte er seine Lage verbessern?

Zu M3

1 Informiert euch über aktuelle Berichte und nutzt folgende Internetadressen:
www.erwerbslos.de; www.caritas.de; www.diakonie.de; www.diakonie-forum.de; www.awo.org; www.igmetall.de

2 Informiert euch über Kontaktstellen in eurer Gemeinde bzw. Stadt.

Zu M4

1 Informiert euch genauer über die Tafel unter www.wikipedia.org ▸ Suchbegriff: Tafel; www.tafel.de

2 Überprüft, ob es in eurer Gemeinde eine Tafel gibt. Wenn ja, befragt Helfer und Nutzer über ihre Erfahrungen.

3 Nehmt Stellung zur Tafel:
JAN: „Ich finde die Idee großartig. Es ist wichtig, etwas für Arme zu tun und auch zu verhindern, dass gute Lebensmittel auf den Müll kommen.“
JUDITH: „Die Idee ist gut, aber es wäre besser, wenn Staat und Unternehmen dafür sorgen, dass die Menschen eine solche Hilfe nicht brauchen. Ist schon irgendwie demütigend.“

Zu M5

1 Rechnet die Lebensjahre aus, die ein heute geborenes Mädchen oder ein Junge im Durchschnitt länger leben wird als Kinder, die 1901 bzw. 1910 geboren wurden.

2 Notiert Gründe für diese Entwicklung.

3 Notiert Folgen, die sich daraus für die Kranken- und Rentenversicherung ergeben.

Zu M6

Die Entwicklung der sozialen Sicherung hat über einen langen Zeitraum zu erheblichen Verbesserungen geführt. Viele Menschen sind der Meinung, dass Einschnitte unvermeidlich sind.
Informiert euch über die geschichtliche Entwicklung in euren Geschichtsbüchern oder im Internet, z. B. unter www.bmg.bund.de und www.bmas.bund.de

Zu M7

Beurteilt folgende Meinungen:
LYDIA: „Dass die privaten Haushalte so viel zahlen liegt nur daran, dass sie auf die Werbung der Arzneimittelunternehmen hereinfallen.“
MAGNUS: „Wieso zahlen eigentlich die Arbeitgeber?“
ANKE: „Rehabilitation ist wichtig. Sie hilft, die Menschen wieder arbeitsfähig zu machen.“

Geldanlage für Anschaffungsziele und Alterssicherung

1 Sparen und Anlegen – warum?

Die Sparquote der Bundesbürger, der Anteil des zurückgelegten Geldes am verfügbaren Einkommen, lag 2011 bei ca. 11 %.
Bei einer Umfrage gaben die Bundesbürger im Schnitt einen Sparbedarf* von 256 Euro an. Ihr tatsächlicher Sparbetrag lag jedoch nur bei 180 Euro. Die Sparlücke, die Differenz beider Beträge, liegt damit bei 76 Euro oder bei knapp 30 % des Sparziels. Junge Leute (Alter 20–29 J.) und Geringverdiener erreichen ihr Sparziel nur zur Hälfte.

*Sparbetrag, der individuell notwendig erscheint.

Nach Jan-Philip Weber, Volkswirtschaft special Nr. 9, 15.07.2011

▸ **Leitauftrag** Begründet, wovon Sparmöglichkeiten, Sparmotive und Geldanlageformen abhängen.

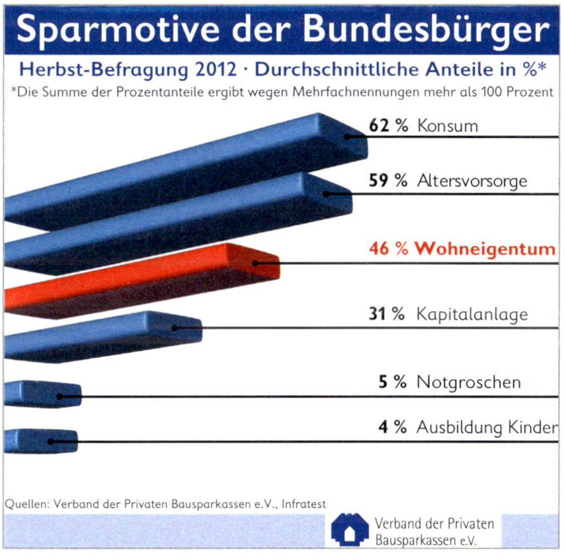

http://www.bausparkassen.de/fileadmin/user_upload/Schaubilder/Sparmotive-Herbst-2012.pdf (18.02.2013)

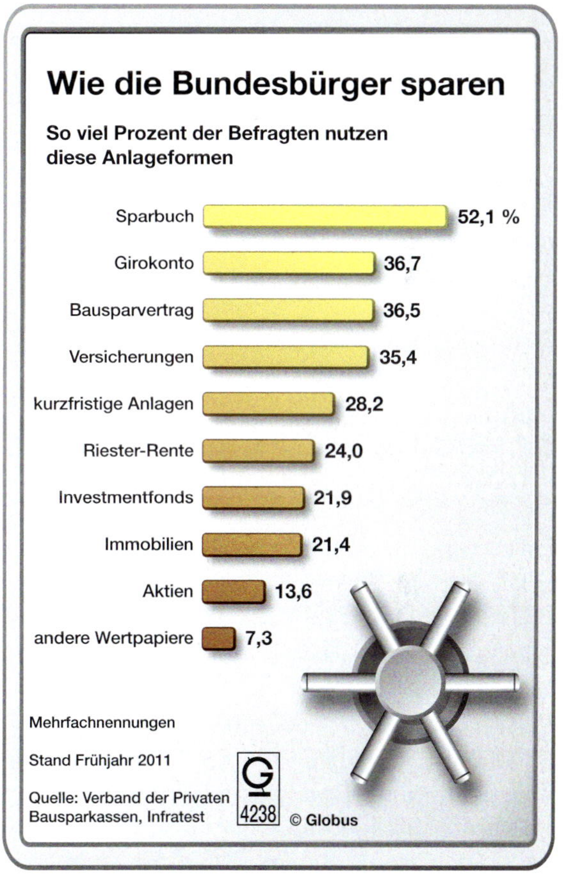

B Auf einen Blick

Ihr beschreibt ausgewählte Anlageformen und wertet Vor- und Nachteile aus.

Ihr bewertet Anlageformen hinsichtlich Kosten, Liquidität (Verfügbarkeit), Rentabilität (wirtschaftlicher Erfolg) und Sicherheit.

Ihr beschreibt Produkte zur Alterssicherung und wertet Vor- und Nachteile aus.

Ihr bewertet Konzepte zur Alterssicherung hinsichtlich Kosten, Liquidität, Rentabilität und Sicherheit.

2 Ausgewählte Geldanlageformen im Überblick

Eine Geldanlage wird besonders von → Liquidität, → Rentabilität, → Sicherheit und Kosten bestimmt. Vor jeder Investition ist es wichtig zu entscheiden, welche Ziele verfolgt werden und welche Risiken dabei toleriert werden sollen.

Bewertungskriterien / Anlageformen	Liquidität	Rentabilität	Sicherheit
Sparbuch	4	3	9
Tagesgeld	9	3	9
Festgeld	7	3	9
Bundesanleihen[2]	3	3	9
Aktien[1]	6	7	2
Aktienfonds[1]	6	7	3
Immobilienfonds[1]	6	6	6

Daten in Tabelle:
bis 3: niedrig; 4–6: mittel; 7–9: hoch

[1] **Kosten für Börsengeschäfte:**
Z. B. jährlich 12 Order von durchschnittlich 1000 € bei 20 000 € Bestand: pro Order 5–10 € und jährlich 70–140 €. Siehe dazu:

Finanztipp:
http://www.finanztip.de/tip/bankvergleich/wertpapierkauf-gebuehren.htm (07.11.2011)

[2] Depot kostenlos bei der Deutschen Finanzagentur

Sparbuch: Die Einlagen sind durch den Einlagensicherungsfonds der Geldinstitute, z.B. gegen eine Bankpleite, abgesichert. Die Verzinsung ist niedrig. Über größere Beträge kann nach drei Monaten verfügt werden.

Tagesgeld: Meist niedrige Verzinsung. Über das Geld kann sofort wieder verfügt werden; Absicherung wie beim Sparbuch.

Festgeld: Bei deutschen Geldinstituten unterliegt es dem Einlagensicherungsfonds. Die Mindestlaufzeit beträgt einen Monat. Bei der Verzinsung gibt es große Unterschiede.

Bundesanleihen: Festverzinsliche Wertpapiere, werden an der Börse gehandelt und nach der Laufzeit zum Nennwert zurückgezahlt.

Aktien: Anteile an Unternehmen. Sie können börsentäglich an- und verkauft werden. Es besteht eine Differenz zwischen dem An- und Verkaufspreis (Gebühren für Handel). Aktien lohnen langfristig, da Kurse schwanken. In der Vergangenheit wurden teilweise hohe Renditen erzielt. Wer auf die falschen Aktien setzte oder bei hohen Kursen kaufte, machte Verlust.

Aktienfonds: Besteht aus unterschiedlichen Aktien. Dadurch ist das Risiko gestreut (An- und Verkauf siehe Aktien). Bei Investmentfonds gibt es einen Ausgabeaufschlag, der durch den Fonds „verdient" werden muss. Weitere Einflussfaktoren sind: In welche Aktien wird investiert? Gibt es Währungsrisiken?

Offener Immobilienfonds: Wird an der Börse gehandelt. Bei der Rendite gab es Fonds, die zur Jahresmitte 2011 mehr als 30 % erreichten. Andere erwirtschafteten Verlust.

Christian Soldat: Geldanlagen im Überblick (Auszüge) http://www.powergeldanlage.de/2009/12/17/geldanlagen-im-uberblick/ (07.11.2011)

Aufgabe

A

Führt in Gruppen eine Internetrecherche zu je zwei Anlageformen, die grundsätzlich infrage kommen, durch. Berücksichtigt Bewertungskriterien und aktuelle Kosten des Kaufs/Verkaufs.

a) Dirk (15 J.) will seinen Führerschein finanzieren. Er kann monatlich 50 € sparen.

b) Laura bekam zur Konfirmation 2000 € geschenkt. Sie braucht das Geld in fünf Jahren.

c) Mark erbte 15 000 €. Er will in sechs Jahren die Meisterschule besuchen.

d) Ina erbte 100 000 €. Sie will langfristig anlegen.

3 Geldanlageformen mit besonderer Bedeutung für die Alterssicherung

Berufsstarter denkt schon ans Alter

... Drei Bausteine bilden die Grundlage dafür, um sich nach dem Berufsleben den Lebensstandard von heute zu sichern: gesetzliche Rente, private und betriebliche Altersversorgung. Dazu kommt die eigene Immobilie.

Die gesetzliche Rente wird für alle, die heute Azubis sind, im Alter nicht viel mehr als eine Grundsicherung darstellen. Eine private Vorsorge ist daher unerlässlich.

Für die Altersvorsorge ist kein großes Vermögen notwendig. Zahlreiche private Vorsorgemöglichkeiten gibt es, die schon mit wenig Geld genutzt werden können. Dank Zins, Zinseszins und staatlicher Unterstützung werden auch aus kleinen Beträgen später ansehnliche Summen.

Ein Riester-Vertrag sollte bei der privaten Altersvorsorge die erste Wahl für Azubis sein. Denn dank staatlicher Unterstützung eignet er sich ideal auch bei kleinen eigenen Beiträgen. Mindestens vier Prozent des Bruttoeinkommens zahlt der Sparer in den Riester-Vertrag ein.

Neben der gesetzlichen und der privaten Rente ist die betriebliche Altersversorgung ein weiterer Baustein zur Finanzierung des Ruhestands. Arbeitnehmer haben einen Anspruch darauf, einen Teil ihres Gehalts in eine betriebliche Altersversorgung zu investieren. Dieser Rechtsanspruch auf Entgeltumwandlung gilt für alle Arbeitnehmer, unabhängig vom Alter oder der Dauer der Betriebszugehörigkeit. Besonders wenn der Arbeitgeber einen Teil zur Altersvorsorge beisteuert, sollten auch Azubis zugreifen.

In vielen Unternehmen gibt es vermögenswirksame Leistungen. Deren Höhe wird meistens durch Tarifverträge geregelt. Der Höchstbetrag liegt bei knapp 40 Euro. Der Azubi kann aber auch allein sparen und sich so den staatlichen Zuschuss, die Arbeitnehmersparzulage, sichern.

Für viele Menschen ein absolut erstrebenswertes Ziel ist die eigene Immobilie. Diese attraktive Form der Altersvorsorge fördert der Staat ebenfalls: über die Wohnungsbauprämie.

Die Autorin leitet die Geschäftsstelle der Sparkasse Harburg-Buxtehude in Buxtehude-Altkloster.

Marlies Beilfuß: Buxtehuder Tageblatt v. 05.10.2011, S.2

Für die Alterssicherung bieten sich verschiedene Formen an (siehe Schaubild rechts und M4, S.29). Durch den demografischen Wandel (s. M1, M2, S.29) muss eine sinkende Anzahl Erwerbstätiger für eine steigende Anzahl von Rentnern die Alterssicherung finanzieren. Um diese abzumildern, wurde das Rentenniveau gesenkt und mit staatlicher Förderung ein Anreiz geschaffen für eine zusätzliche private Altersvorsorge. Diese wird **Riester-Rente** genannt und gut angenommen (s.S.28). Die Anlage kann in unterschiedlichen Formen (s. Text und Schaubild rechts) erfolgen. Wichtig ist die Wahl eines günstigen Unternehmens für die Anlage, weil die Auszahl-

ungshöhe und damit die Rendite stark variieren und Abschluss- und z. T. hohe Verwaltungskosten anfallen. Nur fünf von 29 Angeboten wurden mit „gut" bewertet (s. Finanztest, Okt. 2012). Das gilt ähnlich auch bei der → Lebensversicherung (s. nebenstehendes Schaubild).
Das Institut der deutschen Wirtschaft sieht die Deutschen „im Alter meist gut versorgt" (s. **M3**, **M4**, S. 29).

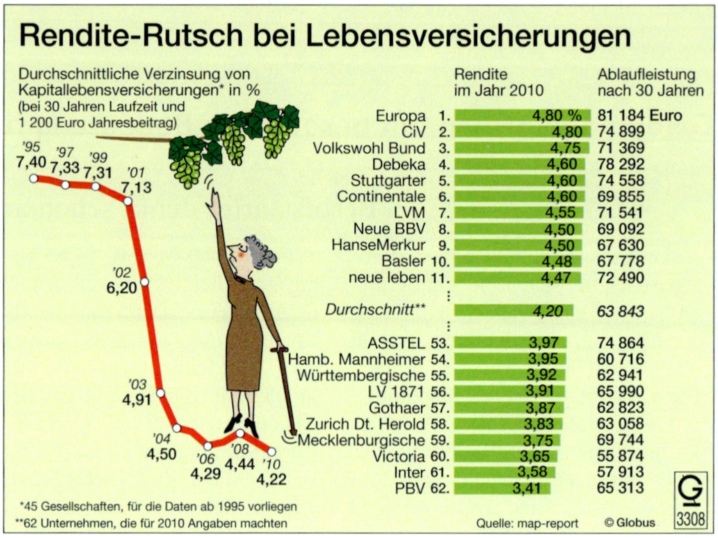

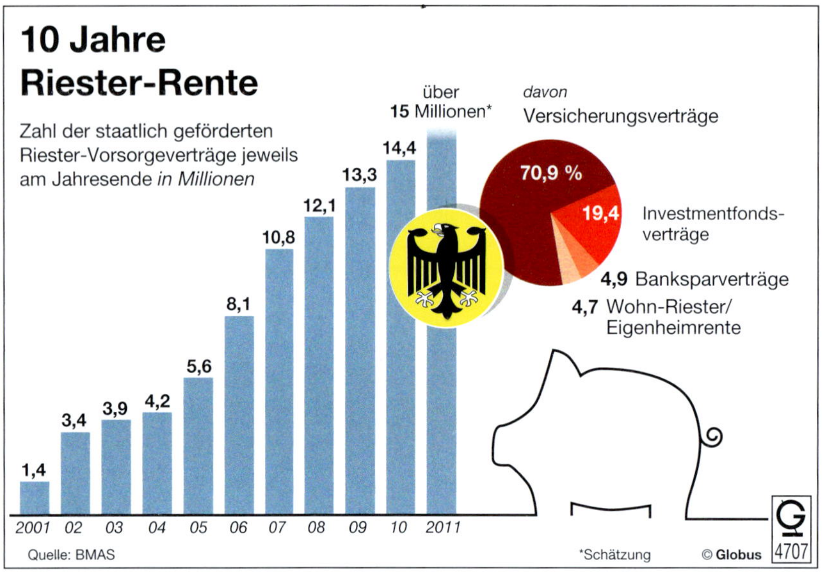

A Aufgaben

1 Besorgt euch bei Geldinstituten aktuelle Informationen über die Anlageformen zur Riester-Rente (s. Vorseite). Entwerft zu jeder Form ein Schaubild mit Informationen zu folgenden Punkten:
- Voraussetzung für die Förderung
- monatlicher Anlagebetrag
- Abschlusskosten
- Verzinsung/Rendite
- Laufzeit, Situation bei Rücktritt

Berücksichtigt Tests zu den Produkten.

2 Die Sparbeträge zur Alterssicherung führen bei Berufstätigen zu Steuervergünstigungen. Errechnet die Förderung für einen Sparbetrag von 800 €/jährlich, wenn ansonsten 30 % Steuer angefallen wäre. Ermittelt die Gesamtförderung bei einer Familie mit einem Kind von neun Jahren, wenn vom versicherungspflichtigen Bruttoeinkommen 800 € (4 %) gespart wurden.

3 Begründet, warum das Rentenniveau gesunken ist, obwohl der Beitragssatz stieg (s. **M1**, **M2**, Folgeseite).

4 Welche Bedeutung hat die Entwicklung der Zahl der Rentner pro 100 Erwerbspersonen im Zeitverlauf für die Höhe der Renten?

5 Das Institut der deutschen Wirtschaft sieht die Deutschen im Alter meist gut versorgt (s. **M3**, **M4**, Folgeseite). Nehmt Stellung.

4 Weiterführendes Material

M1 Die Probleme der Rentenversicherung

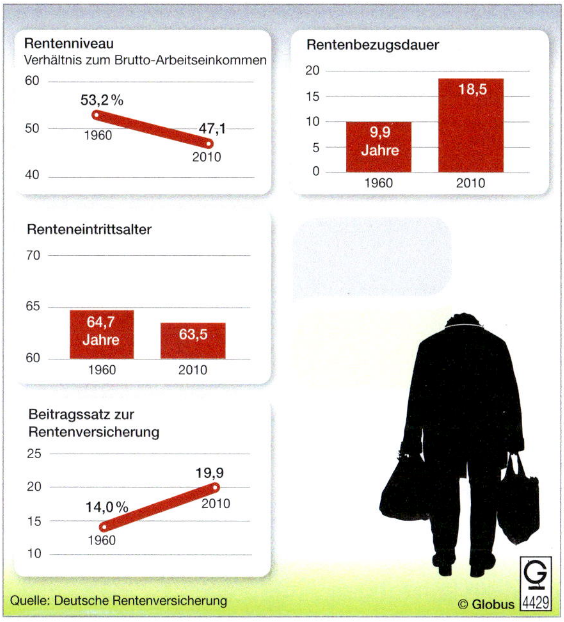

M3 Versorgung im Alter

Im Alter meist gut versorgt

So viel Prozent der Deutschen ab 65 Jahren verfügten 2007 über ein Haushaltsnettoeinkommen

von … Euro pro Monat	Ehepaare	Alleinstehende Insgesamt	Alleinstehende Männer	Alleinstehende Frauen
0 – 50	0	0	0	0
50 – 100	0	0	0	0
100 – 200	0	0	0	0
200 – 300	0	1	0	1
300 – 400	0	1	0	1
400 – 500	0	2	1	2
500 – 750	1	13	9	14
750 – 1.000	3	21	15	23
1.000 – 1.250	7	21	18	22
1.250 – 1.500	12	17	20	16
1.500 – 1.750	15	10	12	9
1.750 – 2.000	15	6	9	5
2.000 – 2.500	20	5	7	4
2.500 – 3.000	11	2	3	2
3.000 – 4.000	9	1	3	1
4.000 und mehr	7	1	1	0

Ursprungsdaten: Bundesministerium für Arbeit und Soziales
Institut der deutschen Wirtschaft Köln
© 2011 IW Medien · iwd 40

iwd **Nr. 40** v. 06.10.2011, S. 2

M2 Generationenvertrag in Gefahr

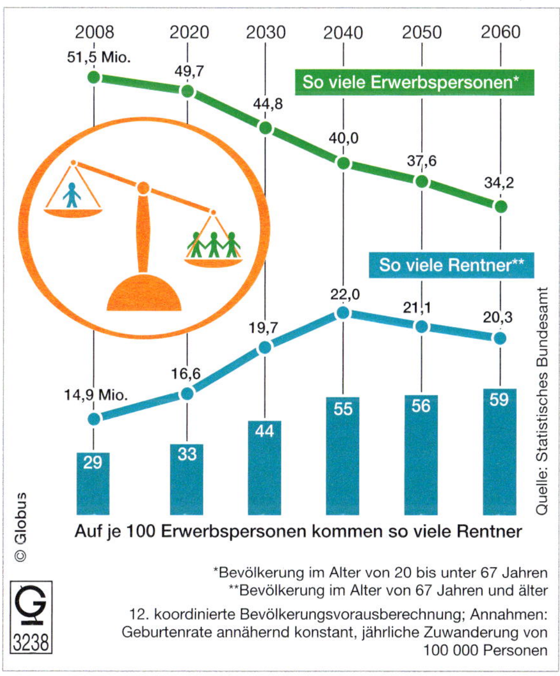

M4 Die gesetzliche Rente ist nicht alles

Einkommensquellen der Bevölkerung ab 65 Jahren in Prozent

	Insgesamt	Frauen	Männer
Nur eigene gesetzliche Rente	44	42	47
Eigene gesetzliche Rente und – Hinterbliebenenversorgung	14	22	3
– eigene betriebliche Altersversorgung	12	4	24
– eigene Zusatzversorgung des öffentlichen Dienstes	7	6	8
Keine Alterssicherungsleistungen	4	5	2

Stand: 2007; Differenz zu 100: Beamtenversorgung, Alterssicherung der Landwirte und Sonstige
Quelle: Bundesministerium für Arbeit und Soziales
Institut der deutschen Wirtschaft Köln
© 2011 IW Medien · iwd 40

iwd **Nr. 40** v. 06.10.2011, S. 1

Private Versicherungen

1 Versicherungen schützen vor finanziellen Risiken

In einer Gesellschaft, in der die Menschen überwiegend in Kleinfamilien und alleine leben, ist eine Vorsorge gegen bestimmte Risiken des Lebens notwendig.
Eine Versicherung gegen finanzielle Risiken bei Krankheit, Erwerbslosigkeit, zur Alterssicherung, gegen Unfälle bei der Erwerbsarbeit und Pflegebedürftigkeit ist für die meisten Menschen gesetzlich vorgeschrieben (gesetzliche Sozialversicherung).
Wegen der großen Schäden, die sich im Straßenverkehr ereignen können, hat der Staat auch allen Kraftfahrern, Mofa-, Mokick- und Mopedhaltern eine Haftpflichtversicherung vorgeschrieben. Sie schützt Dritte, d. h. Personen, die von einem Fahrer geschädigt wurden.

Andere Risiken, die das Leben der Menschen ebenfalls stark betreffen, können privat abgesichert werden, z.B.

- Fahrraddiebstahl,
- Unfälle in der Freizeit, beim Sport oder im privaten Haushalt,
- Diebstahl, Einbruch, Feuer und Wasserrohrbruch im privaten Haushalt,
- rechtliche Auseinandersetzungen,
- selbst verursachte Schäden an Sachen anderer,
- Berufsunfähigkeit.

Wie funktioniert eine private Versicherung?

Eine Versicherung soll das Risiko, das ein einzelner Mensch nicht alleine tragen kann, durch eine große Anzahl Versicherter absichern (Gesetz der großen Zahl).
Mithilfe der → **Wahrscheinlichkeitsrechnung** können die Versicherungsunternehmen das Risiko für bestimmte Schadensfälle ermitteln. Die Grundlage sind die Schadensfälle in der Vergangenheit. Berechnet werden kann z.B. die Wahrscheinlichkeit von Autounfällen, Fahrraddiebstählen, Wasserrohrbrüchen. Diese Berechnungen bestimmen die Beitragshöhe. Weitere Gesichtspunkte sind z.B. bei Kfz-Versicherungen der Autotyp und das Alter der Fahrer. Bei der privaten Krankenversicherung sind es das Eintrittsalter und der Gesundheitszustand.
Die Versicherungsunternehmen stehen im Wettbewerb zueinander. Da die Leistungen sehr unterschiedlich sind und es viele Anbieter gibt, können Verbraucher die Leistungen und Preise schwer bewerten. Eine genaue Prüfung ist wichtig.

▸ **Leitauftrag** Begründet die Versicherungspflicht der gesetzlichen Sozialversicherung und die Freiwilligkeit der privaten Versicherung.

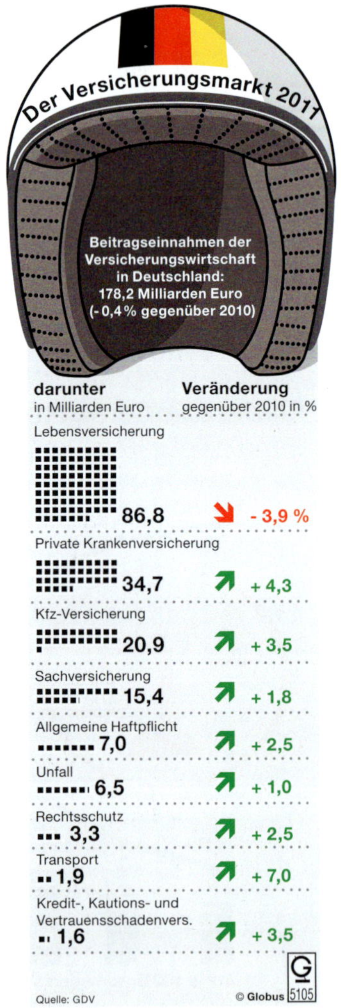

B Auf einen Blick

Ihr erkennt, was Versicherungen leisten.
Ihr versteht, wie Versicherungen kalkulieren.
Ihr unterscheidet wichtige Versicherungen für den Berufseinstieg.

2 Welche Versicherungen brauche ich?

Eine Befragung

Schüler der Klasse 9 befragten Verwandte, Nachbarn und Freunde nach den Gründen für einen Versicherungsabschluss.

Claudia, 30 Jahre: „Mein Bedürfnis nach Sicherheit ist gestiegen, nachdem die beiden Kinder geboren wurden. Eine Lebensversicherung war mir wichtig, falls uns etwas passiert. Auch eine Haftpflichtversicherung ist wichtig. Die Kinder können ja alles Mögliche anstellen."

Anke, 28 Jahre: „Ich bin nicht der Versicherungstyp, habe nicht viel Angst. Die Pkw-Haftpflicht ist Pflicht. Außerdem habe ich eine private Haftpflicht- und eine Hausratversicherung."

Jens, 18 Jahre: „Ich habe vor einem Jahr meine Berufsausbildung begonnen. Ich bin in der gesetzlichen Sozialversicherung und überlege, ob ich eine private Unfallversicherung abschließen soll. Ich treibe viel Sport. Da ich bei meinen Eltern wohne, brauche ich sonst noch keine Versicherung."

Simon, 64 Jahre: „Ich habe im letzten Jahr meine Hausratversicherung erhöht. Ich habe mehr Angst vor Diebstahl als früher. Außerdem habe ich eine Rechtsschutzversicherung abgeschlossen. Ich habe Angst davor, dass mich jemand bei Rechtsstreitigkeiten über den Tisch zieht. Vielleicht macht mich das Alter unsicherer. Vielleicht sind auch die Zeiten unsicherer geworden. Man liest so viel Schlechtes in der Zeitung."

Anna, 52 Jahre: „Neulich wollte mir ein Vertreter eine Risikolebensversicherung verkaufen. Glücklicherweise klingelte eine Nachbarin und hat mich vor einem Vertragsabschluss gewarnt. ‚Pass auf', hat sie gesagt, ‚die wollen Geschäfte mit der Angst machen.' Ja, ich werde in Zukunft sehr vorsichtig sein."

Jürgen, 39 Jahre: „Ich habe vor ein paar Monaten meine Hausratversicherung erhöht.
In den letzten Jahren hatte sich der Wert des Hausrats doch spürbar erhöht. Ich war froh, dass es die Zeitschrift ‚Finanztest' von der Stiftung Warentest gibt. Die habe ich im Internet eingesehen. Die Stiftung Warentest ist unabhängig und informiert bestens. Ich habe die Versicherung gewechselt und bezahle jetzt weniger Geld für eine bessere Leistung. Das hätte ich alleine nie herausgefunden."

Gesichtspunkte bei der Entscheidung

- Höhe eines möglichen Schadens oder des Risikos
- Höhe des verfügbaren Einkommens und der Ersparnis
- Vermögen
- Lage der Wohnung oder des Hauses (Wohnumfeld)
- Familienstand
- Alter
- mögliche Unterstützung durch Familie, Freunde oder Nachbarn im Schadensfall

▲ Versichert gegen Hundebisse jeder Art; ausgenommen sind lediglich
a) Bisse von männlichen Hunden,
b) Bisse von weiblichen Hunden.
Kastrierte Hunde fallen nicht unter den Begriff Hund.

A Aufgaben

1 Aus welchen Gründen haben die befragten Personen Versicherungen abgeschlossen?

2 Welche Gründe findet ihr selbst sehr wichtig bzw. weniger wichtig?

3 Führt eine Befragung bei Eltern, Nachbarn und Freunden durch.

3 Die Berufsausbildung beginnt – wie versichere ich mich?

Art der Versicherung Pflicht oder freiwillig	**Auszubildende**	**Berufseinsteiger**
Fahrradversicherung freiwillig	Versicherung gegen Diebstahl. Der Diebstahl muss bei der Polizei gemeldet werden. Zur Schadensmeldung sind Angaben über Hersteller, Marke und Rahmennummer notwendig. Das Fahrrad muss durch ein Schloss gesichert sein.	
Mofa- oder Moped-Haftpflichtversicherung Pflicht	Die Mofa- oder Moped-Haftpflichtversicherung sichert gegen Personen- und Sachschäden ab, die bei einem Unfall Dritten zugefügt werden. Freiwillig ist eine Kaskoversicherung bzw. Teilkaskoversicherung gegen Schäden am eigenen Mofa/Moped.	
Kfz-Haftpflicht-versicherung Pflicht	Die Kfz-Haftpflichtversicherung sichert gegen Personen- und Sachschäden ab, die bei einem Unfall Dritten zugefügt werden. Freiwillig ist eine Kaskoversicherung bzw. Teilkaskoversicherung gegen Schäden am eigenen Auto.	
Privathaftpflicht freiwillig	Wenn die Eltern eine private Haftpflichtversicherung abgeschlossen haben, sind Auszubildende bis zum Ende der Ausbildung mitversichert.	Nach Abschluss der beruflichen Ausbildung oder des Studiums ist eine eigene Privathaftpflichtversicherung nötig.
Hausratversicherung freiwillig	Wenn die Eltern eine private Hausratversicherung abgeschlossen haben, sind Auszubildende – wenn sie dauerhaft zu Hause wohnen – bis zum Ende der Ausbildung mitversichert.	Wer dauerhaft von zu Hause auszieht und einen eigenen Haushalt gründet, muss sich selbst versichern.
Auslandskranken-versicherung freiwillig	Der gesetzliche Krankenschutz gilt nicht weltweit. Falls ein Aufenthalt in einem Land vorgesehen ist, in dem die Versicherung keinen Krankenschutz gibt, ist eine Zusatzversicherung sehr wichtig.	
Berufsunfähigkeits-versicherung freiwillig	Erst nach fünfjähriger Berufstätigkeit und Versicherungspflicht zahlt die gesetzliche Rentenversicherung eine Erwerbsminderungsrente.	

A Aufgaben

1 Welche Versicherung müssen bzw. können die Personen in folgenden Fällen abschließen?
  a) Claudia kauft sich ein Mofa.
  b) Arnim möchte sich dagegen schützen, dass er als Fußgänger einen Radfahrer schädigt.
  c) Bernhard möchte seine Wohnung vor Einbruch und Feuer schützen.
  d) Philipp kauft sich einen Gebrauchtwagen.

2 Informiert euch im Internet über ausgewählte Versicherungen. Es gibt Besonderheiten und Voraussetzungen, die in dem Schema nicht alle aufgeführt sind.

3 Informiert euch bei unabhängigen Beratern, z.B. der Stiftung Warentest mit der Zeitschrift „Finanztest“, über die Kosten.

Alles klar?

Persönliche Zukunft zwischen Erwerbsarbeit, Familien- und Bürgerarbeit

1 Aus welchen Gründen sollte die Berufswahl besonders gut durchdacht sein?

2 Nenne Vorsorgemöglichkeiten.

3 Auf S.7 findest du Sprechblasen. Denke dich in deine Eltern hinein und erstelle eine Sprechblase, die ihre Zukunftspläne vor ca. 20 Jahren darstellen könnte.

4 Erkläre den Begriff Bürgerarbeit.

5 Welche Möglichkeiten kennst du, um dich als Bürger zu engagieren?

6 Beschreibe, welche Art von Familienarbeit deine Eltern leisten.

7 Beschreibe das Bild. Erläutere, welches gesellschaftliche Problem dargestellt wird.

Erwerbsarbeit im Wandel

8 Erkläre Gründe für den Berufswechsel während des Erwerbslebens.

9 Nenne technische und wirtschaftliche Veränderungen, die Auswirkungen auf die Erwerbsarbeit haben.

10 Begründe, warum Arbeitsplätze in Berufen der Warenproduktion abnehmen und bei vielen Dienstleistungsberufen zunehmen.

11 Nenne zwei wichtige Anforderungen der Erwerbsarbeit und begründe diese.

12 Was könnt ihr tun, um euch auf die zukünftige Berufsarbeit gut vorzubereiten?

Soziale Sicherung

13 Die gesetzliche Sozialversicherung schützt die Würde des Menschen. Begründe.

14 In der gesetzlichen Krankenversicherung gibt es einen Solidarausgleich.
Beschreibe, was damit gemeint ist.

15 Nenne mindestens drei wichtige Leistungen der gesetzlichen Krankenversicherung.

16 Nenne mindestens drei wichtige Maßnahmen zur Sicherung bei Arbeitslosigkeit.

17 Bezieher hoher Einkommen können sich dem Solidarausgleich der gesetzlichen Krankenkasse entziehen. Begründe.

18 Nenne Maßnahmen zur Unfallverhütung bei Sportunfällen, in der Holzwerkstatt und in der Schulküche.

19 Der Kinderanteil bei den Empfängern von Sozialhilfe/ALG II ist hoch. Begründe.

20 Nimm Stellung zu folgenden Meinungen:
a) ANNIKA: „Beim Elterngeld ist im Vorteil, wer viel verdient. Das ist ungerecht.“
b) FABIAN: „Keiner sollte zu einer Versicherung gezwungen werden. Das schränkt die Freiheit ein.“
c) SONJA: „Ich verstehe nicht, dass sich Menschen schämen, Sozialhilfe in Anspruch zu nehmen.“

21 Notiere, was Tanja mitteilen könnte.

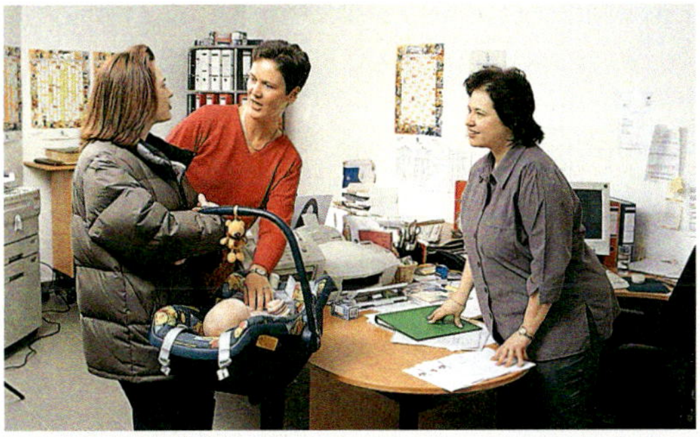

Geldanlage für Anschaffungsziele und Alterssicherung

22 Nenne Gründe dafür, warum Bürger sparen.

23 Alex und Mara möchten jeweils Geld zurücklegen, um sich in zwei Jahren ein kleines, gebrauchtes Auto zu kaufen. Das soll höchstens 3000 € kosten.
Alex verdient netto 1500 € und Mara 1600 €.
Wie hoch muss ihre Sparquote jeweils sein? Wie sollten sie die Ersparnisse anlegen?

24 Erkläre die Bedeutung der Kriterien
- Liquidität,
- Rentabilität,
- Sicherheit,
- Gebühren/Kosten

bei Entscheidungen zur Geldanlage.

25 Welche Kriterien sind zu beachten, wenn es um eine Geldanlage zur Alterssicherung geht?

26 Vergleiche das Risiko der Geldanlage zwischen Festgeld und Aktienfonds.

27 Vergleiche die Kosten der Geldanlage zwischen Festgeld und Aktienfonds.

28 Warum ist eine Alterssicherung zusätzlich zur gesetzlichen Rentenversicherung empfehlenswert? Ziehe dazu **M1**, **M2**, S.29 heran.

29 Aus welchen Gründen fördert der Staat die zusätzliche Altersversorgung?

30 Beurteile folgende Meinungen und beachte dabei die Grafik oben rechts:
a) Der Goldpreis ist fast andauernd gestiegen. Das ist eine TOP-Geldanlage!
b) Der Goldpreis ist so hoch. Wer jetzt kauft, kann schnell viel Geld verlieren!

Begründe deine Stellungnahme.

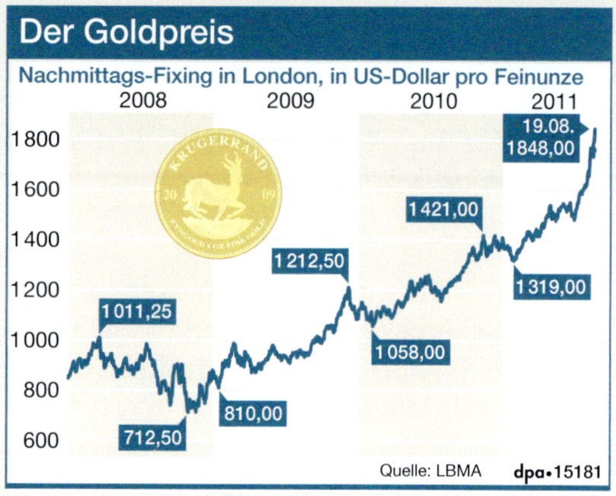

Private Versicherungen

31 Nenne Unterschiede zwischen der Sozialversicherung und privaten Versicherungen.

32 Nenne Gesichtspunkte, die für die Wahl einer privaten Versicherung eine Rolle spielen.

33 Nenne Gründe für die folgende Rangfolge.

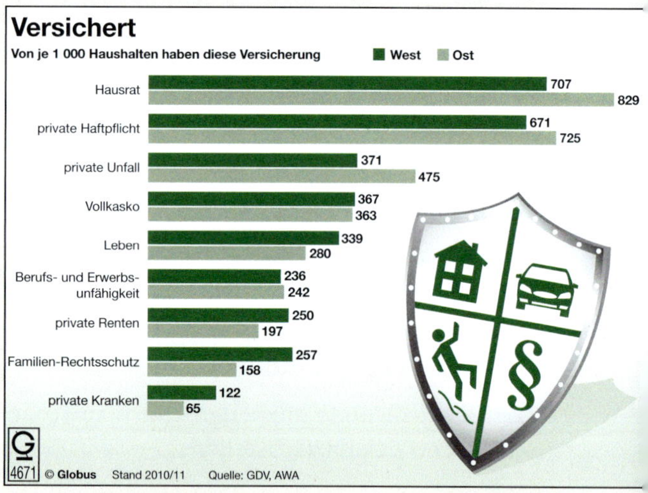

34 Welche Versicherungen sind für dich besonders wichtig?

Berufsorientierung – ein spannender Prozess

1 Im Labyrinth deiner Lebenschancen

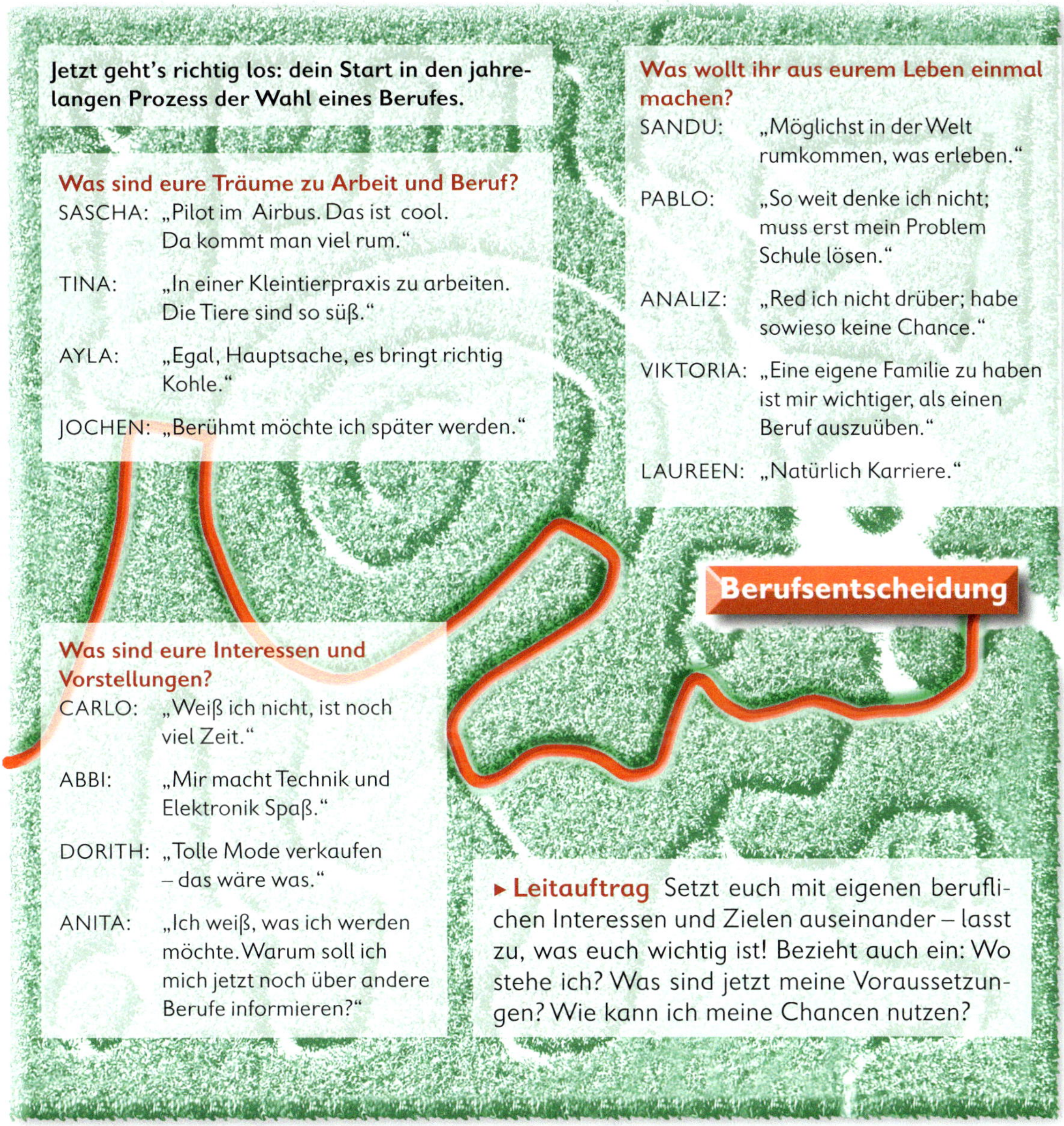

Jetzt geht's richtig los: dein Start in den jahrelangen Prozess der Wahl eines Berufes.

Was sind eure Träume zu Arbeit und Beruf?

SASCHA: „Pilot im Airbus. Das ist cool. Da kommt man viel rum."

TINA: „In einer Kleintierpraxis zu arbeiten. Die Tiere sind so süß."

AYLA: „Egal, Hauptsache, es bringt richtig Kohle."

JOCHEN: „Berühmt möchte ich später werden."

Was sind eure Interessen und Vorstellungen?

CARLO: „Weiß ich nicht, ist noch viel Zeit."

ABBI: „Mir macht Technik und Elektronik Spaß."

DORITH: „Tolle Mode verkaufen – das wäre was."

ANITA: „Ich weiß, was ich werden möchte. Warum soll ich mich jetzt noch über andere Berufe informieren?"

Was wollt ihr aus eurem Leben einmal machen?

SANDU: „Möglichst in der Welt rumkommen, was erleben."

PABLO: „So weit denke ich nicht; muss erst mein Problem Schule lösen."

ANALIZ: „Red ich nicht drüber; habe sowieso keine Chance."

VIKTORIA: „Eine eigene Familie zu haben ist mir wichtiger, als einen Beruf auszuüben."

LAUREEN: „Natürlich Karriere."

▸ **Leitauftrag** Setzt euch mit eigenen beruflichen Interessen und Zielen auseinander – lasst zu, was euch wichtig ist! Bezieht auch ein: Wo stehe ich? Was sind jetzt meine Voraussetzungen? Wie kann ich meine Chancen nutzen?

B Auf einen Blick

Ihr findet Ansprechpartner und Hilfestellungen, die euch im Berufswahlprozess unterstützen.

Ihr beschreibt eure Interessen und Fähigkeiten und lasst diese von anderen einschätzen.
Ihr setzt euch schulische Ziele, um eure beruflichen Chancen zu verbessern.

Ihr beschafft euch erste Informationen über euren Wunschberuf und setzt euch mit diesen auseinander.

Ihr beurteilt, warum gleiche Berufschancen für Mädchen und Jungen wichtig sind.

2 Wer unterstützt dich bei deinem Berufswahlprozess?

Der Berufswahlunterricht hilft euch, Informationen zu erschließen und Entscheidungen für die spätere Berufstätigkeit vorzubereiten. Daneben ist aber viel Eigeninitiative notwendig. Denn die Entscheidung, welchen Beruf man letztlich erlernt, muss jeder Einzelne für sich selbst treffen. Es ist deshalb wichtig, die Berufswahl sorgfältig zu planen und durchzuführen. Diese Entscheidung erfordert eine umfangreiche Auseinandersetzung mit Berufen, indem ihr Gespräche mit Eltern, Freunden, Auszubildenden, Erwerbstätigen, Lehrern und Berufsberatern führt.
Nutzt die Angebote von Kammern, Gewerkschaften, Wirtschaftsverbänden, Ministerien und Schulämtern.
Verfolgt auch, was Rundfunk, Fernsehen und Zeitungen zum Thema Berufswahl bringen.
Beteiligt euch aktiv an den schulischen Angeboten zur Berufsorientierung, wie z.B. Betriebserkundungen und Betriebspraktika.

Wer kann mich im Berufswahlprozess unterstützen?

Betriebe
- Informationen zu beruflichen und betrieblichen Anforderungen sowie Entwicklungsmöglichkeiten nach der Ausbildung anbieten
- Praktikumsplätze bereitstellen
- Betriebserkundungen ermöglichen
- Ausbildungsplätze anbieten

Ich selbst
- Über Angebote der Beteiligten informieren
- Beratung und Unterstützung organisieren
- Lernangebote der Schule nutzen, um berufliche und betriebliche Voraussetzungen zu erfüllen
- Betriebspraktika absolvieren
- Wissen über Berufs- und Arbeitswelt erwerben
- Berufliche Interessen und Vorstellungen entwickeln
- Berufliche Anforderungen mit Fähigkeiten vergleichen
- Für einen Ausbildungsberuf bzw. Bildungsgang entscheiden
- Schritte langfristig planen und rechtzeitig umsetzen

Gewerkschaften
- Informationen zu Berufen, Bewerbung, Ausbildung, Verdienst bereitstellen
- Rechte Auszubildender vertreten

Berufsinformationszentrum (BIZ)/ Berufsberatung
- Informationen über Berufe vorhalten
- Medien und Beratung anbieten
- Entscheidung für Beruf bzw. Bildungsgang unterstützen
- Bei Ausbildungsproblemen beraten
- Berufswahltests durchführen
- Ausbildungsplatz bzw. Bildungsgang vermitteln
- Über Ausbildungsförderung informieren

Schule
- Wissenserwerb zur Berufs- und Arbeitswelt unterstützen
- Im Betriebspraktikum beraten und unterstützen
- Lernen in der Betriebspraxis und den Fächern verbinden
- Fachliche, soziale, persönliche, methodische und auf Lernen bezogene Fähigkeiten fördern
- Berufswahlprozess begleiten und fördern

Eltern/ Freunde
- Über Berufs- und Arbeitswelt informieren
- Über Berufswahl und -erfahrungen berichten
- Entwicklung begleiten und Entscheidungen fördern
- Ausbildungsplatzsuche unterstützen

A Aufgaben

1 Wer kann dich bei der Berufswahl unterstützen? Nutze das Angebot der im Schema genannten Akteure. Zieht auch **M3**, S.71 heran.

2 Sprecht mit euren Eltern über deren Berufswahlentscheidung und den Berufsverlauf.

Wegweiser im Labyrinth des Berufswahlprozesses

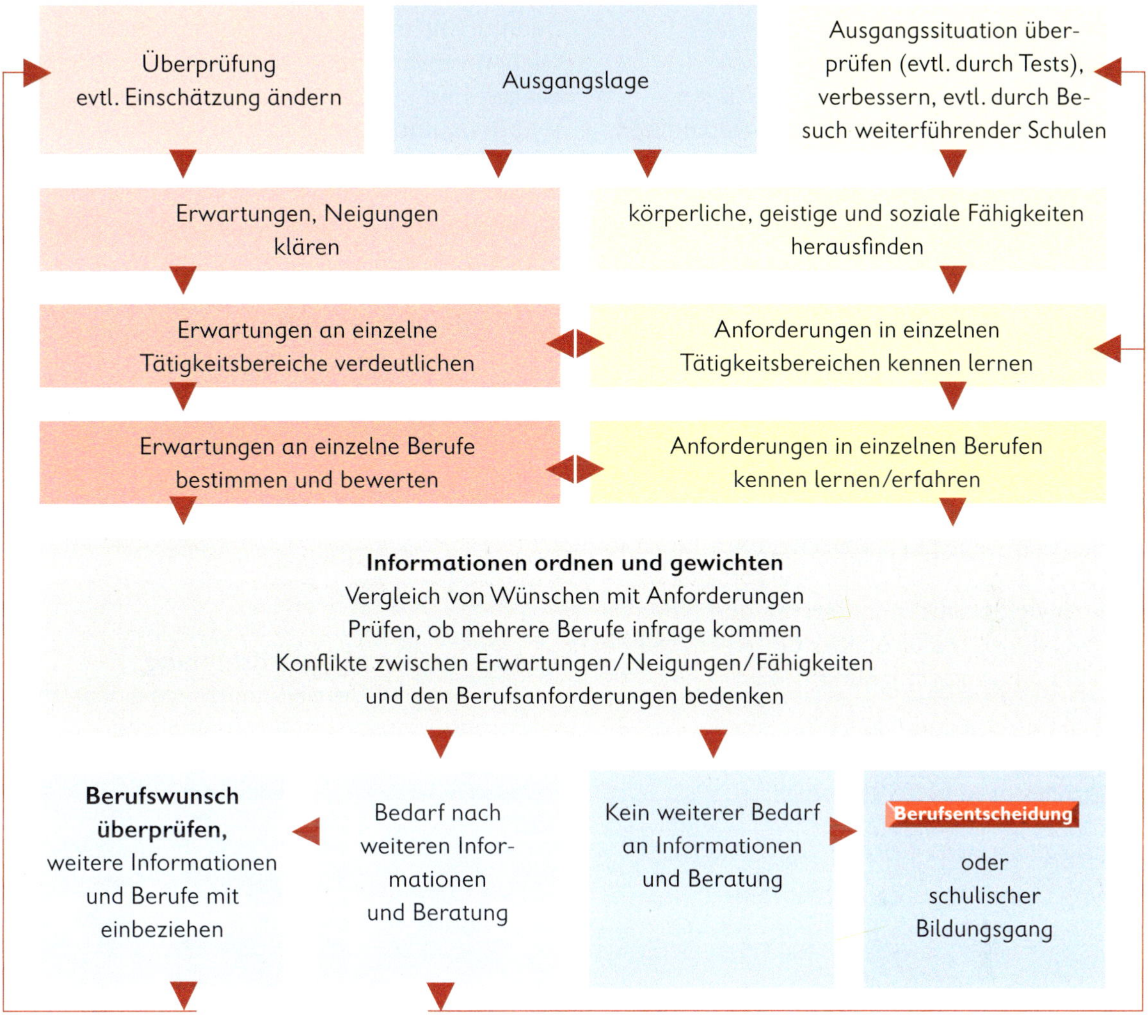

Für die Dokumentation der Aktivitäten zur Berufswahl empfehlen wir euch einen Berufswahlpass (siehe www.berufswahlpass.de).
Er bietet z.B. Hilfsmittel zur Weiterführung des Berufswahlprozesses. Dazu gehören

- die Beschreibung schulischer Maßnahmen in den Fächern und die Dokumentation von Ansprechpartnern für den weiteren Prozess,
- die Darstellung eurer Entwicklung im Prozess der Berufswahl, bezogen auf ein Berufsfeld, mit Beschreibung der nächsten Schritte,
- die Dokumentation von Leistungen, die für die Bewerbung bedeutsam sein können, z. B. PC-Führerschein, Mitarbeit in einer Schülerfirma, soziale Tätigkeit, Engagement im Sportverein.

Entscheidend sind auch eure methodischen Fähigkeiten. Dabei helfen die Methoden:

- Interview (S.46),
- Fragebogen (S.47),
- Texte verstehen und hinterfragen (S.48).

Eine wichtige Anlaufstelle für Information und Beratung sind das BIZ der → Bundesagentur für Arbeit und die Arbeitsagenturen vor Ort.

Berufsinformationszentren (BIZ)

Sie bieten:
- Einführungsvorträge
- Berufsinformationsmappen
- Schriften zur Berufswahl (siehe unten)
- berufskundliche, audiovisuelle Medien und Computerprogramme
- Datenbanken zur Aus- und Weiterbildung
- Einzelberatung nach Anmeldung
- Klassenbesprechungen mit Berufsberatern

Nach **Bundesagentur für Arbeit**:
www.arbeitsagentur.de
▸ Bürgerinnen und … ▸ Zwischen Schule …
▸ Berufsinformationszentren (08.09.2012)

Individuelle Berufsberatung

Das persönliche Gespräch mit dem Berufsberater kann die eigene Entscheidung für einen Beruf unterstützen. Er hilft, persönliche Wünsche sowie berufliche Interessen und Fähigkeiten zu klären. Falls notwendig, vermittelt er eine Eignungsuntersuchung.

Ist die Entscheidung getroffen, kann der Berufsberater bei der Vermittlung eines Ausbildungsplatzes helfen. Wichtig ist:
- rechtzeitig anmelden (evtl. Wartefristen)
- Gespräch sorgfältig vorbereiten, vorher www.planet-beruf.de durcharbeiten.

Anzeigen

Viele Ausbildungsstellen werden der Arbeitsagentur nicht gemeldet. Deshalb auch in Betrieben vorsprechen und Anzeigen in Tageszeitungen und im Internet verfolgen. Mehr in der Jobbörse unter www.arbeitsagentur.de
▸ Stellen und Bewerberbörsen

Berufswahlpass zur Berufsorientierung

Damit werden
- die Angebote der Berufswahl transparent,
- der eigene Weg zur Berufswahl dokumentiert,
- Unterlagen, z.B. für Bewerbungen, gesammelt (siehe S.51).

Informationsmaterial

Bundesagentur für Arbeit
www.ba-bestellservice.de
▸ Stichwortsuche
▸ Berufsorientierung → Berufswahl
Bundesinstitut für Berufsbildung
www.bibb.de/de/ausbildungsinfos-online.htm
▸ Informationsquellen für Jugendliche

A Aufgaben

1 Wo stehst du im Berufswahlprozess? Dokumentiere den Stand schriftlich. Wenn du den Berufswahlpass hast, nutze diesen dafür (siehe www.berufswahlpass.de).

2 Erstelle deinen persönlichen Berufswahlordner. Ziehe dazu das Schaubild „Wegweiser im Labyrinth des Berufswahlprozesses“ heran (siehe Vorseite). Die darin genannten Schritte kannst du erledigen und deine Ergebnisse im Ordner sammeln.

3 Befragt Schüler von Abgangsklassen, wie sie bei der Berufswahl vorgingen, um ihren Wunschberuf zu erreichen.

4 Informiert euch über die Angebote der Bundesagentur für Arbeit. Beschafft euch wichtige Schriften und nutzt sie für eure Berufsfindung.

5 Erkundet euren Wunschberuf (siehe Methode: Befragung, Interview (S.46).
Befragt Arbeitnehmer, die diesen Beruf ausüben.

6 Erkundet das BIZ. Bereitet euch darauf vor. Nutzt dazu die Website www. arbeitsagentur.de.

7 Prüft, ob ihr die Berufsberatung in Anspruch nehmen solltet. Bereitet euch umfassend vor.

3 WER oder WAS hat Einfluss auf die Berufswahl?

Sebastian wohnt in Wiesbaden und will unbedingt die Ausbildung zum Fischwirt an der Nordsee machen. Die mündliche Zusage hat er bereits. Seine Freunde sind enttäuscht, dass er so weit wegziehen will. Seitdem sie davon wissen, reden sie ununterbrochen auf ihn ein, erinnern ihn an viele gemeinsame Erlebnisse und was sie nun aufgrund der Entfernung nicht mehr machen können. Sebastian träumt schon lange von dieser Chance, aber ihm sind auch seine Freunde sehr wichtig.

Tanja ist sehr schüchtern. Dennoch bewirbt sie sich in einem Hotel. Sie erhält einen Probearbeitstag und wieder wird ihr bewusst, dass sie einfach nicht aus sich herauskommen kann, um gut auf die Gäste einzugehen. Der Chef macht ihr deutlich, dass für eine Hotelkauffrau die Fähigkeit zur Kommunikation besonders wichtig ist!

Sergej ist ein leidenschaftlicher Schwimmer. Er liebt aktiven Sport und ist ständig unterwegs. Am liebsten möchte Sergej medizinischer Bademeister werden oder Fachangestellter für Bäderbetriebe. Seine Eltern halten das für ungünstig und raten ihm, Bürokaufmann zu werden. Sergej erkundigt sich. Jetzt ist er hin- und hergerissen. Soll er wirklich im Büro arbeiten, wo er kaum fünf Minuten stillsitzen kann? Gerne würde er seine Hobbys mit in den Beruf einbringen.

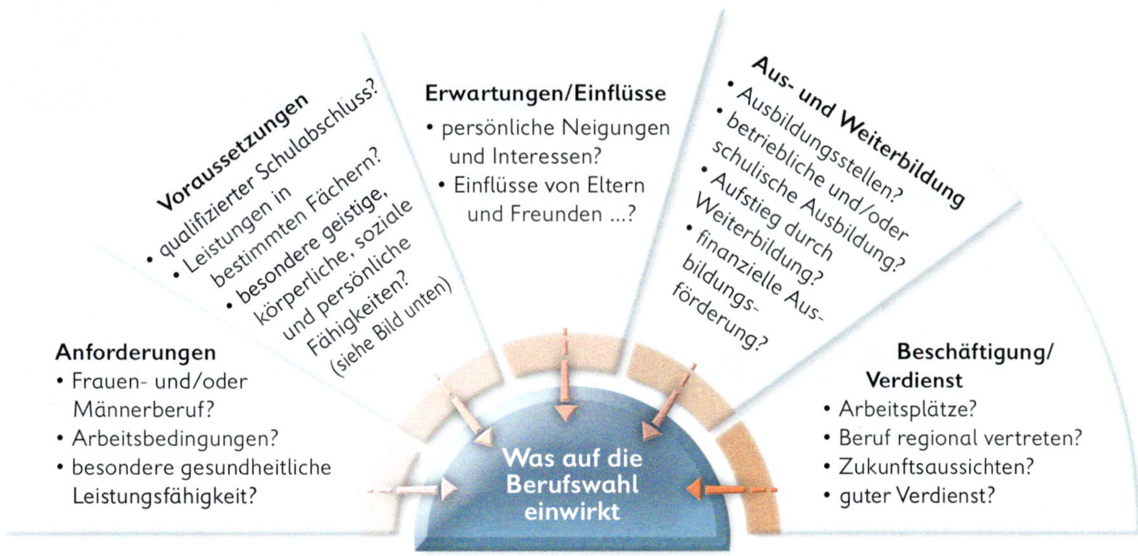

A Aufgaben

1 Sprecht über die Fallbeispiele und findet heraus, wovon Sebastian, Tanja und Sergej sich bei der Berufswahl beeinflussen lassen.

2 Erklärt, warum diese Faktoren die Berufswahl beeinflussen.

3 Erstelle eine Tabelle mit Berufswahlmotiven nach folgendem Muster:

Berufswahlmotive	Ist mir wichtig	Ist mir nicht wichtig
Verdienst	?	?
Zukunftsaussichten	?	?

4 Sprecht in der Klasse über Faktoren, die euch beeinflussen.

4 Warum ist die Berufsorientierung wichtig?

Marcus ist 17 Jahre alt und macht seit drei Wochen eine Ausbildung als Tischler bei der Firma Kuhns. Eigentlich hat sich Marcus in der Schule nie richtig mit der Berufsorientierung auseinandergesetzt, denn für ihn stand schon immer fest, dass er Bundeswehr-Pilot werden oder zumindest, wie sein Onkel Emil, als Restaurator Möbel aufarbeiten wollte.

Doch mit seinem mittelmäßigen Schulabschluss und seiner Kurzsichtigkeit lehnte ihn die Bundeswehr sofort ab. Onkel Emil empfahl ihm, erst einmal eine Ausbildung als Tischler zu absolvieren, um sich dann später nach der Berufsausbildung weiter zu qualifizieren.

Marcus macht die Arbeit zwar unheimlich viel Spaß und er lernt auch eine ganze Menge. Aber irgendwie ist er doch verärgert, weil er sich nicht gleich an dem Bau von Möbeln beteiligen kann, sondern von seinem Vorgesetzten zunächst für Hilfsarbeiten herangezogen wird. Dies gefällt ihm natürlich überhaupt nicht, sodass er trotzig die ihm auferlegten Arbeiten nur schleppend ausführt.

Meister Kuhns wies Marcus schon mehrmals darauf hin, dass er anfangs einen Überblick zum Arbeitsablauf im Betrieb erhält. Auch muss er erst die Grundfertigkeiten erlernen sowie in die geltenden Ordnungs- und Sicherheitsaspekte eingewiesen werden, bevor er sich weiterhin beschwert.

Wenn sich Marcus' Arbeitseinstellung nicht ändert, wird Meister Kuhns ihn vielleicht sogar in der Probezeit entlassen. Hingegen denkt Marcus aber auch darüber nach, ob er die Ausbildung selbst abbrechen sollte.

Gründe für den Abbruch der Ausbildung*

Gründe	Prozent
Persönliche (Gesundheit, familiäre Veränderungen)	**46 %**
Berufswahlbezogene:	**34 %**
Ausbildung ist nicht der Wunschberuf	48 %
andere Vorstellung vom Ausbildungsberuf	42 %
Schulische (mangelnde Vermittlung von Unterrichtsinhalten, Überforderung, Prüfungsangst.)	**19 %**
Betriebliche:	**70 %**
Konflikte mit Ausbildern oder Betriebsinhabern	60 %
ausbildungsfremde Tätigkeiten	26 %
Arbeitszeiten	31 %
schlechte Vermittlung von Ausbildungsinhalten	43 %

Bundesinstitut für Berufsbildung (BIBB):
http://www.bibb.de/de/wlk8462.htm (21.07.2012)
Berufsbildung in Wissenschaft und Praxis, Ausgabe 5/2003 *Daten von 2002 (neuere Zahlen nicht verfügbar).

A Aufgaben

1 Überlegt euch, weshalb Marcus verärgert ist. Nennt seine Beweggründe, die Ausbildung abzubrechen.

2 Begründet, weshalb Meister Kuhns Marcus eventuell entlassen möchte.

3 Erklärt, warum Marcus die ihm auferlegten Arbeiten (z. B. fegen) ausführen sollte.

4 Diskutiert, was Marcus vor Ausbildungsbeginn hätte unternehmen können, um die jetzige Situation eventuell zu vermeiden.

5 Nennt Gründe für einen möglichen Ausbildungsabbruch.

5 Interessen und Fähigkeiten auf der Spur

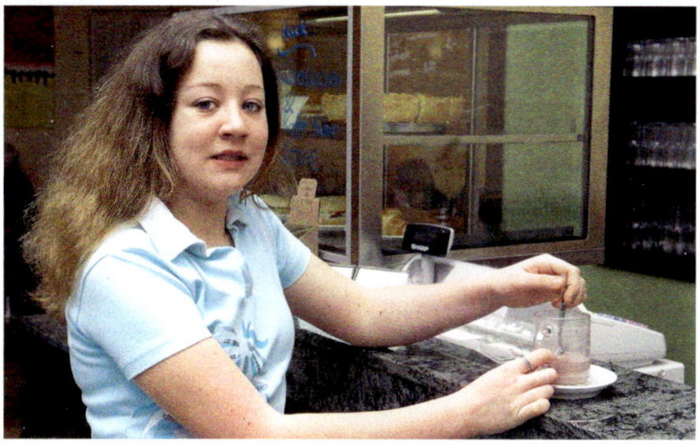

„Hallo, ich bin MALEEN.
In meinem zweiwöchigen Schulpraktikum war ich im Restaurant POP 1. Es hat mir total viel Spaß gemacht, mit dem jungen Team und den coolen Gästen zu arbeiten – ein paarmal durfte ich sogar die Kunden bedienen. Den Praktikumsplatz wählte ich, weil ich auch zu Hause gern koche.
Bei POP 1 habe ich aber meist vorgefertigte Produkte zubereitet, z.B. panierte Schnitzel. Ich bin mir nicht sicher, ob man dort Köchin lernen sollte. Überhaupt – man muss körperlich echt fit drauf sein und arbeiten, wenn andere Freizeit haben."

„Ich bin ALEX.
Ich habe gerade die Webseite mit voll abgefahrenen Bildern von der Klassenfahrt aktualisiert.
Überhaupt: Computertechnik, Webdesign ..., das käme als Beruf für mich infrage. In Kunst bin ich echt gut, aber in Mathe und Physik? Mein Klassenlehrer sagte: ‚Mach doch den qualifizierten Abschluss' – zutrauen würde er mir das wohl.
Und dann meine Augen ... Mutter meint: ‚Du darfst nicht dauernd vor dem Bildschirm hocken."

A Aufgaben

1 Sucht die Berufsinteressen, -fähigkeiten und -voraussetzungen von Maleen und Alex heraus.
- Was würdet ihr Maleen empfehlen?
- Was muss Alex bedenken?

2 Legt eine Tabelle mit Merkmalen zur Ausbildungsreife nach folgendem Muster an:

Merkmale	trifft zu	trifft manchmal zu	trifft nicht zu
Zuverlässigkeit	?	?	?
Lernbereitschaft	?	?	?

Kreuzt an, wie ihr euch selbst einschätzt. Tauscht mit dem Sitznachbarn die Tabelle aus und nehmt in anderer Farbe für ihn die Einschätzung vor. Überlegt, wie ihr eure Ausbildungsreife verbessern könnt.

Ausbildungsreife – was Azubis mitbringen sollten
Die wichtigsten, für alle Lehrberufe zwingend erforderlichen Merkmale
Expertenbefragung 2005, Nennungen jeweils in %

3 Erklärt, warum die Merkmale für Arbeitgeber wichtig sind.

Checkliste der eigenen Fähigkeiten

Jeder von uns hat verschiedene Fähigkeiten, auch Kompetenzen genannt, die weiterentwickelt werden können. Kompetenzen werden in Teilkompetenzen untergliedert. In ihrem Zusammenwirken sollen sie zum beruflichen Handeln befähigen. Das wird berufliche Handlungskompetenz genannt (s. S.80).

Es ist erforderlich, eure Kompetenzen realistisch einzuschätzen, da sie Hinweise geben können, ob ein bestimmter Beruf zu euch passt. Nur durch gezielte Berufsinformationen, Beratungen, Berufserkundungen und -praktika könnt ihr herausfinden, welche Berufe euren Voraussetzungen derzeit nahekommen.

A Aufgaben

1 Erstellt eine Checkliste eurer Fähigkeiten anhand einer Tabelle mit vier Spalten: Fähigkeiten / vorhanden / teilweise vorhanden / nicht vorhanden.

2 Prüft einen Beruf, der euch interessiert, mit der Checkliste der eigenen Fähigkeiten.

3 Tauscht mit dem Sitznachbarn die Tabelle aus und nehmt in anderer Farbe für ihn die Einschätzung vor. Überlegt, warum Unterschiede und Gemeinsamkeiten in der Einschätzung vorkommen.

4 Erläutert, welche Fähigkeiten in allen Berufen benötigt werden.

5 Erklärt, in welchen schulischen und außerschulischen Situationen ihr eure Stärken und Fähigkeiten nutzt.

6 Folgert, welche Hinweise sich aus euren Fähigkeiten für eure Berufswahl ergeben.

6 WAS?, WO? und WOMIT? – Die eigene Interessenlage feststellen

Jeder von euch hat Vorstellungen, Wünsche und Erwartungen an seinen späteren Beruf. Dabei sind eigene Interessen, die auch im Berufsalltag verwirklicht werden können, ein Hinweis zum Wunschberuf. Wichtig ist herauszufinden, ob ihr über Grundlagen der geforderten Fähigkeiten verfügt. Wer sich über die beruflichen Interessen im Klaren ist, kann die Vielfalt der beruflichen Möglichkeiten eingrenzen. Sei aktiv dabei, dich für deine Interessen bei der Berufswahl einzusetzen. Es geht um die Vorbereitung deiner Lebenschancen.

Welche Tätigkeiten möchte ich ausüben?

- schreiben, organisieren, buchen, verwalten
- berechnen, entwerfen, konstruieren
- herstellen, zubereiten, Material bearbeiten
- bauen, montieren, installieren, reparieren
- prüfen, untersuchen
- gestalten, entwerfen, zeichnen, malen
- reinigen
- anbauen, ernten, Tiere versorgen
- lagern, verpacken, transportieren
- kaufen, verkaufen, bedienen, beraten
- betreuen, pflegen, behandeln
- erziehen, unterrichten

Welchen Arbeitsplatz/-ort kann ich mir vorstellen?

- Werkstatt, Fabrik
- Büro
- Verkaufsraum, Geschäft
- Praxis, Krankenhaus, Betreuungs-/Bildungseinrichtung
- beim Kunden, Baustelle, im Freien
- Feld, Garten, Außenanlagen
- Liefer-, Kundendienstfahrzeug, Verkehrsträger (z. B. Bahn)
- Hotel/ Gaststätte, Freizeiteinrichtung
- Labor, Forschungseinrichtung

Mit welchen Arbeitsmitteln/-gegenständen möchte ich arbeiten?

- Informations- und Kommunikationstechnik, Medientechnik
- Fremdsprachen
- Pläne, Entwürfe, Prüfvorschriften
- gesetzliche Regelungen
- Maschinen, Werkzeuge, technische Anlagen
- Mess-, Prüfgeräte
- Schreib-/Zeichengeräte

Mit welchen Materialien möchte ich arbeiten bzw. möchte ich bei der Arbeit mit Menschen zusammenarbeiten?

- Baustoffe, Stein, Holz, Papier, Metalle
- Elektronik/Elektrotechnik
- Textilien, Leder
- chemische Stoffe, Kunststoffe
- Glas, Keramik, Mineralien
- Fahrzeuge, Transportmittel
- Lebensmittel
- Tiere, Pflanzen
- Menschen

A Aufgaben

1 Setze dich schriftlich damit auseinander, welche Tätigkeiten du magst, wo und womit du arbeiten möchtest.
Fülle eine Tabelle mit folgenden Spalten aus:

Tätigkeiten	sehr wichtig	wichtig	unwichtig
anbauen/ernten	?	?	?

2 Nenne jeweils drei Berufe, die du in der Spalte ‚sehr wichtig' aufgeführt hast. Nutze dazu „Beruf Aktuell".

3 Erkläre, warum dich die Tätigkeiten interessieren. Benenne, welche Erfahrungen du bisher gesammelt hast.

7 Frauen- und Männerberufe: Unterscheidung noch zeitgemäß?

Mädchen sollten sich jeden Beruf zutrauen

Jährlich entscheiden sich zehntausende Schülerinnen für typische Frauenberufe – damit für weniger Geld und schlechte Aufstiegschancen. ... N. Holzapfel fragte für die Süddeutsche Zeitung (SZ) U. Nissen, Deutsches Jugendinstitut ... .

SZ: Was versteht man unter einem „Frauenberuf"?

N.: Als typisch ... gelten z.B. Krankenschwester oder Erzieherin. ... Das heißt, es gibt zwischen 80 und 100 % weibliche Auszubildende.

Diese Berufe gelten als familiennah, weil man hier soziale Kompetenzen einsetzen kann, die man auch in der Familie braucht. ... Viele junge Mädchen ... denken, sie könnten dann Arbeit und Familie besser vereinbaren. ... Technikberufe sind zum Beispiel sehr viel familien- und arbeitszeitfreundlicher als Berufe in der Krankenpflege oder im Handel. Und bei Frauenberufen ist häufig kein Aufstieg möglich. Wer Medizinische Fachangestellte geworden ist, bleibt es auch. ...

SZ: Wie könnte man Mädchen für technische Berufe interessieren?

N.: ... Einer Berufswahl geht die Berufsfindung voraus. ... Dabei spielen die Eltern eine ganz große Rolle. Und zwar durch das, was sie ihren Kindern vorleben.
... Viele Eltern sind der Meinung, dass Mädchen in techniknahen Berufen durchaus Chancen haben, glauben aber, dass das für ihre Tochter nicht zutrifft. Für die Berufsberatung heißt das, dass sie den familiären Hintergrund mit einbeziehen müsste. ...

SZ: Was ist mit der Schule?

N.: ... Mädchen unterschätzen ihre Fähigkeiten in den mathematisch-naturwissenschaftlichen Fächern immer noch. ... In diesen Fächern und immer da, wo es um Computer und Internet geht, bräuchten die Mädchen besondere Förderung. ... Die Frauen, die Technikberufe erlernen, müssen später auch Entwicklungs- und Aufstiegschancen haben. Mädchen sollten lernen, sich jeden Beruf zuzutrauen. ...

Süddeutsche Zeitung v. 29.01.2004, gekürzt und aktualisiert http://www.sueddeutsche.de/karriere/berufswahl-maedchen-sollten-dahin-kommen-sich-jeden-beruf-zuzutrauen-1.551698

Monatliche Bruttoverdienste 2012*

Beruf	1. Ausbildungsjahr	5. Berufsjahr
Industriemechaniker/-in	787 €	3024 €
Industriekaufmann/-frau	787 €	3389 €
Bankkaufmann/-frau	831 €	2478 €
Bürokaufmann/-frau	728 €	2156 €
Einzelhandelskaufmann/-frau	677 €	2248 €
Arzthelfer/-in	561 €	1595–1914 €
Friseur/-in	390 €	1500–1762 €

*Verdienst im 1. Ausbildungsjahr und im 5. Berufsjahr; Tarifentgelt bei 35 bis 39,5 Std. wöchentlich inklusive Leistungszulagen und tariflicher Sonderzahlungen
Gesamtmetall
http://me-vermitteln.de/ ▸ M+E-Arbeitswelt ▸ M+E-Industrie im Überblick ▸ Verdienstmöglichkeiten (21.09.2012)

A

Aufgaben

1 Sprecht darüber, dass Mädchen und Jungen manche Berufe sehr häufig auswählen. Nutzt dazu die Abbildung auf S. 94.

2 Nennt Gründe für die Wahl traditioneller Frauenberufe durch Mädchen. Sprecht in eurer Klasse über erste Berufswünsche.

3 Vergleicht die Verdienste in der Tabelle. Ermittelt Verdienste in euren Wunschberufen. Nutzt die Webseite www.boeckler.de ▸ WSI-Tarifarchiv (20.09.2012).

4 Sprecht mit euren Eltern über Berufe, die sie euch empfehlen. Hinterfragt Begründungen.

8 Weiterführendes Material

M1 Was Jugendlichen bei der Wahl des Arbeitsplatzes und Berufes wichtig ist

Jugendliche konnten aus 17 Vorgaben fünf ihnen wichtige auswählen. Hier die Ergebnisse:

Die Arbeit soll interessant sein und Spaß machen.	53 %
Die Arbeit soll mir Sicherheit bieten vor Arbeitslosigkeit.	49 %
Die Arbeit soll abwechslungsreich sein und vielfältige Aufgaben beinhalten.	47 %
Ich will bei der Arbeit viel Geld verdienen.	43 %
Die Arbeit soll Aufstiegsmöglichkeiten bieten.	40 %
Ich will bei der Arbeit meine Fähigkeiten gut zur Geltung bringen können.	31 %
Ich will bei der Arbeit stolz darauf sein können, was ich leiste.	27 %
Ich will durch die Arbeit in meinem Privatleben nicht beeinträchtigt werden.	25 %
Ich will mich bei der Arbeit persönlich weiterentwickeln können.	25 %
Die Arbeit soll ermöglichen, kreativ zu sein.	23 %
Die Arbeit soll von anderen anerkannt werden.	19 %

13. Shell Jugendstudie: Jugend 2000
Bd. 1, Opladen 2000, S. 192

M2 Girls'Day: Gleiche Berufschancen für Mädchen und Jungen fördern

Am Girls'Day – Mädchen-Zukunftstag – öffnen Unternehmen mit technischen Abteilungen und Ausbildungen, Hochschulen und Forschungszentren ihre Türen für Schülerinnen der Klassen 5 bis 10. In Werkstätten, Büros und Laboren können Mädchen erste Einblicke in die Praxis der Arbeitswelt gewinnen. Sie können experimentieren und programmieren, das Innenleben eines Computers entdecken …, Technik verstehen und selbst ausprobieren. Es werden Aktionsmaterialien für die Durchführung des Girls'Day, z. B. Informationen für Mädchen, Schulen und Eltern, erstellt.
Die Website www.girls-day.de informiert über den Aktionstag und die Berufsorientierung in Technik, Naturwissenschaften und Handwerk. Für viele junge Frauen hat die Zukunft in einer technischen Ausbildung oder einem Studiengang aufgrund ihrer Teilnahme am Girls'Day bereits begonnen. Evaluationsergebnisse bestätigen, dass der Girls'Day positiven Einfluss auf das Image von technischen Berufen bei den Teilnehmerinnen hat und Unternehmen entwickeln durch die Teilnahme am Girls'Day ein verstärktes Engagement bei der Ansprache von jungen Frauen für technische Berufe. Für Jungen ab der 5. Klasse findet parallel zum Girls'Day der Boys'Day – Jungen-Zukunftstag statt. Bundesweit laden Einrichtungen, Organisationen, Schulen und Hochschulen sowie Unternehmen Schüler ab der 5. Klasse ein. Sie lernen an diesem Tag Dienstleistungsberufe z. B. in den Bereichen Erziehung, Soziales, Gesundheit und Pflege kennen sowie weitere Berufsfelder, in denen bislang wenige Männer arbeiten. …
www.boys-day.de

Bundesweite Koordinierungsstelle Girls'Day – Mädchen-Zukunftstag: www.girls-day.de

A Aufgaben

Zu **M1** Trefft für euch selbst Entscheidungen aus den Vorgaben der Befragung. Begründet diese.

Zu **M2** Welche Maßnahmen gibt es in eurer Schule? Nutzt das Internet zur Vertiefung. Berücksichtigt auch www.respekt-jungs.de.

Methode Befragung (Interview)

1 Darum geht es

Durch eine Befragung könnt ihr die Meinungen, Wünsche und Kenntnisse von Menschen besser einschätzen lernen. Ihr könnt die Vielfalt von Beurteilungen eines Sachverhalts feststellen und ordnen und euch selbst mit neuen Sichtweisen auseinandersetzen.

2 So läuft es ab

Vorbereitung

Klärt folgende Fragen:
- Was fragen wir?
- Wen und wie viele fragen wir?
- Wo führen wir die Befragung durch?
- Wie führen wir die Befragung durch, z.B. als Einzel- oder Partnerarbeit?
- Welche technischen Hilfen benötigen wir, z.B. Camcorder?
- Wie werten wir die Befragung aus?
- Wie und wo dokumentieren wir die Ergebnisse?

Durchführung

Begrüßt euren Interviewpartner.
Erklärt, wer ihr seid, warum ihr die Befragung durchführt und was ihr mit dem Ergebnis macht.
Überlegt evtl. vorher die ersten Sätze. Sie sollen ein gutes Gesprächsklima schaffen und die Bereitschaft des Interviewpartners zum Gespräch wecken.
Teilt mit, wie lange das Gespräch dauern wird. Wenn ihr ein längeres Gespräch plant, sucht einen ruhigen Platz aus.
Ermutigt euren Gesprächspartner durch Freundlichkeit und Interesse. Die Bereitschaft zu einem offenen Gespräch hängt auch von euren Gefühlen und einer anerkennenden Haltung ab.
Haltet euch mit eurer Meinung zurück und vermeidet Bewertungen wie: „finde ich gut“, „schlecht“, „langweilig“ oder „unüblich“.

Auswertung

Beantwortet folgende Fragen:
- Wie viele Personen haben eine Befragung abgelehnt?
- Was ist mir schwer gefallen?
- Was war unerwartet?
- Was war besonders überraschend?
- Welche Gegensätze bzw. ähnlichen Meinungen gab es bei den Interviewpartnern?
- Gab es unterschiedliche Sichtweisen bei Männern und Frauen?
- Welche neuen Erkenntnisse habt ihr gewonnen?

Methode Befragung (Fragebogen)

1 Darum geht es

Für eine schriftliche Befragung wird oft ein Fragebogen entwickelt, den die Menschen ohne Nennung ihres Namens (anonym) beantworten. Durch diese Befragungstechnik können viele Menschen zu den gleichen Problemen ihre Meinung sagen. Die Auswertung ist leichter und schneller als bei einem Interview.

2 So läuft es ab

Vorbereitung
Entwicklung des Fragebogens

Die entscheidende Arbeit liegt in der Entwicklung des Fragebogens. Es ist wichtig, möglichst genau zu klären, was gefragt werden soll. Die Fragen müssen verständlich sein.

Offene oder geschlossene Fragen
Bei geschlossenen Fragen werden vorgegebene Meinungen angekreuzt. Bei offenen Fragen müssen die Befragten die Antwort selbst formulieren.

Geschlossene Fragen können leichter und schneller ausgewertet werden. Bei offenen Fragen können leichter die Gründe für eine bestimmte Meinung festgestellt werden. Oft werden beide Arten von Fragen verwendet.

Auswahl der Befragten
Wichtig ist es, zu klären, welche und wie viele Menschen befragt werden sollen.

Beispiel Wenn ihr nicht alle Schüler eurer Schule befragen wollt, so müsst ihr euch über die Auswahl Gedanken machen. Sie soll möglichst gut die Gesamtheit aller Schüler widerspiegeln, z.B. das Alter, die verschiedenen Klassenstufen, Mädchen und Jungen, Schüler aus verschiedenen Stadtteilen.

Beispiel für geschlossene Fragen

	überwiegend	nie	weiß ich nicht
Ich kaufe Produkte aus fairem Handel	?	?	?
Ich arbeite gerne im Projekt	?	?	?

Beispiel für offene Fragen

Warum sind so viele Menschen vom Fußball begeistert?
Warum kaufen immer mehr Verbraucher Bio-Produkte?

Organisatorische Entscheidungen
- Wie und wo werden die Fragebögen verteilt?
- Wie wird sichergestellt, dass die Namen der Schüler nicht bekannt werden?
- Sollen die Fragebögen sofort ausgefüllt werden oder später?
- Wie kann man sicherstellen, dass alle oder möglichst viele Fragebögen ausgefüllt und abgegeben werden?
- Wie wird der Fragebogen ausgewertet?
- Wie und wo werden die Ergebnisse dokumentiert?

Auswertung
- Wie war die Zusammenarbeit?
- Wie haben sich die Menschen auf die Bitte nach Ausfüllen des Fragebogens verhalten?
- Wie viele Menschen haben den Fragebogen nicht ausgefüllt und abgegeben?
- Welche Ergebnisse waren unerwartet?
- Was war besonders interessant?
- Welche neuen Erkenntnisse hat die Befragung erbracht?

Methode Texte verstehen und hinterfragen

So läuft es ab

Leitfragen	Aktivitäten
1 Vorüberlegungen	
Warum ziehe ich gerade diese Information heran?	Gründe klären, z.B. wegen des Verfassers evtl. zusätzliche Quellen suchen
2 Erstes Lesen	
Was erfahre ich?	Inhalt aus Überschriften erfassen Verfasser, Ort und Jahr suchen evtl. Anlass der Veröffentlichung finden
Welche Erwartungen habe ich an die Informationen?	W-Fragen notieren: Wer? Wo? Wann? Was? Wie? Warum? An wen? Auf Überschriften achten, klären, worum es geht
3 Wiedergeben	
Was steht in der Information zu meinen Fragen?	Lesen, dabei an Fragen denken, Wichtiges hervorheben (bei einer Kopie; nicht ins Schulbuch schreiben!) Nach Abschnitt Pause machen, Gelesenes erinnern, damit es sich einprägt
Was verstehe ich nicht?	Unbekannte Begriffe z.B. mit Lexikon klären
4 Untersuchen	
Wie ist die Information gegliedert?	Aufbau erkennen, evtl. Überschriften für Abschnitte finden
Welche Schwerpunkte enthält diese?	Wichtige Aussagen aufschreiben
In welchem Zusammenhang steht die Information?	Art des Textes (Sachtext von Schulbuchautoren, aus anderer Quelle, Zeitungskommentar ...)
Welche Aussagen zum sachlichen Inhalt sind enthalten? Wo werden Bewertungen deutlich?	Aussagen mit Textstellen belegen; Bewertungen können mit „gut“, „schlecht“, „wenig“, „viel“ verbunden sein. Auf Übertreibungen, Verzerrungen, Einseitigkeiten achten.
Welche Interessen verfolgt der Verfasser? Wird (einseitig) Partei genommen?	Absichten und Verhaltensziele klären
Welche Gefühle werden hervorgerufen?	Eigene Gefühle beschreiben
5 Bewerten	
Warum ist die Information richtig/falsch, (un-)vollständig bzw. aktuell veraltet?	Mit eigenem Vorwissen überprüfen, evtl. weitere Quelle heranziehen, z.B. Lexika, Internet
Was macht den Text schlüssig/nicht nachvollziebar?	Begründungen überprüfen, Widersprüche, Vorurteile benennen; Beeinflussung durch sprachliche Form bzw. Inhalt untersuchen
Wie stehe ich zu den Aussagen?	Schlussfolgerungen ziehen, Standpunkt finden und begründen

Alles klar?

Berufsorientierung – ein spannender Prozess

1 Erklärt, warum für euch der Berufswahlprozess wichtig ist.

2 Welche Vorteile kann es haben, die einzelnen Schritte im Lernprozess zur Berufswahlentscheidung in einem Berufswahlpass zu dokumentieren?

3 Nennt drei wichtige Ratgeber, bei denen ihr euch über Berufe informieren könnt.

4 Welche Hilfen könnt ihr im BIZ erhalten?

5 Erklärt folgende Aspekte, die auf die Berufswahl einwirken, an je zwei Beispielen:
1 Erwartungen/Einflüsse
2 persönliche Voraussetzungen
3 Anforderungen
4 Beschäftigungs-/Verdienstmöglichkeiten
5 Ausbildung/Weiterbildung

6 Nennt drei Aspekte, die euch sehr wichtig sind, und begründet eure Wahl.

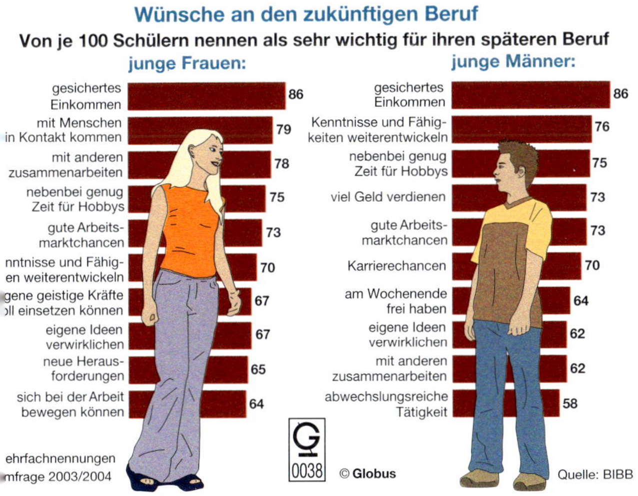

7 Nennt jeweils drei Beispiele für
- geistige,
- körperliche,
- soziale/persönliche

Fähigkeiten.

8 Nennt drei Möglichkeiten, wie ihr eure Fähigkeiten überprüfen könnt.

9 Sucht zwei Berufe auf der Internetseite www.arbeitsagentur.de→BERUFENET heraus. Notiert, welche Tätigkeiten typisch und welche Fähigkeiten besonders wichtig sind.

10 Bringt folgende Begriffe, die für die Planung der Berufswahl bedeutsam sind, in eine Abfolge. Begründet diese.
- Anforderungen in Tätigkeitsbereichen kennen lernen und mit Erwartungen in Beziehung setzen,
- körperliche, geistige, soziale/persönliche Fähigkeiten und Neigungen herausfinden,
- Anforderungen in einzelnen Berufen kennen lernen und mit Erwartungen vergleichen.

11 Nennt zwei Internetadressen, die euch bei der Berufswahl unterstützen.

12 Benennt die vier häufigsten Gründe für den Abbruch der Ausbildung.

13 Erklärt zwei Möglichkeiten, wie Ausbildungsabbrüche im Vorfeld verhindert werden können.

14 Nennt fünf Merkmale der Ausbildungsreife, die Betrieben wichtig sind.

15 Befragt Arbeitnehmer eurer Wunschberufe über die erwarteten Anforderungen.

16 Mit welchen Arbeitsmitteln und Arbeitsmaterialien habt ihr bereits gearbeitet?

17 Begründet: Ist die Unterscheidung in „Frauen und Männerberufe" zeitgemäß?

Projekt Berufsorientierung

1 Blickpunkt Ausbildungsplatz

In den letzten Schuljahren habt ihr euch bereits mit der Berufswahl befasst. Es ging um

- eure Voraussetzungen, Interessen und Fähigkeiten, evtl. habt ihr schon an einer → Potenzialanalyse oder einem → Kompetenzfeststellungsverfahren teilgenommen,
- Erkundungen von Arbeitsplätzen und Berufen und evtl.
- ein Schnupperpraktikum durchgeführt, vielleicht auch schon
- das BIZ und die Berufsberatung besucht.

Ihr habt bereits Informationen über Betriebe gesammelt und Einblicke in verschiedene Berufe erhalten. Bald könnt ihr konkret eure Interessen und Fähigkeiten mit den Anforderungen der Betriebe vergleichen.

Ihr erhaltet vertiefende Einblicke in die Arbeitswelt durch vielfältige Praxislerntage in außerschulischen Lernorten, wie z.B. durch Betriebspraktika, praxisbezogene Projekte oder weitere Erkundungen.
Wichtig dabei ist, dass ihr eure Erkenntnisse im Berufswahlprozess selbstständig und eigenverantwortlich, z.B. mit dem Berufswahlpass und allen beteiligten Ansprechpartnern, die euch Hilfestellungen geben können, auswertet. Die Berufswahlentscheidung und die damit verbundene Ausbildungsplatzsuche bzw. die Wahl eines weiterführenden Bildungsgangs steht bald an.

▸ **Leitauftrag** Wo steht ihr im Berufswahlprozess? Was sind eure nächsten Schritte?

B **Auf einen Blick**

Ihr schätzt euren Stand im Berufswahlprozess ein und überprüft eure Ziele.
Ihr schließt Lernvereinbarungen zu euren nächsten Schritten.
Ihr setzt euch vertieft mit Informationen und Erfahrungen zu eurem Wahlberuf auseinander.
Ihr bereitet Praxistage bzw. ein (weiteres) Betriebspraktikum vor.
Ihr plant das darauf bezogene schulische Lernen.
Ihr erklärt, wie euer Weg zur Wahl einer Ausbildung bzw. eines weiterführenden Schulbesuchs in den nächsten Jahren ablaufen könnte.

2 Möglichkeiten mit dem Berufswahlpass

Den Berufswahlpass setzen Schulen ein, die ihre Schüler mithilfe schulischer und außerschulischer Angebote auf die Arbeitswelt vorbereiten. Die Schüler arbeiten damit selbstständig und eigenverantwortlich.
Sie dokumentieren ihre Schritte zur Berufswahlentscheidung und zu erworbenen Kenntnissen sowie Fähigkeiten. Der Berufswahlpass erleichtert es Eltern, Betrieben, Berufsberatern und Lehrkräften, diesen Prozess zu begleiten.

Was gehört zum Berufswahlpass?

Teil 1 Angebote zur Berufsorientierung
Hier stellt die Schule ihr Schulprogramm zur Berufsorientierung vor. Schülerinnen und Schüler, Eltern, Ausbildungs- oder Praktikumsbetriebe und die Berufsberatung können sich über die Angebote im Rahmen der Berufsorientierung und über die Kooperationspartner informieren.

Teil 2 Mein Weg zur Berufswahl
Die Schüler beschreiten folgenden Weg zu einer überlegten Berufsentscheidung:
- Analyse der Stärken, Interessen und Ziele
- Planung der Lernschritte zum Ziel
- Planung des Übergangs in den Beruf, das Arbeitsleben oder weitere schulische Bildung. Die einzelnen Schritte können von den Jugendlichen, den Lehrkräften, den Eltern und der Berufsberatung regelmäßig geprüft werden.

Teil 3 Dokumentation des Bildungsganges
Um einen guten Überblick zu haben, sammeln Schüler Bescheinigungen über Praktika und Dokumente, die für ihre berufliche Zukunft wichtig sein können, z.B. für eine Bewerbung.

Teil 4 Lebensordner
Dieser Abschnitt dient zur Lebensplanung mit Dokumenten und Unterlagen, z.B. zur Wohnungssuche, zum Umgang mit Geld, mit Ämtern.

Teil 5 Aufgabenheft
In diesem Abschnitt wird ein Fahrplan vorgegeben und vorgeschlagen, wann die einzelnen Schritte erledigt werden, um die Berufswahlentscheidung gut vorzubereiten.

Der Berufswahlpass in der Praxis

Der Berufswahlpass erfordert das andauernde Engagement aller Beteiligten. Eltern, Lehrkräfte, Berufsberater und Betriebe (Letztere besonders im Zusammenhang mit Betriebspraktika) nutzen den Pass, um die Schüler auf ihrem Weg in die berufliche Zukunft zu begleiten und Zwischenergebnisse festzuhalten.
Der Berufswahlpass unterstützt das Gespräch zwischen Lehrkräften und Eltern. Praktikumsbetriebe greifen darauf zurück, um sich ein Bild von den Schülern zu machen und die von den Praktikanten erbrachten Leistungen zu bestätigen. Schließlich können Schüler den Berufswahlpass gezielt bei ihrer Bewerbung verwenden.
Die Jugendlichen lernen, selbstständig und eigenverantwortlich zu handeln, indem sie ihren Lernprozess dokumentieren. Die Lernschritte können von allen Beteiligten geprüft werden. „Meilensteine“ (das nächste Ziel) können gesetzt werden.
Zusätzliche Materialien sind zu finden unter www.berufswahlpass.de.

A Aufgaben

1 Sprecht über die Teile des Berufswahlpasses. Gewinnt mithilfe des Internets einen Einblick in die Materialsammlung. Legt einen Ordner für euer Profil und die Aktivitäten an.

2 Plant eure nächsten Schritte zur Berufswahl. Nutzt dazu Kapitel 2.2 des Berufswahlpasses.

3 Praxistage – Lernen in Schule und Betrieb verbinden

In einem Teil der Schulen finden an ein bis drei Tagen in der Woche Praxislerntage in Betrieben statt, die das Schulpraktikum ersetzen oder ergänzend angeboten werden. Damit verbunden ist das Lernen in den Fächern an den anderen Tagen in der Schulwoche.
Neben diesem Lernbereich können grundsätzlich alle Fächer mit der Praxis verbunden werden, also Deutsch, Englisch, Mathematik, Biologie, Gesellschaftslehre, Religion ...

Was bringt das?

ROMAN: „Beim wöchentlichen Praxislerntag im Malerbetrieb musste ich die gestrichenen Flächen ausmessen. Ich habe das endlich begriffen, was mir in Mathe bisher schwer fiel. Ich weiß jetzt, wozu die Flächenberechnung gut ist."

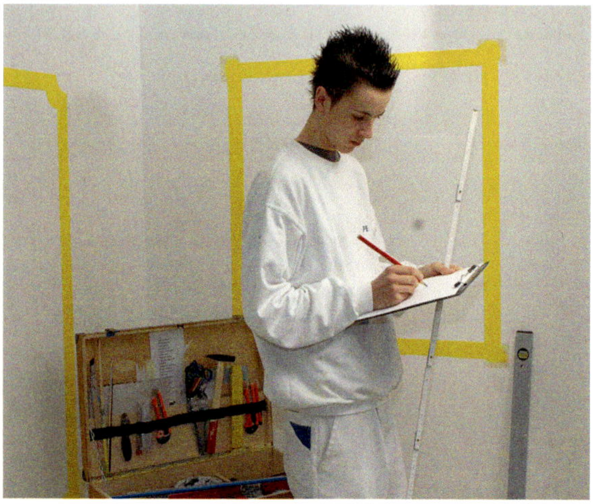

JAN: „Ich habe im Baumarkt gearbeitet. Bei Energiesparlampen kannte ich mich bald aus und habe auch Kunden beraten. Im Deutschunterricht schlug ich dann vor, in Rollenspielen Kundengespräche zu üben. Das hat Spaß gemacht, auch später, als ich das mit Kunden erprobte. Ich denke nun, Einzelhandelskaufmann liegt mir. Ich habe überlegt, ob das als Rollenspiel nicht auch auf Englisch wichtig wäre."

AILIEN: „Früher war mir egal, ob ich in der Schule zu spät kam. Im Betrieb wurde mir klar, warum Pünktlichkeit wichtig ist. Wenn einer fehlt, müssen die anderen für ihn mitarbeiten oder Kunden warten. Ich habe jetzt auch begriffen, wie wichtig es ist, dass Schüler pünktlich zum Unterrichtsbeginn anwesend sind."

MERLE: „Bisher haben die Lehrer oft gesagt: ‚Ihr lernt fürs Leben – also Lernen auf Vorrat.' Ich erstellte im Fach Deutsch eine Präsentation meiner Arbeit beim Tierarzt und führte diese vor. Jetzt kann ich Präsentationstechniken einsetzen."

Praxistage zur Erkundung des Wahlberufes nutzen

Euer Zwischenstand bei der Entscheidung für einen Beruf könnte mit dem Anforderungsprofil eures Wunschberufes verglichen werden.
Dazu könnt ihr mit eurem Lehrer in Abständen Lernplanungsgespräche führen. Als Ergebnis der Lernberatung können Zielvereinbarungen über die nächsten Lernschritte getroffen werden. Schwerpunkte sind festzulegen, um Voraussetzungen zur Bewerbung zu erreichen. Auch die Berufsberatung sollte einbezogen werden.
Die Ergebnisse sind in Zeitabständen zu analysieren und ggf. neue Vereinbarungen zu treffen.

A Aufgaben

1 Wie sinnvoll schätzt ihr die Art des Lernens ein? Worin unterscheidet es sich vom bisherigen Fachlernen. Begründet eure Meinung.

2 Entwickelt eine Praxislernaufgabe. Nutzt die **Methode** *Praxistage*, Folgeseite, und M2, M3, S. 70, 71.

3 Erklärt, warum das Praxislernen für die Berufswahl hilfreich ist. Schildert eure eigenen Erfahrungen.

4 Nehmt Stellung: „Meine Eltern sind der Meinung, dass mehr Unterricht in Deutsch und Mathe wichtiger ist, als zwei Tage in einem Betrieb zu arbeiten."

Methode Praxistage

1 Darum geht es

Diese Praxislerneinheit ermöglicht euch das Kennenlernen von Berufen und der Arbeit im Betrieb. Sie ist auch eine andere Form des Unterrichts. Ihr nutzt gewonnene Praxiserfahrungen, um euch notwendiges Wissen in Verbindung mit Unterrichtsfächern anzueignen. Ihr erkennt eigene Interessen und Fähigkeiten und entwickelt Fertigkeiten. Diese Praxislerneinheit befähigt euch, die weitere Gestaltung der Berufswahl und Lebensplanung vorzunehmen.

2 So läuft eine Praxislerneinheit ab

Eine Praxislerneinheit kann sich beziehen auf praxisbezogene Projekte, ein Praktikum, Praxistage oder eine Betriebserkundung.

Zur Praxislerneinheit gehört die Vorbereitung, Durchführung und Auswertung der Praxiserfahrungen. Auch die Methoden Projektunterricht, Arbeitsplatzerkundung und Betriebspraktikum fließen mit ein.

Vorbereitung

- Auswahl des Betriebes als Praxislernort; Aspekte: Berufswunsch, Lernmöglichkeiten
- Eigene Interessen, Fähigkeiten und Fertigkeiten herausfinden
- Entwicklung von Zielen, die auf Fächer und den Wunschberuf bezogen sind
- Festlegen konkreter Praxislernaufgaben (siehe M2, M3, S. 70, 71) mit Handlungsschritten und Zeitplanung

Durchführung

- Persönliche Bildungsberatung zur Praxistätigkeit entsprechend Lernplan annehmen
- Umgang mit Konflikten üben (siehe Hinweise zum Konflikttraining auf dieser Seite)
- Praxiserfahrungen in der Schülergruppe reflektieren

Auswertung

- Präsentation der Lernergebnisse
- Bewertung nach dem persönlichen Lernplan (siehe auch Bewertungskriterien)
- Nachdenken über Bildungszuwachs, Schwächen, Stärken und Leidenschaften (siehe M1, S. 70)

Bewertungskriterien im Praxislernen

Die Bewertung gezeigter Fähigkeiten erfolgt durch Fremd- und Selbsteinschätzung. Beteiligt sind Ausbilder, Auszubildende, Lehrer und Schüler.

Was wird bewertet?

Lerneinstellung	Zuverlässigkeit
Selbstständigkeit	Konfliktfähigkeit
Urteilsfähigkeit	Interesse
Teamfähigkeit	Verhalten gegenüber Betreuern
Arbeitsqualität	Mappe
Tagesberichte	Präsentationen
Facharbeit	Berufswahlpass

Wie wird bewertet?

Bewertungsbogen/ Punkte	Benotungsvorschläge
Abschlussgespräch	– Betreuer
schriftliche Bewertung	– (Fach-)Lehrer
	– Mitschüler
	Selbstbewertungsbogen

Konflikttraining im Rollenspiel

Bereitet euch auf das Verhalten in Konfliktsituationen im Rollenspiel vor. Wählt Rollenspieler aus: z.B. Praktikant, Betreuer, Lehrkraft. Spielt eigene Konflikte oder orientiert euch an Folgendem:

1 An den Praxislerntagen muss ich immer dieselbe langweilige Arbeit machen.
2 Die Aufgaben sind zu schwer/zu leicht.
3 Der Betreuer ist komisch/aufdringlich.
4 Der Betrieb ist für mich nicht geeignet, weil …

Bedenkt bei der Rollenwahrnehmung als Praktikant: „Was kann ich zunächst selbst tun? Wann schalte ich die Lehrkraft ein?“

4 Berufsfelderkundungen

Wer einen passenden Ausbildungsberuf sucht, kann schnell den Überblick verlieren. Denn derzeit gibt es ungefähr 340 anerkannte Ausbildungsberufe, deren Ausbildung im dualen System (Schule/Betrieb) stattfindet, sowie zahlreiche schulische Ausbildungsgänge. Die Einteilung in 16 Berufsfelder hilft bei der Suche nach dem Wunschberuf, um sich zunächst einmal zu orientieren. Die Berufsfelder umfassen verschiedene Bereiche, denen einzelne Berufe zugeordnet sind. Einen guten Überblick erhaltet ihr durch „Beruf Aktuell", ein Berufe-Lexikon der Bundesagentur für Arbeit. Die Berufe in jeweils einem Berufsfeld sind meist durch ähnliche Tätigkeiten und Ausbildungsinhalte gekennzeichnet oder sie setzen vergleichbare Fähigkeiten und Interessen voraus. Durch Praxistage, z.B. Berufsfelderkundungen, könnt ihr überprüfen, inwieweit eure Neigungen dem ausgewählten Berufsfeld entsprechen.

Habt ihr bereits eine ein- oder zweitägige → Potenzialanalyse oder auch ein → Kompetenzfeststellungsverfahren an eurer Schule durchgeführt? Stehen eure eigenen Stärken und Fähigkeiten sowie Interessen schon fest? Mit dem Auswertungsergebnis kannst du dich bestimmten Berufsfeldern zuordnen, die deinen Neigungen nahekommen.

Innerhalb des gewählten Berufsfeldes kannst du (regionale) Ausbildungsberufe durch einen außerschulischen Praxiskontakt näher kennen lernen (z.B. Berufsfeld Bau: Maurer, Fliesenleger, Estrichleger, Dachdecker).

Der Praxiskontakt findet vorrangig in Betrieben statt, kann aber auch in berufsbildenden Schulen oder von anderen Bildungseinrichtungen angeboten werden.

Berufsfelderkundungen ermöglichen dir eine berufliche Orientierung und vermitteln beispielhafte Einblicke in berufliche Tätigkeiten eines Berufsfeldes bzw. in mehrere Ausbildungsberufe. Sie zeigen dir auch Anwendungsbezüge zwischen dem Unterricht und den Aufgabenbeispielen aus der Arbeitswelt auf.

Deine Ergebnisse der Berufsfelderkundungen werden im Berufswahlpass dokumentiert und sollen dir die gezielte Auswahl für das schulische Betriebspraktikum erleichtern.

Berufsfeld Gesundheit:
- Rettungsdienst
- Ernährung
- Medizin- und Rehatechnik
- Pflege
- Therapie
- Medizin
- Sport und Bewegung

Berufe in der Pflege:
- Altenpflegehelfer/-in
- Altenpfleger/-in
- Fachkraft für Pflegeassistenz
- Gesundheits- und Kinderkrankenpfleger/-in
- ...

Berufsfeld Produktion, Fertigung:
- Bergbau
- Musikinstrumentenbau
- Arbeitsvorbereitung
- Qualitätssicherung
- Baustoffe und Natursteine
- Bekleidung
- ...

Berufe in der Qualitätssicherung:
- Baustoffprüfer/-in
- Edelmetallprüfer
- Produktprüfer/-in Textil
- Werkstoffprüfer
- ...

A Aufgaben

1 Sucht vier Ausbildungsberufe aus einem Berufsfeld eurer Wahl heraus. Nutzt dazu „Beruf Aktuell".

2 Vergleicht schriftlich zwei der Berufe hinsichtlich der Aufgaben und Tätigkeiten.

3 Informiert euch über Fort- und Weiterbildungsmöglichkeiten von zwei Wahlberufen eines Berufsfeldes.

Nutzt die Webseite www.arbeitsagentur.de
▸ Berufenet
▸ Berufsfelder

Siehe auch www.arbeitsagentur.de
▸ Bürgerinnen & Bürger
▸ Weiterbildung
▸ Berufe im Überblick

Methode Betriebspraktikum

1 Darum geht es

Ihr seid schon Schritte zur Vorbereitung der Berufswahl gegangen. Evtl. konntet ihr bereits einen Betrieb und/oder einen Arbeitsplatz erkunden und Eindrücke in der Arbeitswelt sammeln. Vielleicht habt ihr schon eine Berufserkundung durchgeführt und konntet feststellen, in welchem Tätigkeitsfeld ihr später arbeiten möchtet.

Das Betriebspraktikum soll euch vertiefte Einblicke in mindestens einen Beruf ermöglichen. Das kann z.B. im Einzelhandel, in der Industrie, im Handwerk oder im Pflegebereich sein. Ihr

- erfahrt, was es heißt, über zwei bis drei Wochen an einem Arbeitsplatz mitzuarbeiten und die Arbeitsanforderungen zu erfüllen.
- erlebt das Gefühl, eine Arbeit gut zu schaffen oder auch stark gefordert zu werden.
- habt Freude an der Arbeit, empfindet evtl. auch Anspannung und Widerstände.
- lernt die Bedeutung von „Arbeitstugenden" wie Pünktlichkeit und Pflichterfüllung kennen.

Habt ihr bereits einen Berufswunsch und euch schon über diesen Beruf informiert? Vielleicht könnt ihr einen entsprechenden Praktikumsplatz erhalten und feststellen, ob der Beruf für euch geeignet ist. Ihr vergleicht dabei eure Erwartungen und Fähigkeiten mit den Anforderungen.

Aber die Vorbereitung der Berufswahl ist nur ein Ziel des Praktikums.

Wichtig ist ebenso, die Organisation und Zusammenarbeit in einem Betrieb zu durchschauen. Ihr könnt dann Anforderungen in unterschiedlichen beruflichen Situationen kennen lernen.

Aus dieser Sicht kann ein Blick auf

- die Gestaltung der Arbeitsbedingungen,
- die Regelungen zum Umweltschutz,
- den Arbeitsschutz und
- die Vertretung von Arbeitnehmerinteressen durch den Betriebsrat

möglich werden.

Auch könnte die Stellung des Betriebs in der Region mit Beziehungen zu Kunden und Lieferanten eine Rolle spielen.

Damit gewinnt ihr einen Einblick in technische, ökologische, soziale und wirtschaftliche Strukturen der Arbeitswelt.

Auch solltet ihr eure Geschlechterrolle bedenken: Wie erlebt ihr Männer/Frauen bei der Arbeit?

In einem noch nicht vertrauten Lebensbereich könnt ihr während des Praktikums auch selbstständiger bei der Beschaffung von Informationen werden. Verbindet dies mit der Durchführung von Befragungen und Beobachtungen, deren Dokumentation und Auswertung.

2 So läuft es ab

Vorbereitung

Beginnt mit folgenden Aktivitäten:
- Persönliche Erwartungen an das Praktikum austauschen und untereinander vergleichen
- Ziele aus der Sicht des Faches Wirtschaft im Lernbereich Arbeitslehre erörtern, auf euch beziehen und schriftlich festhalten
- Praktikumswünsche zusammenstellen

Bewerbt euch um einen Praktikumsplatz:
- Anforderungen an Lernmöglichkeiten im Betrieb zusammenstellen
- Termine und Organisatorisches klären
- Beziehungen von Mitschülern und Eltern zur Suche eines Praktikumsplatzes nutzen, evtl. Schulkartei zu Betrieben nutzen; Internet einbeziehen, z.B. bei GOOGLE eingeben: Handwerk Düsseldorf Berufswahl.
- www.ihk-lehrstellenboerse.de
- Formen der Kontaktaufnahme zum Betrieb überlegen; Unterstützung durch die Schule klären (Merkblatt für Betriebe vorhanden?)

Stellt euch im Betrieb vor:
- Vorstellungsgespräch im Betrieb mit der Methode Rollenspiel einüben. Zu Fragen, die evtl. gestellt werden, siehe **M1**, S.57.

Bereitet die Praktikumszeit inhaltlich vor:
- Fragestellung im Betrieb berücksichtigen. Dafür insbesondere die Methoden Betriebs- und Arbeitsplatzerkundung sowie Befragung nutzen. Falls nötig, Arbeitstechniken wiederholen, z.B. Protokoll einer Befragung erstellen
- Gesichtspunkte für Tagesberichte zur Arbeit, zum Arbeitsablauf zusammenstellen (Kooperation mit dem Fach Deutsch)
- Vorüberlegungen zu Schwerpunkten des Praktikumsberichts treffen (siehe **M5**, S.59). Dabei eure Interessen berücksichtigen
- Zeitungsberichte über den Betrieb sammeln
- Dokumentation der Informationen vorüberlegen, z. B. planen, Fotos und Video zu erstellen, Material- und Arbeitsproben in Absprache mit dem Betrieb einzubeziehen
- Präsentation der Ergebnisse des Praktikums für Eltern, Mitschüler planen (z.B. Wandzeitung zum Praktikumsplatz, zum Ablauf der Arbeit und zur Aufbauorganisation des Betriebs)
- Angemessenes Verhalten im Praktikum besprechen (siehe **M2**, S.57), Verhalten z.B. bei Konflikten mit betrieblichen Betreuern/Betriebsangehörigen klären.
- Rechtliche Regelungen, Arbeits- und Unfallschutz beachten (siehe **M2–M4**, S.57, 58)
- Eltern über Zeitrahmen und Ziele des Praktikums informieren
- Treffen in der Schule, Termine für Lehrerbesuche und Abgabetermin für den Praktikumsbericht vereinbaren
- Fahrgelegenheit/Fahrtkosten klären

Durchführung

- Einführung in den Betrieb erbitten; Überblick über Betriebsbereiche gewinnen; Praktikumsplan des Betriebs besprechen; die Unterstützung eines betrieblichen Betreuers/Vorgesetzten nutzen. Er ist weisungsberechtigt.
- übertragene Aufgaben bearbeiten
- an Treffen in der Schule teilnehmen
- Abschlussgespräch mit Betreuer und Lehrkraft durchführen
- Praktikumsbericht termingerecht anfertigen (siehe **M5**, S. 59)
- Praktikum vom Betrieb bescheinigen lassen

Auswertung

- Erfahrungen mithilfe des erstellten Anschauungsmaterials präsentieren und Ergebnisse reflektieren (siehe **M6**, S.59), evtl. den Bericht ergänzen und nach Durchsicht mit dem Lehrer besprechen
- Überlegen, welche Bedeutung das Praktikum für die Berufswahl/für das Lernen in der Schule hat

5 Weiterführendes Material

M1 Fragen im Vorstellungsgespräch für das Betriebspraktikum

Aus Sicht des Betriebes

- Stelle dich mit deinem Namen vor. Gib dein Alter an.
- Erzähle was von dir. Was machst du in der Freizeit? Wofür interessierst du dich?
- Welche Schule/Klasse besuchst du?
- Welche Schulfächer fallen dir am leichtesten/schwersten? Warum?
- Wie bist du auf unseren Betrieb gekommen? Was weißt du über den Betrieb?
- Was weißt du schon über den Beruf, welche Vor- und Nachteile hat dieser?
- Welche Arbeiten möchtest du während des Praktikums ausführen?
- Darfst du irgendwelche Arbeiten aus körperlichen Gründen nicht ausführen?

Aus Sicht des Bewerbers

- Welche Erwartungen an mein Aussehen werden gestellt (Körperpflege, Haartracht, Kleidung)?
- Welche Arbeitskleidung ist notwendig? Wird diese gestellt?
- Wann, wo und bei wem finde ich mich am ersten Praktikumstag ein?
- Welche Arbeitszeit habe ich?
- Wer ist mein Ansprechpartner?
- Wo kann ich mittags essen?
- Was habe ich zur Schweigepflicht zu beachten?
- Wie verhalte ich mich, wenn ich einen Fehler gemacht oder einen Schaden verursacht habe?
- Wem kann ich mich anvertrauen, wenn ich mit einem Arbeitnehmer nicht zurechtkomme?

M2 Verhaltensregeln im Betriebspraktikum

1. Du erfüllst sinnvolle Aufgaben in einem Betrieb. Von dir werden Pünktlichkeit, Ordnung und Sauberkeit am Arbeitsplatz erwartet.
2. Du erwartest zu Recht, dass du höflich behandelt wirst. Also solltest auch du höflich sein.
3. Betriebe haben eine Betriebsordnung. Lies dir diese bitte genau durch und halte dich daran.
4. Pausen dienen der Erholung und man sollte niemand anderen stören.
5. Unfallschutz und Sicherheit sind oberstes Gebot am Arbeitsplatz. Beachte die Schutzbestimmungen und befolge die Anweisungen.
6. Wenn du etwas nicht verstanden hast, solltest du nachfragen. Wenn du im Betrieb vernünftig fragst, bekommst du auch eine Antwort.
7. Behandle dir anvertraute Gegenstände sorgfältig. Lasse dir den Umgang damit erklären.
8. Achte auf die Anweisungen, die man dir gegeben hat. Mutwillig zerstörte Gegenstände Geräte und Maschinen musst du bezahlen.
9. Plaudere Betriebsgeheimnisse nicht aus. Sprich nicht mit anderen über Dinge, die dir vertraulich mitgeteilt worden sind.
10. Wenn du Fotos im Betrieb von dir bzw. der Arbeitsstätte machen möchtest, frage erst beim Verantwortlichen nach.
11. Wenn du dich ungerecht behandelt fühlst, sprich offen mit dem Anleiter. In dringenden Fällen rufe deinen Betreuungslehrer an.
12. Während des Praktikums erhältst du Besuch von deinem Betreuungslehrer. Informiere ihn über deine Arbeitszeiten und Einsatzorte im Vorfeld. Erinnere deinen Anleiter am Tag vorher an den Besuch, damit er/sie die Zeit für das Gespräch einplanen kann.
13. Falls du aus triftigen Gründen, z.B. Krankheit, fehlst, musst du sofort den Betrieb und die Schule benachrichtigen.

Westdeutscher Handwerkskammertag (Hrsg.): Leitfaden für Lehrerinnen und Lehrer. Gestaltung und Durchführung von Praktika im Handwerk. Düsseldorf o.J., S. 24
Siehe auch: http://www.handwerk-nrw.de
▶ Aus- und Weiterbildung ▶ Ausbildung im Handwerk
▶ Praktika im Handwerk

M3 Rechtliche Regelungen für das Schülerbetriebspraktikum

Für Schulen gelten neben dem Jugendarbeitsschutzgesetz und der Kinderarbeitsschutzverordnung klare Regelungen während der Praktika. Mehr dazu unter
http://www.arbeitsschutz.nrw.de
▸ Jugendarbeitsschutz
▸ Leitfaden Schülerbetriebspraktikum
Siehe auch http://www.bmas.de
▸ Service-Publikationen
▸ Klare Sache im Suchfeld eingeben
(jeweils 20.09.2012)

1 Das Schülerbetriebspraktikum ist eine Schulveranstaltung.
2 Unfälle deckt die Unfallversicherung der Schule ab.
3 Die tägliche Beschäftigungszeit beträgt sieben Stunden. Dabei geht es um die reine Arbeitszeit. Pausen sind noch nicht eingerechnet.
4 Praktikanten (P.) dürfen höchstens $4\frac{1}{2}$ Stunden ohne Ruhepause arbeiten. Arbeiten sie über $4\frac{1}{2}$/6 Stunden, dann steht ihnen eine Ruhezeit von 30/60 Minuten zu.
5 Normalerweise gilt, dass P. nur zwischen 6:00 Uhr und 20:00 Uhr arbeiten dürfen. Ausnahmen sind für P. über 16 Jahre z.B. Gaststätten, Landwirtschaft, Bäckereien.
6 P. arbeiten fünf Tage pro Woche. Grundsätzlich ist Samstags- und Sonntagsarbeit verboten. Das gilt für gesetzliche Feiertage (§17 Jugendarbeitsschutzgesetz). Ausnahmen gelten für einzelne Branchen, z.B. Pflegeheime.
7 P. dürfen nur mit leichten und für sie geeigneten Arbeiten beschäftigt werden, die sie nicht körperlich oder seelisch belasten, z.B. Arbeit mit gefährlichen oder giftigen Stoffen, Akkordarbeit.
9 Vor Beginn erfolgt eine Unterweisung zum Unfall- und Gesundheitsschutz.
10 Es muss immer eine erwachsene, fachkundige Person die Arbeit beaufsichtigen.
11 P. müssen die Schweigepflicht beachten.

M4 Unfallschutz im Betriebspraktikum

Warnzeichen
(schwarz/gelb)

Warnung vor gefährlicher elektrischer Spannung

Warnung vor radioaktiven Stoffen

Gebotszeichen
(blau)

Gehörschutz tragen

Schutzschuhe tragen

Verbotszeichen
(schwarz/rot)

Feuer, offenes Licht und Rauchen verboten

Rauchen verboten

Für bestimmte Tätigkeiten gelten spezielle Regelungen, z.B. Arbeit an Bildschirmgeräten.

Das Schülerbetriebspraktikum

1. Lass dich über Gefahren am Arbeitsplatz ... unterweisen (Notschalter).
2. Trage zweckmäßige Kleidung. An Maschinen muss sie eng anliegen.
3. Uhren, Schals, Schmuckstücke dürfen nicht getragen werden, wenn sie zur Gefahr werden können (z.B. hängen zu bleiben).
4. Lange Haare können eine Gefahr sein. Sichere sie durch Kappe, Band oder Knoten.
5. Informiere dich über die betrieblichen Unfallverhütungsvorschriften.
6. Nimm jeden Tipp in Sachen Sicherheit an. Vorgesetzte haben ein Weisungsrecht.
7. Achte auf Verbotsschilder, die unbefugten Zutritt untersagen.
8. Setze nie Maschinen ohne Erlaubnis, Anleitung und Aufsicht in Gang!
9. Beachte Schilder mit Sicherheitszeichen, ... frage nach ihrer Bedeutung!
10. Informiere dich, wie du dich im Falle eines Unfalls zu verhalten hast.

Auszug aus der DGUV-Information „Sicher durch das Betriebspraktikum" (BGI/GUV-SI 8034) der Deutschen Gesetzlichen Unfallversicherung e.V. (DGUV), www.dguv.de

M5 Muster einer Gliederung zum Praktikumsbericht

Bericht zum Betriebspraktikum

1. Deckblatt: Name, Anschrift, Klasse, Betreuungslehrer, Schule, Betrieb, Anschrift des Betriebs, Betreuer im Betrieb.

2. Inhaltsverzeichnis: logischer Aufbau der Berichtsinhalte, Seitenangaben.

3. Einleitung: Was erwarte ich von meinem Praktikum? Warum mache ich in diesem Beruf/Betrieb ein Praktikum? Mit welchen Wünschen gehe ich das Praktikum an? Welche Hoffnungen und Befürchtungen habe ich?

4. Mein erster Tag: Einführung in den Betrieb, Aufnahme durch die Beschäftigten, erste Tätigkeiten, Empfindungen zu diesen ...

5. Beschreibung des Praktikumsbetriebes: Zu welcher Branche gehört der Betrieb? Wo hat die Firma ihren Hauptsitz? Wie viele Werke oder Filialen hat der Betrieb? Welche Güter werden in dem Betrieb erzeugt bzw. welche Dienstleistungen bietet er an? Wie ist der Betrieb organisiert (berichte z. B. über den Aufbau des Betriebs und die Ablauforganisation in einer Abteilung)? Wie wirtschaftet der Betrieb (Güter, Marketing; Beziehungen zu Kunden und Lieferanten)?

7. Beschreibung des Berufes: Mit welchen Arbeitsmaterialien, Geräten, Werkstoffen und Maschinen, Hilfsmitteln oder Gegenständen wird gearbeitet? Welche Tätigkeiten werden ausgeführt? Wo wird gearbeitet? Welche fachlichen, sozialen und persönlichen Anforderungen werden an den Beruf gestellt?

8. Ausbildung: Wo erfolgt die Ausbildung (Schule, Betrieb)? Wie lange dauert die Ausbildung? Wie hoch ist die Ausbildungsvergütung? Welche Aufstiegschancen werden nach der Ausbildung im Betrieb/Beruf angeboten? Welche Fort-/Weiterbildungsmöglichkeiten können nach der Ausbildung genutzt werden?

9. Mein Praktikumsschwerpunkt: z.B. Interessenvertretung durch Betriebsrat, Unfallschutz oder Umgang mit Kunden ...

10. Auswertung des Praktikums: Was fand ich besonders interessant? Was nehme ich aus dem Praktikum mit? (Einschätzung des Lernerfolgs bzw. der Lernschwierigkeiten ...) Wie schätze ich die Vorbereitung und Durchführung ein?

11. Anlagen: z.B. Video, gefertigtes Werkstück, Werbemittel.

M6 Zur Auswertung des Betriebspraktikums

1. Welche Erwartungen/Befürchtungen hattest du an dein Praktikum? Welche davon haben sich erfüllt/nicht erfüllt?
2. Was hast du im Praktikum gelernt? Welche Bedeutung hat es für deinen Berufswahlprozess? Erkläre, wie sich deine Sicht von Berufsarbeit verändert hat.
3. Vergleiche die Arbeit in der Schulzeit mit der im Praktikum. Hat sich deine Sicht schulischer Arbeit verändert? Wenn ja, inwiefern?
4. Wie schätzt du die Vorbereitung des Praktikums ein in Bezug auf die vereinbarten Ziele? Welche wurden erreicht, welche nicht? Welche Gründe hatte das? Was sollte verändert werden?
5. Was hat dir am Praktikum gefallen? Was hättest du dir anders gewünscht?
6. Wie schätzt du deine Betreuung im Praktikum durch die Schule ein?
7. Welche Bedeutung hatte die Anfertigung des Praktikumsberichtes für dein Lernen?
8. Wie würdest du deinen Praktikumsplatz darstellen, wenn andere Schüler dich um einen Rat bitten, ob sie dort ihr Praktikum machen sollten (z.B. Stichworte: Eignung des Betriebes, mögliche Erfahrungen, Anforderungen an Praktikant, Betreuung)?
9. Erkläre, warum Praktika für deine Berufswahl sinnvoll sind.
10. Wenn du die Möglichkeit hättest, ein zweites Praktikum zu machen: Was würdest du verändern?
11. Welche Fragen oder Probleme hast du mit deinen Eltern/Freunden besprochen?

Projekt Berufswahl

1 Blickpunkt Ausbildungsplatz

Ihr habt euch bereits mit der Berufswahl befasst, Informationen über Betriebe gesammelt und Einblicke in Berufe erhalten. Ihr konntet eure Interessen und Fähigkeiten mit den Anforderungen von Betrieben vergleichen. Vielleicht musstet ihr eure Berufswahlentscheidung auch ändern.

Nun beginnt die Bewerbung um einen Ausbildungsplatz bzw. einen weiterführenden Bildungsgang. Ihr wisst, dass eure Chancen besonders vom Schulabschluss und dem Ausbildungsstellenmarkt abhängen.

Vielleicht könnt ihr zusätzliche Bescheinigungen, z.B. über Praktika, Mitarbeit in einer Schülerfirma, aufweisen, die eure Bewerbung unterstützen.

▸ **Leitauftrag** Hast du dich für eine Berufsausbildung entschieden? Wie gehst du jetzt vor? Was muss beachtet werden? Was kommt auf dich zu?

B Auf einen Blick

Ihr findet Hilfestellungen, um eine geeignete Ausbildungsstelle zu suchen.

Ihr bereitet euch darauf vor, euch schriftlich um einen Ausbildungsplatz zu bewerben.

Ihr lernt, einen Lebenslauf und ein für die Bewerbung geeignetes Anschreiben zu verfassen.

Ihr begründet eure Berufswahlentscheidung im Anschreiben und Vorstellungsgespräch. Ihr führt dazu auch Rollenspiele durch.

Ihr kennt Eignungstests und setzt euch mit Testsituationen auseinander.

2 Wo finde ich Ausbildungsplätze?

Es gibt viele Möglichkeiten zu erfahren, wer aktuell Auszubildende einstellen möchte:

- In Gesprächen mit Freunden, Eltern, Verwandten, Bekannten, Nachbarn und Lehrern nach Ausbildungsstellen fragen. Häufig lassen sich „Beziehungen“ nutzen.
- Beim Berufsberater und im BIZ nachfragen.
- In der Jobbörse der Bundesagentur für Arbeit suchen: http://jobboerse.arbeitsagentur.de
- Kontakt zu Ausbildungsberatern der Kammern und zu Innungen aufnehmen.
- Ausbildungsplatzbörsen im Internet suchen, z.B.: www.ihk-lehrstellenboerse.de
- Ausbildungsstellenangebote in Zeitungen und Werbeflyern auswerten.
- Schulische (Berufs-)Bildungsangebote prüfen.
- Berufsinformationsbörsen und Berufsmessen in der Region nutzen.

Wie sollte ich mich bewerben?

- Im Vorfeld Informationen zum Betrieb auf der Homepage auswerten.
- Namen des Verantwortlichen für Personalangelegenheiten heraussuchen.
- Fragen vorher überlegen und notieren.
- Evtl. Kontakt aufnehmen: persönlich, brieflich, telefonisch, per E-Mail, um offene Fragen zu klären, beispielsweise nach Berufen, Bewerbungsfrist, Ansprechpartner usw. Informationen unter: www.planet-beruf.de ▸ Meine Bewerbung
- Falls kein Ansprechpartner erreichbar ist, um einen weiteren Termin bitten.
- Nachfragen, welche Ausbildungsberufe ausgebildet werden, welche Bewerbungsfristen gelten und welche Unterlagen gefordert werden.
- Bei Unklarheiten freundlich nachfragen.
- Bei Fragen des Gesprächspartners genau zuhören, kurz und höflich antworten.

Initiativbewerbungen

Nicht alle Betriebe nutzen Stellenanzeigen, daher telefonisch bzw. besser persönlich anfragen, ob sie ausbilden. Nutzt dazu das Branchentelefonbuch und die Homepage der Unternehmen. Oder einfach aussagekräftig bewerben.

Quelle: www.ihk-lehrstellenboerse.de

Was gehört zu den Bewerbungsunterlagen?

- Anschreiben mit Verzeichnis der Anlagen
- Lebenslauf mit aktuellem Lichtbild (Anschreiben und Lebenslauf in derselben Schriftart verfassen, mit gleichem Datum, handschriftlich unterschreiben)
- letzte zwei Zeugnisse (keine Originale)
- Bescheinigungen und Zertifikate über zusätzliche Qualifikationen, z. B. über ein Praktikum, einen PC-Kurs, zur Mitarbeit in einer Schülerfirma, etc.

Auch dabei hilft die Website der Bundesagentur für Arbeit: s. links oder www.dgb-jugend.de
▸ Ausbildung
▸ ohne Ausbildung
▸ Bewerbung
oder www.azubiyo.de ▸ Bewerbung & Co.

Zeitplaner

	Bewerbungen durchführen: – Großbetriebe, Handel, Banken – Öffentlicher Dienst				– Kleinbetriebe (Handwerk, freie Berufe)			**In Schulen anmelden:** – Gymnasium – berufsbildende Schule				Ausbildungs- und Schulbeginn
August	September	Oktober	November	Dezember	Januar	Februar	März	April	Mai	Juni	Juli	August

3 Bewerbungsunterlagen: Anschreiben und Lebenslauf

Aussagefähige Unterlagen sind deine Visitenkarte, da sie dem Personalverantwortlichen im Betrieb einen ersten Eindruck von dir geben. Weist bereits die Bewerbungsmappe sichtbare Mängel auf, geht die Bewerbung sicher daneben.

Folgende Fehler sind zu vermeiden:

- Eselsohren und Fettflecken
- Rechtschreib-, Grammatik-, Ausdrucksfehler (Unterlagen kontrollieren lassen)
- Nichtbeachtung von Formatierungsvorgaben der am PC erstellten Dokumente
- unvollständige, ungeordnete Unterlagen
- Fehler im Adressfeld des Empfängers oder in der Anrede
- fehlende Unterschriften

Barbara Schulte
Musterstraße 2b
50667 Köln
Tel.: 0221/12345
Email: barbara.schulte@internet.de

Köln, 25.06.2013

Fitness-Treff GmbH
Herr Burkhard
Plattenbaustr.56

50667 Köln

Bewerbung um einen Ausbildungsplatz zur Sport- und Fitnesskauffrau

Sehr geehrter Herr Burkhard,

im persönlichen Gespräch vom 23.06.2013 teilten Sie mir mit, dass Sie zum September 2014 einen Ausbildungsplatz zur Sport- und Fitnesskauffrau anbieten. Gern möchte ich in einem jungen, engagierten und motivierten Team arbeiten, daher möchte ich bei Ihnen meine Ausbildung absolvieren.

Ich besuche zurzeit noch die 9. Klasse der Johann Heinrich Pestalozzi Realschule in Köln, in der ich voraussichtlich im Juli des nächsten Jahres den Realschulabschluss erhalten werde.

Während meiner zwei Praktika im kaufmännischen Bereich hat mir die Arbeit im Büro sehr viel Spaß gemacht. Das Übernehmen von Verwaltungs- und Organisationsaufgaben, sowie die Mithilfe bei der Erarbeitung von Konzepten für Sportangebote und der direkte Kundenkontakt waren für mich interessante Aufgaben. In der Schule arbeite ich in der Cafeteria AG, in der ich im Verkauf von Speisen und Getränken und für die Erstellung von Dienstplänen zuständig bin. Dort muss ich gut organisiert sein, damit keine Schwierigkeiten im Arbeitsablauf entstehen. In meiner Freizeit helfe ich beim Tanztraining mit und entwickle Choreographien. Auch hier ist es wichtig, einen guten Draht zu den Schülern aufzubauen.

Herr Burkhard, gern möchte ich Sie in einem Vorstellungsgespräch persönlich von meinen Stärken überzeugen. Über eine Einladung von Ihnen freue ich mich daher ganz besonders.

Mit freundlichen Grüßen

Barbara Schulte

Anlagen:
Lebenslauf mit Foto
Kopien der letzten beiden Zeugnisse
Beurteilung der Praktika

Das Anschreiben

Neben der äußeren Form der Bewerbungsunterlagen kommt es auf den Inhalt an. Das Interesse der Personalverantwortlichen wird geweckt, wenn Formulierungen im Anschreiben deinen persönlichen Stempel tragen, gleiche Satzmuster vermieden werden und das Anschreiben an eine konkrete Person gerichtet ist. Im Betreff soll deutlich werden, um welche Stelle du dich bewirbst. Begründe dein Interesse an dem Ausbildungsberuf und -betrieb. Benenne deine Erfahrungen (Betriebspraktika, Schülerfirma, Ehrenamt, Ferienjobs), Kenntnisse und Fähigkeiten (aus Schule, Interessen, Hobbys), die du bisher gesammelt hast. Berücksichtige die Anforderungen, die auch zu der Stelle bzw. zum Beruf passen.

Finde Informationen zum Betrieb und den Adressaten der Bewerbung aus der Homepage heraus.

Checkliste – Inhalt des Anschreibens

1. Eigene Anschrift mit Telefonnummer, E-Mail
2. Ort; gleiches, aktuelles Datum wie im Lebenslauf
3. Anschrift des Empfängers
4. Betreff, Zweck des Anschreibens
5. Anrede; direkt den Adressaten ansprechen, nicht „Sehr geehrte Damen und Herren" in der Anrede verwenden
6. Anliegen: Warum hast du dich für diese Ausbildung entschieden? Warum bewirbst du dich bei diesem Betrieb?
7. Derzeitige persönliche Situation schildern
8. Begründung: Welche Erfahrungen hast du bereits gesammelt, die zu den Anforderungen der Stelle passen?
9. Schlussformel mit der Bitte um Einladung zum Vorstellungsgespräch und eventuell ein (weiteres) Praktikum
10. Grußformel
11. Eigenhändige Unterschrift
12. Anlagen: Lebenslauf, Zeugnisse, Bescheinigungen über Praktika, Zertifikate

Der Lebenslauf

Ein wichtiger Bestandteil der Bewerbungsmappe ist ein aussagefähiger, vollständiger Lebenslauf, der den persönlichen und schulischen Lebensweg in einer zeitlichen Reihenfolge aufzeigt. In tabellarischer Form am PC erstellt, sollte der Lebenslauf das Interesse am Bewerber wecken und den zukünftigen Ausbildungsbetrieb überzeugen. Besonders wichtig sind die praktischen Erfahrungen und Kenntnisse, die nach Möglichkeit im Zusammenhang mit dem anzustrebenden Ausbildungsberuf stehen sollten. Die sonstigen Aktivitäten beweisen dein Engagement und Interesse in anderen Bereichen.

Lebenslauf

Zur Person	
Name:	Barbara Schulte
Anschrift:	Musterstraße 2b 50667 Köln Tel.: 0221/12345 Email: barbara.schulte@internet.de
Geburtsdatum/-ort:	03. Jan. 1999 in Köln
Eltern:	Hergen Schulte, Anlagenelektroniker Waltraud Schulte, geb. Mais, Floristin
Geschwister:	Sven, 10 Jahre
Schulbildung	
Grundschule:	2005-2009 Grundschule Hahnwald, Köln
Realschule:	Seit 2009 Johann Heinrich Pestalozzi Realschule, Köln
Lieblingsfächer:	Deutsch, Kunst, Sport
Schulabschluss:	Voraussichtlich Realschulabschluss im Juli 2014
Arbeitsgemeinschaften:	Cafeteria
Praktika	
Tagespraktika:	2012/13 als Friseurin bei Salon Schnittig in Köln
Betriebspraktikum:	04.02.- 15.02.2013 als Bürokauffrau bei Kowadis AG in Köln
Freiwilliges Praktikum:	26.03.- 30.03.2013 als Sport- und Fitnesskauffrau bei Trimmfit in Dortmund
Besondere Kenntnisse	
Sprachkenntnisse	Englisch-Schulkenntnisse
PC-Kenntnisse	vertiefende EDV-Kenntnisse in MS Word und Excel
Sonstige Aktivitäten	
Hobbys:	Standardtänze, Tanzchoreographien erstellen Sammeln von Postkarten
Ehrenamtliche Tätigkeiten:	Mitarbeit als Jugendtrainerin in der Tanzabt. des Schwarz-Weiß Köln

Barbara Schulte

Köln, 25.06.2013

Checkliste – Inhalt des Lebenslaufs

1. Aktuelles Bewerbungsfoto vom Fotografen erstellen lassen und oben rechts auf den Lebenslauf aufkleben oder auf ein extra gestaltetes Deckblatt.

Zur Person:

2. Namen mit Anschrift und erreichbarer Telefonnummer aufführen, seriöse E-Mail mit dem eigenen Vor-/Nachnamen verwenden.
3. Angaben zu Eltern und Geschwistern sind freiwillig, werden aber von Betrieben gewünscht, wenn du noch nicht volljährig bist.
4. Religionszugehörigkeit nur erwähnen, falls vom Betrieb gewünscht, Staatsangehörigkeit nur angeben, wenn man keine deutsche Staatsangehörigkeit besitzt.

Schulbildung:

5. Überblick aller besuchten Schulen mit zeitlicher Reihenfolge, Ort und Schulabschluss aufführen.

Praktika:

6. Überblick aller Kontakte zur Arbeitswelt mit zeitlicher Reihenfolge, Beruf und Ort benennen.

Besondere Kenntnisse:

7. Zähle hier Kenntnisse, Hobbys, Tätigkeiten auf, die eine Eignung für den Ausbildungsplatz verdeutlichen.
8. Ort, Datum, eigenhändige Unterschrift.

Wie wählen Betriebe Bewerber aus?

Zuerst erfolgt die Sichtung und Bewertung der Bewerbungsunterlagen. Neben Kopf- und Zeugnisnoten sind z. B. Angaben zu Fehlzeiten und Angaben im Berufswahlpass über praktische Erfahrungen aufschlussreich. Danach wird entschieden, welche Bewerber in das weitere Verfahren einbezogen werden. Oft kommen Testverfahren zum Einsatz. Teilweise werden diese (siehe Folgeseiten) zusammen mit dem Vorstellungsgespräch durchgeführt.

4 Wie läuft die Vorstellung ab?

Eine Einladung zum Vorstellungsgespräch zeigt, dass die Bewerbungsunterlagen überzeugten. Jetzt kann der gute Eindruck verstärkt werden. Das Vorstellungsgespräch ermöglicht dem Personalverantwortlichen im Betrieb, einen persönlichen Eindruck zu erhalten, die Einstellung zur Arbeit sowie das Interesse am Beruf herauszufinden.

- Erscheint pünktlich, mit sauberer und ordentlicher Kleidung, die zum zukünftigen Arbeitsbereich passt.
- Tretet freundlich und selbstsicher auf und beachtet die Umgangsformen.
- Bereitet das Vorstellungsgespräch gründlich vor. Notiert euch Fragen. Bringt diese zum Gespräch mit.
- Informiert euch vor dem Gespräch über den Ausbildungsberuf und das Unternehmen.
- Beantwortet im Gespräch die Fragen freundlich, ehrlich und offen.
- Verdeutlicht euer Interesse, indem ihr selbst Fragen zur Ausbildung im Betrieb stellt.

Zusage erhalten, was tun?
Entscheidet euch zügig. Nach der Unterschrift unter den Vertrag: Informiert Betriebe, bei denen ihr euch auch beworben habt, darüber, damit Mitbewerber zum Zuge kommen können.

... und bei einer Absage?
Nicht verzweifeln! Das geht vielen ebenso. Auch Glück gehört dazu!
Telefonisch nach Gründen fragen, um daraus für zukünftige Bewerbungen zu lernen.

Was Mustafa gefragt wurde
Typische Fragen an einen Bewerber:
Bewerbungsgründe
Warum möchten Sie Koch lernen?
Welche Berufe hatten Sie noch im Blick?
Warum haben Sie sich bei uns beworben?
Was wissen Sie über diesen Beruf?
Was wissen Sie über unser Unternehmen?
Schule und beruflicher Werdegang
Wie kommen Sie mit Lehrern/Mitschülern aus?
Warum haben Sie im Fach ... eine schlechte/gute Note?
Haben Sie schon mal ein Praktikum in der Küche gemacht? Kochen Sie zu Hause?
Persönlicher und familiärer Hintergrund
Warum glauben Sie, dass Sie für diesen Beruf geeignet sind? Warum sollen wir Sie einstellen?
Erzählen Sie uns etwas über sich!
Was sind Ihre Stärken/Schwächen?
Wie reagieren Sie auf Kritik/Termindruck?
Welche Hobbys haben Sie?
Was möchten Sie in fünf Jahren erreichen?
Gesundheit
Wie gewöhnt sind Sie an körperliche Arbeit?
Haben Sie Lebensmittelallergien?
Allgemeinbildung
Verfolgen Sie das politische Tagesgeschehen?
Wie heißt unser Bundeskanzler?
Wie stehen Sie zu ... (aktuelles gesellschaftliches Thema, z.B. Klimapolitik)?
Was Mustafa fragte
Kann ich Einblick in die Küche bekommen?
Könnte ich mal eine Schicht mitarbeiten?
Wie viele Auszubildende haben Sie?
Wegen der Entfernung kann ich nicht zu Hause wohnen. Ist ein Personalzimmer verfügbar?
Wie stehen die Chancen, nach der Ausbildung übernommen zu werden?

A Aufgaben

1 Interviewt Auszubildende zu Erfahrungen mit Bewerbungen und Vorstellungen. Entwickelt dafür einen Fragebogen.

2 Erprobt ein Vorstellungsgespräch im Rollenspiel: Personalchef/-in; Bewerber/-in. Passt dazu den Fragenkatalog für Mustafa an.

5 Einsatz von Testverfahren

Wer zum Test eingeladen wird, gehört zum engeren Kreis der Bewerber – ein erster Erfolg!

Warum testen Unternehmen?

Sie wollen die Eignung eines Bewerbers feststellen. Die Interessen, Einstellungen und Lernvoraussetzungen sollen den Anforderungen entsprechen (siehe auch S. 42, 43). Er soll auch von seiner Persönlichkeit her zum Unternehmen passen.

Ziele und Inhalte der Tests sind meist auf die Anforderungen der Berufsarbeit abgestellt.

Oft erhalten Ausbildungsbetriebe eine große Anzahl von Bewerbungen. Viele Bewerber bleiben unberücksichtigt, weil die Schulnoten nicht den Mindestanforderungen entsprechen. Alle anderen werden zum Test eingeladen, um in kurzer Zeit begründet auswählen zu können.

Schulnoten sagen den Personalchefs zu wenig über die Leistung aus. Sie sind auch zwischen Klassen wenig vergleichbar. Hinzu kommt, dass Berufsarbeit auch Voraussetzungen fordert, über die Noten nichts aussagen, z.B. räumliches Vorstellungsvermögen, handwerkliches Geschick und Teamfähigkeit.

Verschiedene Testarten

Berufs- und Leistungstests

Wissenstests, z.B. Rechtschreibung, Grundrechenarten, Bruch- und Prozentrechnung
Konzentrationstests, die Leistungen unter Zeitdruck, Ausdauer und Belastbarkeit testen

Intelligenztests

Diese berücksichtigen Stärken und Schwächen bei beruflichen Anforderungen, wie
Sprachgefühl, z.B. Aufsatz schreiben zur Einschätzung der Ausdrucksfähigkeit
logisches Denken
räumliches Vorstellungsvermögen

Fertigkeitstests

z.B. Handgeschick beim Biegen einer Figur aus Draht. Arbeitsproben sagen auch etwas über Sorgfalt und Genauigkeit bei der Arbeit aus.

Persönlichkeitstests

verdeutlichen persönliche Eigenschaften. Manchmal wird ein Problem für eine Gruppe von Bewerbern zur Diskussion gestellt. Dabei soll das Verhalten des Einzelnen in der Gruppe beobachtet werden. Man nennt solche Eignungstests Assessment-Center (assessment = Einschätzung, Bewertung). Die Beobachter schätzen ein, wie sich der Einzelne den anderen gegenüber verhält, wie aktiv er sich beteiligt, ob er den Gruppenleiter spielt, ob er sich zurückzieht. Es erfolgt eine Bewertung zur Kommunikations- und Teamfähigkeit.

Tipps zu Eignungstests

- Gut ausgeschlafen sein, keine Aufputschmittel nehmen.
- Persönliches Arbeitstempo wählen. Ausnahme: Aufgaben, die ein hohes Tempo fordern.
- Lieber Aufgaben richtig lösen als alle bearbeiten. Meist sind nicht alle zu schaffen.
- Nicht an einer Aufgabe hängen bleiben, wenn sie nicht gelöst werden kann.
- Wer bei Aufgaben, bei denen Zutreffendes anzukreuzen ist, keine richtige Antwort weiß, sollte auf gut Glück ankreuzen.

Grenzen von Testergebnissen

Testergebnisse gelten nur für die Fähigkeiten, welche die Testaufgaben messen können. Damit wird wenig über Charaktereigenschaften ausgesagt, z.B. Hilfsbereitschaft.
Getestet wird der jeweilige Entwicklungsstand. Bei Jugendlichen können sich Kenntnisse, Fertigkeiten und Fähigkeiten schnell verändern.
Die Ergebnisse ermöglichen Hinweise darauf, woran der Einzelne noch arbeiten muss. Deshalb solltet ihr bei Absagen näher nach den Gründen fragen.

▲ Assessment-Center für eine Ausbildungsstelle zum Mediengestalter/-in

A Aufgaben

1 Befragt Auszubildende zu ihren Erfahrungen mit Tests.

2 Beurteilt folgende Fälle in Gruppenarbeit:
A: NADINE wird zum Eignungstest eingeladen. Am Abend vorher hat sie Lampenfieber und schläft dann schlecht. Die Eltern sagen: „Nimm dich zusammen!“ NADINE kann sich beim Test kaum konzentrieren. Dieser besteht auch aus Rechtschreibung und Mathematik. Später erfährt sie, dass sie da viele Fehler machte. In der Schule hatte sie gute Noten. DENNIS, ein unbekümmerter Typ, der in Rechtschreibung und Mathematik eine „3“ hat, bekam den Ausbildungsplatz.
B: Klassentreffen nach 20 Jahren:
„Hallo JONAS, dich erkennt man ja kaum wieder“, begrüßt ihn SILVIA. „Ja, mir geht's prima. Hab einen interessanten Job als Werkleiter. ... Ich bekam nach dem 10. Schuljahr den Dreh und bin später Ingenieur geworden.“
„Kaum zu glauben“, denkt Lehrer SCHMUDE. „Ein guter Schüler war der wirklich nicht. Nach dem 10. Schuljahr bekam er keine Ausbildungstelle und ist weiter zur Schule gegangen.“

3 Bereite dich auf Eignungstests vor. Löse die folgenden Beispielaufgaben aus Tests (S. 67 ff.) oder suche solche im Internet; Suchbegriffe: Eignungstest, Berufseignungstest.

6 Beispielaufgaben zu Eignungstests

A1 Teste dein Wissen

Rechnen
Für zwei Textaufgaben hast du sieben Minuten Zeit.

1. Die Maße eines Hohlraumes betragen 4 m Länge, 20 cm Breite und 15 cm Höhe. Wie viel Kubikdezimeter hat der Hohlraum?

2. Ein Seil von 90 m Länge ist so zu zerschneiden, dass das eine Stück ²⁄₃ der Länge des anderen beträgt. Wie lang ist das kürzere Stück Seil?

Hinweis: Alle Lösungen stehen auf S. 157

Rechtschreibung
Welche Schreibweise ist richtig?
Beispiel: a) Stadtverkehr b) Stattverkehr
Lösung: a)

1 a) entgültig b) endgültig
2 a) Alphabet b) Alfabeth
3 a) Ökonnomie b) Ökonomie
4 a) Achzig b) Achtzig
5 a) Kläranlage b) Kleranlage
6 a) Einchecken b) Einjecken
7 a) schmincken b) schminken

A2 Teste deine Konzentration

Karteikarten sortieren
Ordne die Kundennamen den Karteikästchen zu. In der Abbildung siehst du ein Karteikastenschema. Nenne für jeden Kundennamen die Nummer des Karteikastens, in den der Name eingeordnet werden muss.

1. Michels **2.** Rosenberg **3.** Luetgen
4. Bschorden **5.** Slevgat **6.** Paetzold
7. Glimmer **8.** Klatten **9.** Mylental

Aa–Al 1	Am–Az 2	Ba–Bi 3	Bj–Br 4	Bs–Bz 5
Ca–Cza 6	Da–Dk 7	De–Dz 8	Ea–Ek 9	El–Ez 10
Fa–Fr 11	Fs–Fz 12	Ga–Go 13	Gp–Gz 14	Ha–Hj 15
Hk–Hz 16	Ia–Iz 17	Ja–Jz 18	Ka–Ko 19	Kp–Kz 20
La–Le 21	Lf–Lz 22	Ma–Me 23	Mf–Mo 24	Mp–Mz 25
Na–Nk 26	Nl Nz 27	Oa–Oz 28	Pa–Pp 29	Pr–Pz 30
Qua–Quz 31	Ra–Rz 32	Sa–Si 33	Sj–Ss 34	St–Sz 35
Ta–Ti 36	Tj–Tz 37	U–V 38	Wa–Wz 39	X–Y–Z 40

Buchstaben durchstreichen
Alle d, die zwei Striche haben, müssen durchgestrichen werden.
Dabei geht es um folgende **d**: d̈ ḍ̇ d̤

d, die mehr oder weniger als zwei Striche haben (oben/unten), dürfen nicht durchgestrichen werden, ebenso wenig wie alle b und q.
Für folgende Zeilen hast du zwei Minuten Zeit.

1. ḍ̇ ḅ̇ q̣̈ ḍ ḅ̇ q̣ ḍ̇ q̣ ḍ̇ q̇ d̈ q̈ b̈ ḅ ḃ
2. ḍ b̈ ḍ ḃ ḍ̇ b̈ ḍ b̈ ḍ̇ ḃ ḍ̇ ḃ ḋ̤ ḃ̤ ḋ̤
3. ḃ̤ ḍ̇ ḅ̇ ḋ̤ ḃ d̤ ḃ q ḋ q̈ d̈ q̤ d̈ q̤ d̈
4. q̤ ḋ q̤ b̈ d̤ ḋ d̤ d̈ d̤ ḃ d̤ d̈ d̤ ḋ d̤
5. d̤̈ d ḋ̤ b̤̈ q̤̇ ḍ̇ d̤̈ d ḍ̈ d d d̤̈ d ḍ q

Rechenkonzentration

Bei folgenden Aufgaben wird die obere Zeile zuerst ausgerechnet. Das Ergebnis darf nicht aufgeschrieben werden, sondern muss „im Kopf behalten" werden. Nun ist die untere Zeile auszurechnen und auch dieses Ergebnis zu merken. Jetzt gilt die folgende Regel: Stets ist die kleinere Zahl von der größeren abzuziehen, und nur dieses Ergebnis ist aufzuschreiben. Es dürfen keine Nebenrechnungen aufgeschrieben oder sonst irgendwelche Notizen gemacht werden.

Beispiel: $2 + 8 - 7$
$4 + 5 - 2$

Lösung: 4

Obere Zeile: Ergebnis 3
Untere Zeile: Ergebnis 7

$7 - 3 = 4$

Nur die 4 darf als Lösung hingeschrieben werden.

Für die folgenden vier Aufgaben hast du zwei Minuten Zeit:

a) $5 - 2 + 9$
$4 + 8 + 6$

b) $9 - 5 + 7$
$4 + 3 + 6$

c) $2 + 8 - 7$
$6 - 5 + 9$

d) $8 - 3 + 7$
$9 - 5 + 3$

Genaues Beobachten

Schau doch bitte mal diese drei Gesichter genauer an.

Zwei sind gleich, das dritte unterscheidet sich von den beiden anderen deutlich in einem Detail (Veränderung, Hinzufügung, Weglassung). **Lösung:** b (der Mund)

Löse in einer Minute möglichst viele Aufgaben.

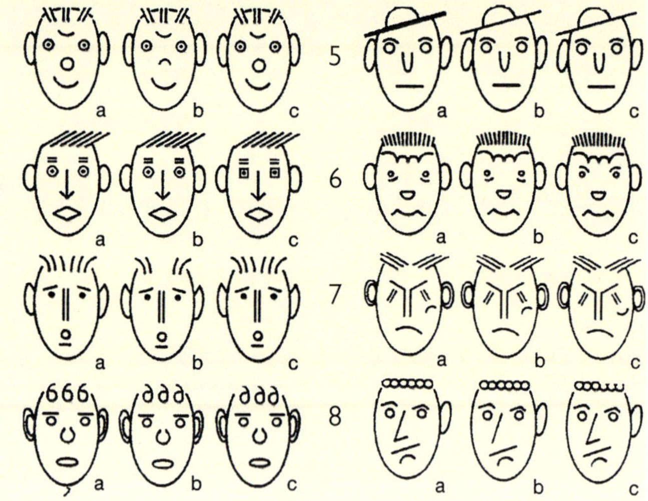

A3 Teste dein logisches Denkvermögen

Zuordnung

Welcher Dominostein aus der rechten Lösungsgruppe in der folgenden Abbildung passt in die linke Dominogruppe? Gesucht wird der Stein, der durch seine Punktzahl oben und unten die linke Dominogruppe sinnvoll ergänzt.

Dazu ein Beispiel (rechts oben):
Jede Reihe Dominosteine hat die Kombination 4-2, 2-4 und einen 0-0-Stein.
Diese Steinkombination wird lediglich unterschiedlich angeordnet. In der ersten Reihe ist der 0-0-Stein in der letzten Position, in der zweiten Reihe in der ersten, in der dritten Reihe in der mittleren Position. (Lösung: e)
Für die nebenstehende, untere Aufgabe hast du 1,5 Minuten Zeit.

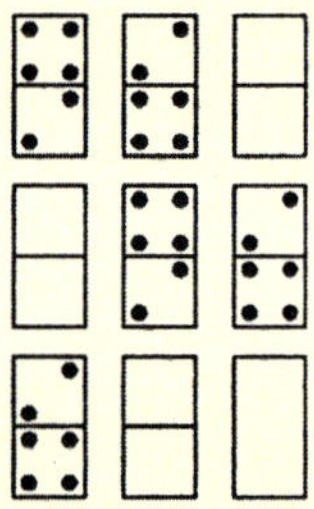

Beispiel

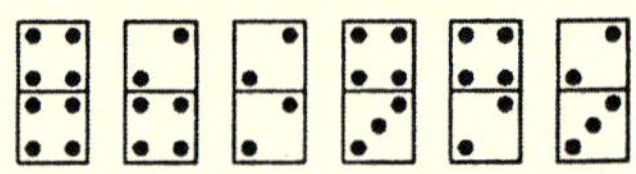

a b c d e f

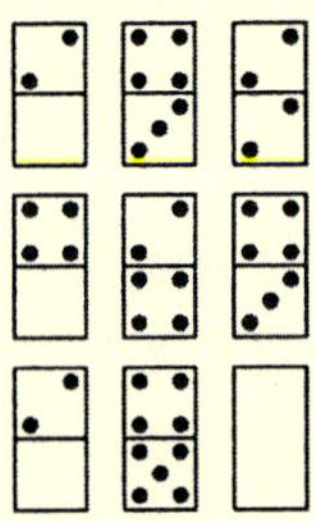

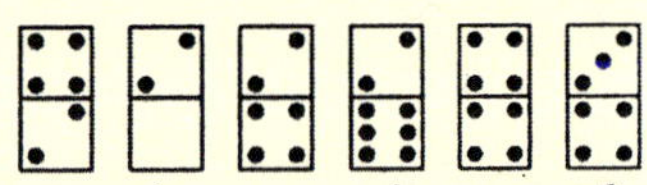

a b c d e f

Wortbedeutungen

Hier geht es darum, Wörter zu finden, die in der Bedeutung ähnlich bzw. gleich sind.

Beispiel: **Fahrzeug**
a) Karre
b) Feuerzeug
c) Flugzeug
d) Zeughaus
e) Automobil
f) Roller

Lösung: e)

Für zwei Aufgaben hast du eine Minute Zeit.

1. absurd
a) Theater
b) ungeschickt
c) abstrakt
d) unverständlich
e) widersinnig

2. Delikt
a) Delikatesse
b) Vergehen
c) Überbleibsel
d) Beschlagnahme
e) Gerichtsverhandlung

Wortverhältnisse

In den folgenden Sätzen fehlen jeweils das Anfangs- und das Endwort. Deine Aufgabe ist es, die Sätze mithilfe der aufgeführten Lösungsvorschläge so zu ergänzen, dass sie einen logischen Sinn erhalten.

Beispiel:
… verhält sich zu groß wie Maus zu …

1 Fernsehen	A hässlich
2 Elefant	B klein
3 Zeitung	C voll
4 Tasche	D langsam

Nur die Wörter „Elefant“ und „klein“ ergänzen den Satz sinnvoll. Die richtige **Lösung** ist 2B.

Für zwei Aufgaben hast du zwei Minuten Zeit.

a) … verhält sich zu faul wie tapfer zu …

1 dumm	A treu
2 fleißig	B feige
3 sorgsam	C schwach
4 fett	D mutig

b) … verhält sich zu Neujahr wie Nacht zu …

1 Weihnachtsfest	A Zeit
2 Silvester	B Sterne
3 Jahresende	C Morgen
4 Anfang	D Tag

Nach: **Wirtschaftswoche**
Januar 1996

A4 Mechanisch-technisches Verständnis

Welche zwei Räder drehen sich in derselben Richtung wie das Antriebsrad?

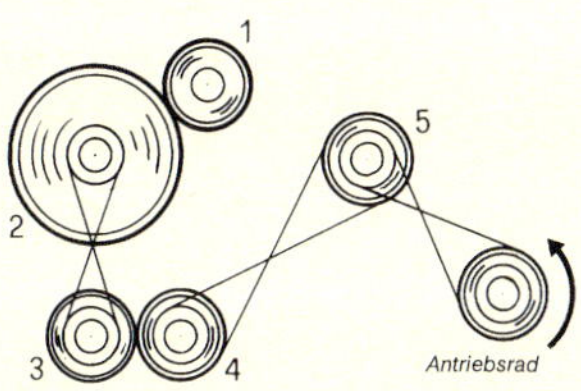

Antworten:
- 1 und 3
- 3 und 4
- 5 und 3
- 4 und 2
- 4 und 1

Welches der beiden Schiffe hat mehr geladen? (Beide Schiffe sind gleich groß.)
Besteht kein Unterschied, so markiere „C“.

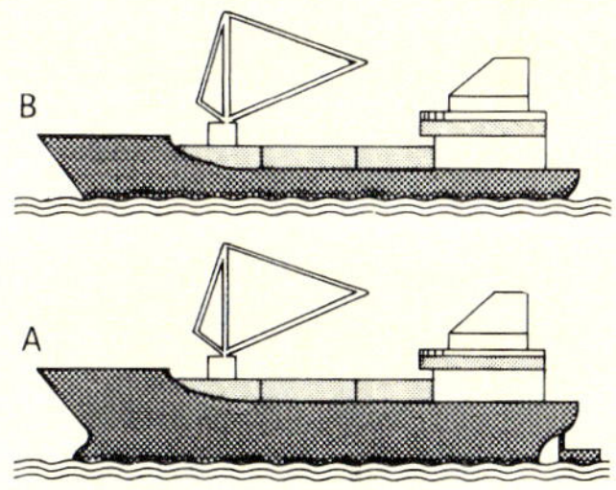

Aus welchem Schlauch wird das Wasser mit dem stärksten Druck herausfließen?
Besteht kein Unterschied, so markiere „D“.

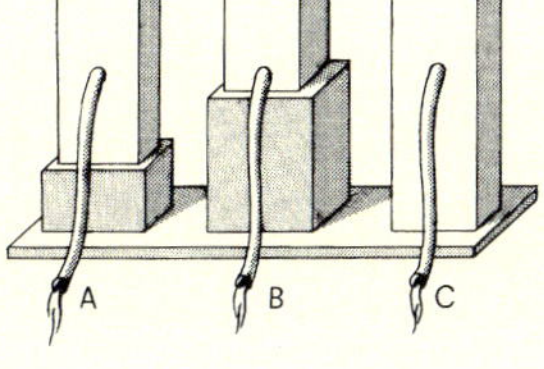

Welches Fass ist das schwerste?
Sind alle Fässer gleich schwer, so markiere „D“.

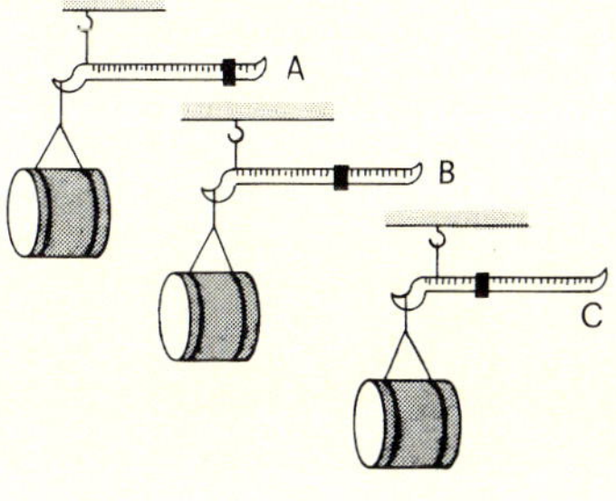

7 Weiterführendes Material

M1 Der Kompetenzstern zur persönlichen Einschätzung

① Wie gut ist es dir gelungen, Menschen am Praxisplatz anzusprechen?
② Wie gut hast du die Aufgabenstellung verstanden?
③ Wie selbstständig hast du die Aufgaben gelöst?
④ Wie hoch war deine Motivation?
⑤ Wie viel Neues hast du erfahren?
⑥ Wie kreativ warst du bei der Arbeit?

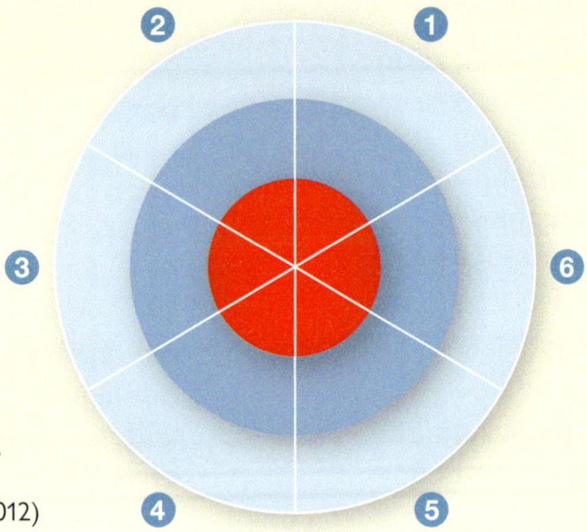

Nach **Andrea Griese-Pelikan** (Hrsg.): Projektverbund Praxislernen. Handreichung zum Praxislernen, Potsdam 2006, S. 22 ff.
www.praxislernen.de/content/pdf/handreichung.pdf (13.07.2012)

M2 Beispiele für Fragestellungen zur Entwicklung von Praxislernaufgaben

Praxisplatz:
Zoohandlung
Viele Kunden der Zoohandlung möchten gern ein Haustier kaufen, wissen aber nicht …, was sie im alltäglichen Umgang mit dem Tier beachten müssen. Wie kann man ihnen weiterhelfen?

Mögliche Bearbeitungsschritte
- Wähle ein Tier aus dem Angebot deines Praxisbetriebes aus und sammle Informationen über die Pflege, Ernährung und Haltung.
- Erarbeite gemeinsam mit einem Mitschüler ein Verkaufsgespräch (Rollenspiel), in dem du einem Kunden alles Wissenswerte über die Haltung dieses Haustieres erläuterst.

Fertige eine Mindmap zum Thema Haustiere an. Entwickle daraus eine Sammlung von Fragen, die dir zum Thema Haustiere einfallen. (Du musst diese nicht beantworten können!)

Praxisplatz:
Friseur
Friseurläden haben Preislisten, auf denen steht, was … Dienstleistungen kosten. Kann eine Inhaberin/ein Inhaber so viel verdienen, dass sie/er davon leben kann?

Mögliche Bearbeitungsschritte
- Erstelle eine Liste der Dienstleistungen, die im Praxisbetrieb erbracht werden. Füge die Preise hinzu.
- Erstelle eine Liste von möglichen Ausgaben des Salons, z.B. Kosten für Wasserverbrauch etc. Frage die Inhaberin/den Inhaber des Salons, wie viel Geld monatlich für die Positionen aufgebracht werden muss.
- Addiere alle Ausgaben.
- Stelle eine Modellrechnung auf: Wie viele Kunden müssen im Monat mit welchen Leistungen bedient werden, um die Summe der Ausgaben zu verdienen? Z.B. 10 Kunden/Tag, die sich für je 30 € die Haare schneiden lassen, erbringen bei 20 Tagen, an denen der Salon monatlich geöffnet ist, 6000 €.
- Vergleiche Ausgaben und Einnahmen.

Praxisplatz:
Baumarkt
Viele Baumärkte bieten Kunden die Möglichkeit, Holz zuzuschneiden. Wozu wird dieses benötigt und was ist dabei zu beachten?

Mögliche Bearbeitungsschritte

- Begleite einen Tag lang die Mitarbeiterin/den Mitarbeiter, die/der Zuschnitte vornimmt.
  Dokumentiere die Arbeitsschritte beim Holzzuschnitt mit Fotos.
- Klebe die Fotos auf ein Plakat und beschrifte die einzelnen Schritte.
- Befrage die Mitarbeiterin/den Mitarbeiter, wozu die Kunden die Zuschnitte am häufigsten benötigen.
- Stelle die Ergebnisse in einem Diagramm dar.
- Berechne für eine Platte Holz von 2,80 m mal 2,10 m, wie viele Platten von 30 cm mal 65 cm sich daraus schneiden lassen.
  Nimm ein DIN-A4-Blatt und stelle die Zuschnitte im Maßstab 1 : 10 dar.

Nach **Projektverbund Praxislernen** Potsdam 2011, www.praxislernen.de ▸ Download ▸ Information (13.07.2012)

M3 Quellen für Informationen zum Berufswahlprozess

- **Arbeitgeberverbände**
  Beispiele: Gesamtmetall mit Infos zu Berufen der Metall- und Elektroindustrie
  www.me-vermitteln.de (13.07.2012) und www.it-berufe.de (13.07.2012)
- **Bundesagentur für Arbeit (Hrsg.)**
  www.arbeitsagentur.de ▸ berufeTV ▸ berufeNET (13.07.2012)
  Welche Berufe passen zu dir? Check deine Talente. www.planet-beruf.de ▸ Schüler ▸ Meine Talente ▸ BERUFE-Universum
- **Bundesinstitut für Berufsbildung**
  www.bibb.de ▸ Berufe ▸ Neue und modernisierte Berufe (13.07.2012)
- **Bundesinstitut für Berufsbildung**
  Sammlung von bewerteten Internetangeboten zum Thema „Informationsquellen für Jugendliche“.
  www.bibb.de/ ▸ Berufe ▸ Informationen für Jugendliche (13.07.2012)
- **Bundes-/Landesministerien für Schule/Bildung**
  www.bildungsserver.de Übergreifende Informationen ▸ Landesbildungsserver (13.07.2012)
- **Gewerkschaften**
  DGB und Einzelgewerkschaften wie IG Metall. Infos über Berufe und Rechte Auszubildender
  www.dgb.de ▸ Über uns ▸ Gewerkschaften im DGB
  www.dgb-jugend.de ▸ Schule ▸ Berufswahl ▸ Berufsausbildung ▸ 150 Berufe im Überblick (13.07.2012)
- **Industrie- und Handelskammern/Handwerkskammern**
  Internetangebote; Verzeichnis ausbildender Unternehmen, Ausbildungsberater
  www.dihk.de ▸ IHK-Finder (13.07.2012)
  www.zdh.de ▸ Handwerksorganisationen ▸ Handwerkskammern (13.07.2012)
- **Lexikon der Ausbildungsberufe Beruf aktuell**
  http://www.arbeitsagentur.de/zentraler-Content/Veroeffentlichungen/Ausbildung/Lexikon-Ausbildungsberufe.pdf (13.07.2012)
- **Wirtschaftsgesellschaft des Kraftfahrzeuggewerbes** mit Infos zu Berufen rund um das Auto
  www.autoberufe.de (13.07.2012)

Berufliche Ausbildung und Weiterbildung

1 Ausbildungsplatz oder weiter zur Schule?

Ein Teil von euch strebt nach der 10. Klasse ins Berufsleben, andere gehen weiter zur Schule, um die Hochschulreife zu erlangen. Es gibt verschiedene Wege:

- die duale Ausbildung durch Betrieb und Schule,
- berufsqualifizierende Bildungsgänge im Vollzeitunterricht an einer berufsbildenden Schule,
- besondere Bildungsgänge an der beruflichen Schule, die auf eine Berufsausbildung oder ein Arbeitsverhältnis vorbereiten oder für einen Beruf qualifizieren.

Ihr erhaltet auch Informationen zu Bedeutung der Weiterbildung.

▸ **Leitauftrag** Teilt die angestrebten Bildungsgänge der Jugendlichen ein nach Abschlussarten:

- berufsqualifizierend,
- berufsvorbereitend und
- weiterführend allgemeinbildend.

B Auf einen Blick

Ihr setzt euch damit auseinander, wie ihr eure Berufswahlperspektiven verbessern könnt.

Ihr unterscheidet Berufsbildungsgänge nach Voraussetzungen und Abschlüssen.

Ihr begründet Aufgaben von Schule und Betrieb bei der Ausbildung.

Ihr beschreibt Voraussetzungen, Möglichkeiten und Bedeutung des Studiums.

Ihr begründet die Bedeutung von Weiterbildung.

2 Berufliche Bildungsgänge

Eure Möglichkeiten nach der allgemeinbildenden Schule hängen vom erreichten Schulabschluss, den eigenen Interessen und dem Angebot an qualifizierten Ausbildungsstellen ab. Dazu könnt ihr eine berufsbildende Schule besuchen. Sie heißt in NRW Kollegschule.

Berufsschule (BS) im dualen System

Sie ist für Auszubildende, die eine Berufsausbildung (siehe Folgeseiten) absolvieren. Die BS vermittelt allgemeinbildende und berufsbezogene Ziele. Die Ausbildung in Schule und Betrieb dauert 2 bis 3½ Jahre. Der Abschluss kann als gleichwertig mit einem allgemeinbildenden Abschluss, z.B. Realschulabschluss, anerkannt werden.

Berufsfachschule (BFS)

Sie setzt den Hauptschulabschluss voraus. Die Berufsbildung findet in der Schule statt, schließt aber Praktika ein. Wichtige Formen sind die

- einjährige BFS, Berufsgrundbildung;
- zweijährige und dreijährige BFS, die teilweise (mit Praktika) einen Berufsabschluss ermöglicht, z.B. Assistent für Multimedia, Altenpflegerin. Der mittlere Bildungsabschluss bzw. Sekundarabschluss/Realschulabschluss oder der erweiterte Sekundarabschluss I sind möglich.

Zur BFS mit gymnasialer Oberstufe in NRW siehe rechts: Berufsbildendes Gymnasium.

Berufseinstiegsklasse

Hier können Schüler ohne Hauptschulabschluss ihre Kenntnisse und Fähigkeiten für eine Berufsausbildung bzw. Berufstätigkeit verbessern und den Hauptschulabschluss erwerben. Auch Schüler mit Hauptschulabschluss werden aufgenommen, wenn das für sie als förderlich angesehen wird. Diese Schüler können bei entsprechendem Leistungsstand ihren Hauptschulabschluss verbessern.

Berufsorientierungsjahr (NRW)

Dieses besuchen Jugendliche ohne Ausbildungsstelle. Sie erhalten eine Einführung in Berufsfelder und erfahren ihre Stärken, Schwächen und die Bedeutung von zielstrebigem und ausdauerndem Arbeiten und Lernen. Sie werden für eine Berufsausbildung motiviert. Der Hauptschulabschluss ist möglich.

Fachoberschule

Kann in verschiedenen Fachrichtungen erlangt werden. Die Ausbildung dauert mit mittlerem Bildungsabschluss zwei Jahre, ein Jahr davon mit hohem Anteil Betriebspraxis, nach der Berufsausbildung ein Jahr.

Fachschulen

Sie bieten Fachkräften mit abgeschlossener Berufsausbildung und Erfahrungen Abschlüsse, die für Führungsaufgaben befähigen. Auch die Fachhochschulreife ist möglich.

Berufsbildendes Gymnasium

Schüler mit gutem mittleren Bildungsabschluss können in drei Jahren die allgemeine Hochschulreife erlangen. Nach Fachrichtungen, z.B. Technik, ist der Unterricht differenziert.

Mehr zu den beruflichen Bildungsgängen

Bremen: www.bildung.bremen.de
▸ Bildung ▸ Berufliche Bildung (08.01.2013)

Niedersachsen: www.mk.niedersachsen.de
▸ Schule ▸ Unsere Schulen (08.01.2013)

Nordrhein-Westfalen:
www.schulministerium.nrw.de (08.01.2013)
▸ Schulsystem ▸ Schulformen ▸ Berufskolleg

Schleswig-Holstein:
www.schleswig-holstein.de ▸ Schulen
▸ Berufliche Bildung (08.01.2013)

A Aufgaben

1 Was schlagt ihr in folgenden Fällen vor?
a) MIRKO hat keinen Hauptschulabschluss und noch kaum Ideen zum Beruf.
b) ALEX hat den erweiterten Sekundarabschluss I. Er fand keine Ausbildungsstelle.

2 Informiert euch über regionale Möglichkeiten einer vollzeitschulischen Berufsbildung.

3 Mareike erhält eine Berufsausbildung im dualen System

Ein Gespräch zwischen der Ausbildungsleiterin von Textil MOHR, Frau Pukies, und Mareike

MAREIKE: „Ich bin so happy. Endlich einen Ausbildungsplatz als Verkäuferin – und dann hier!"

PUKIES: „Du hast im Betriebspraktikum gezeigt, dass dir Verkaufen liegt. Du bist kontaktfähig und freundlich, du passt zu uns!"

MAREIKE: „Können Sie mir mehr zur Ausbildung bei Ihnen sagen?"

PUKIES: „Du lernst hier im Betrieb und in der Berufsschule. Dieses Zusammenwirken der Lernorte heißt duales System. In unseren Abteilungen geht es nach einem betrieblichen Ausbildungsplan vorwiegend um den Erwerb berufspraktischer Fähigkeiten, also z.B. um Wissen zum Bekleidungssortiment, Umgang mit Kunden. Mehr steht im Ausbildungsberufsbild" (siehe rechte Spalte).

MAREIKE: „Was läuft in der Berufsschule?"

PUKIES: „Dort geht es stärker um die systematische Vermittlung beruflichen Handlungswissens, z.B. zur Preiskalkulation und zu Verkaufsgesprächen. Daneben hast allgemeinbildenden Unterricht, z.B. zu politischen Themen.

Die Berufsschule soll ihren Unterricht in Lernsituationen an Anforderungen beruflicher Arbeit orientieren. Gemeinsames Ziel für Schule und Betrieb ist, dass du lernst, selbstständig zu handeln.

Der Unterricht findet an ein bis zwei Tagen pro Woche oder im Block von drei bis fünf Wochen statt. Betrieb und Schule wirken bei der Ausbildung zusammen. Die Schule lädt uns Ausbilder zu Absprachen ein."

Überbetriebliche Ausbildung

Nicht alle Betriebe können für die Breite eines Berufes ausbilden. Sie fassen Auszubildende für bestimmte Teile der Ausbildung in überbetrieblichen Ausbildungsstätten zusammen oder bilden im Verbund mit anderen Betrieben aus.

Wenn Ausbildungsstellen fehlen, bilden auch Berufsschulen in Verbindung mit Praktika vollqualifizierend aus (siehe BFS, Vorseite).

Aus der Verordnung über die Berufsausbildung Verkäufer/Verkäuferin

... Die Fertigkeiten und Kenntnisse sollen im Betrieb so vermittelt werden, dass sie Auszubildende zur qualifizierten beruflichen Tätigkeit befähigen, die selbstständiges Planen, Durchführen und Kontrollieren einschließt. ...

§ 8 Ausbildungsberufsbild (Auszug)

(1) Gegenstand der Berufsausbildung sind:

1. Der Ausbildungsbetrieb:

1.1 Bedeutung und Struktur des Einzelhandels
1.2 Stellung ... am Markt
1.3 Organisation des Ausbildungsbetriebes
1.4 Berufsbildung, Personalwirtschaft, arbeits- und sozialrechtliche Vorschriften
1.5 Sicherheit und Gesundheitsschutz ...
1.6 Umweltschutz

2. Information und Kommunikation:

2.1 Informations-, Kommunikationssysteme
2.2 Teamarbeit, ... Arbeitsorganisation

3. Warensortiment
4. Grundlagen von Beratung und Verkauf: ...

4.1 Kunden- und dienstleistungsorientiertes Verhalten
4.2 Kommunikation mit Kunden
4.3 Beschwerde und Reklamation

5. Servicebereich Kasse ...
6. Marketinggrundlagen ...
7. Warenwirtschaft ...

7.3 Wareneingang, Warenlagerung

8. Grundlagen des Rechnungswesens ...

Nach **Verordnung über die Berufsausbildung im Einzelhandel vom 16.07.2004:** www.gesetze-im-internet.de/bundesrecht/ezhdlausbv/gesamt.pdf (20.11.2012)

Lernfelder des Rahmenlehrplans

Diese enthalten die Ziele und Inhalte der Berufsschule für den Unterricht in Lernsituationen.

1 Das Einzelhandelsunternehmen repräsentieren
2 Verkaufsgespräche kundenorientiert führen
3 Kunden im Servicebereich betreuen
4 Waren präsentieren
5 Werben und den Verkauf fördern
6 Waren beschaffen
7 Waren annehmen, lagern und pflegen
8 Geschäftsprozesse erfassen und kontrollieren
9 Preispolitische Maßnahmen durchführen
10 Besondere Verkaufssituationen bewältigen
11 Geschäftsprozesse erfolgsorientiert steuern
12 Mit Marketingkonzepten Kunden gewinnen
13 Personaleinsatz planen und Mitarbeiter führen
14 Ein Einzelhandelsunternehmen leiten

Nach **KMK:** Rahmenlehrplan Kaufmann im Einzelhandel/Kauffrau im Einzelhandel, Verkäufer/Verkäuferin v. 17.06.2004, S. 8, http://www.kmk.org/fildeadmin/pdf/Bildung/Berufliche-Bildung/rlp/kfmEinzelhandel.pdf (31.07.2012)

Der Berufsausbildungsvertrag

Er ist der Kammer vor der Ausbildung einzureichen. Diese prüft, ob der Betrieb ausbilden darf. Die Ausbildungsberater der Kammern sollen die Betriebe beraten und kontrollieren. Jeder fünfte neu abgeschlossene Ausbildungsvertrag wird vorzeitig gelöst. Die **Prüfung** wird vor einem Prüfungsausschuss der Kammer abgelegt. Nur 4 % bestehen die Prüfung auch in der Wiederholung nicht.

Inhalte des Berufsausbildungsvertrages

- Namen und Anschriften der Vertragspartner
- Bezeichnung des Ausbildungsberufs
- Dauer der Ausbildung
- außerbetriebliche Ausbildungsmaßnahmen
- Dauer der täglichen Ausbildungszeit
- Dauer der Probezeit
- Höhe der Ausbildungsvergütung
- Zahl der Urlaubstage je Ausbildungsjahr
- Sonstiges (z.B. ein Hinweis auf Tarifverträge)
- Unterschriften der Vertragspartner

Gesetzliche Rechte und Pflichten von Ausbildenden und Auszubildenden siehe S. 83.

A Aufgaben

1 Beschreibt Berufsbildungsgänge, die an euren Schulabschluss anschließen könnten.

2 Welche Vorteile hat es, dass die Berufsbildung durch Gesetze und Verordnungen geregelt ist?

3 Beschreibt die Aufgaben des Betriebs und der Schule bei der Ausbildung von Mareike (s. S. 74).

4 Sprecht die Bedeutung der Fertigkeiten und Kenntnisse, über die eine Verkäuferin verfügen sollte, durch (s. S. 74, rechts).

5 Befragt Auszubildende zu ihren Erfahrungen in Schule und Betrieb. Entwickelt dazu Fragen.

6 Nehmt Stellung:
A: „Viele Betriebe richten die Ausbildung zu sehr auf eigene Interessen aus. Sie berücksichtigen zu wenig die von Auszubildenden. Darunter leidet die Qualität."
B: „Die Ausbildung in der Schule führt nicht immer zur Handlungsfähigkeit im Betrieb."

7 Lest im Berufsbildungsgesetz Anforderungen an Ausbildungsbetriebe nach. Besorgt dazu vom BMBF: „Ausbildung und Beruf": www.bmbf.de ▸ Service ▸ Publikationen (08.01.2013)

8 Formuliert Erklärungen für die Begriffe: Auszubildender, Ausbildender und Ausbilder.

4 Probleme der Ausbildung in Betrieb und Schule

Azubis sprechen Klartext

In welchen Berufen gibt es die qualitativ beste Ausbildung? Wo herrschen gute Arbeitsbedingungen? Wo läuft es nicht so gut? Der **DGB-Ausbildungsreport** verschafft die Übersicht. Die Ausbildungsqualität haben diejenigen bewertet, die am besten wissen, unter welchen Umständen sie tagtäglich lernen und arbeiten – die Auszubildenden selbst. Um zu erfahren, wie lange sie täglich arbeiten, was sie dabei lernen und ob sie dabei gut betreut werden, befragt der DGB jedes Jahr mehrere tausend Azubis. Die Ergebnisse fließen in ein Ranking der einzelnen Branchen ein und bieten den SchulabgängerInnen eine Orientierung bei der Berufswahl. …

DGB-Bundesvorstand, Abteilung Jugend und Jugendpolitik
http://www.dgb-jugend.de/themen/ausbildungsreport (12.07.2012)

Ausbildungsreport 2011

… Ziel der Studie ist es, ein möglichst genaues Bild der Qualität der deutschen Ausbildungslandschaft zu zeichnen. Damit bietet der Ausbildungsreport auch Berufsanfängerinnen und -anfängern eine Orientierungshilfe … . Auch in diesem Jahr zeigt sich wieder, dass der überwiegende Teil der befragten Auszubildenden mit der Qualität seiner Ausbildung zufrieden ist. … Immer noch müssen Auszubildende – je nach Beruf und Betriebsgröße in unterschiedlicher Häufigkeit – ausbildungsfremde Tätigkeiten verrichten, Überstunden teils ohne Ausgleich leisten, und es fehlt an Betreuung durch Ausbilder/-innen. Auch Verstöße gegen das Jugendarbeitsschutzgesetz sind weiterhin keine Seltenheit. Aufsichtsbehörden … sind daher dringend gefordert, Missstände in einzelnen Betrieben besser und schneller zu erkennen und zu beseitigen. …

DGB-Bundesvorstand, Abteilung Jugend und Jugendpolitik (Hrsg.): http://www.dgb-jugend.de/ausbildung/ausbildungsreport/data/ausbildungsreport2011.pdf (12.07.2012)

A Aufgaben

1 Sprecht über die Bedeutung des Ausbildungsreports.

2 Beurteilt die im Text genannten Probleme. Zieht dazu die Anforderungen an Ausbildungsbetriebe und die Pflichten der Auszubildenden und Ausbildenden aus dem Berufsbildungsgesetz, s. S.83, heran.

3 Besorgt euch das Schwarzbuch Ausbildung sowie den aktuellen Ausbildungsreport des DGB (s. Link oben links).
Sprecht an Beispielen über Konsequenzen für Auszubildende und Möglichkeiten zur Abstellung der Mängel durch Ausbildungsberater, Gewerbeaufsichtsamt, Jugend- und Auszubildendenvertretung sowie Betriebsrat.

5 Anforderungen der Arbeitswelt steigen – das Studium

Wer das Abitur oder die Fachhochschulreife erreicht hat, kann einen weiteren Weg in den Beruf finden – über ein Studium. Der Begriff kommt aus dem lateinischen „studium“ und steht für eifriges Streben, sich wissenschaftlich betätigen. In Deutschland kann dies an Universitäten, Fachhochschulen und Berufsakademien erfolgen.

Das Studium dauert je nach Studiengang drei bis sechs Jahre. Hier gibt es verschiedene Möglichkeiten: Staatsexamen, Diplom- oder Bachelor/Master-Abschluss. Da es viele Wege und Studiengänge gibt, ist eine vielseitige Informationssuche und individuelle Beratung sehr wichtig. Dies bietet die Arbeitsagentur im Internet und bei Einzelgesprächen.

So kompliziert, wie man sich ein Studium vorstellt, ist es gar nicht. Gute Informationen gibt es auf den unten rechts aufgeführten Internetseiten und bei den Studienberatungen der Arbeitsagentur sowie der Hochschulen.

Vorteile eines Studiums

Wer nach zwölf oder dreizehn Jahren die Schule erfolgreich absolviert hat, kann zwischen vielen beruflichen Möglichkeiten wählen. Für einige Berufe ist das Studium zwingend erforderlich (das sind z.B. Ärzte, Lehrer, Rechtsanwälte). In anderen Berufen ist der Einstieg auch mit einer Ausbildung möglich, bessere Aufstiegschancen bieten sich aber nach der Uni (= Universität) oder FH (= Fachhochschule).

Akademiker sind im Vergleich seltener arbeitslos und verdienen durchschnittlich mehr. Studienkosten und fehlende Verdienste dieser Zeit gleichen sich durch das höhere Einkommen im Beruf i.d.R. mehr als aus. Die persönliche Entfaltungsmöglichkeit im Studium ist teilweise ein Vorteil gegenüber einer reglementierten Ausbildungsordnung.

Wie kann ich durchstarten?

Für sehr begehrte Studienplätze erfolgt die Bewerbung bei der Stiftung für Hochschulzulassung, früher ZVS. Ansonsten bewirbt man sich direkt an der Hochschule seiner Wahl. Neben dem Schulabschluss werden eventuell weitere Voraussetzungen erwartet, z.B. ein Betriebspraktikum oder ein bestimmter Notendurchschnitt (Numerus Clausus = NC) oder für künstlerisch/musische Fächer das erfolgreiche Absolvieren einer Aufnahmeprüfung.

A Aufgaben

1 Erstellt eine Tabelle und verdeutlicht darin die Vorteile eines Studiums.

2 Im Internet findet ihr viele Seiten zum Thema Studium. Sucht euch einen Studiengang aus, über den ihr mithilfe des Internets einen Steckbrief mit folgenden Informationen erstellt:
- Bewerbung und Voraussetzungen,
- Studienart (FH und/oder Uni),
- Studiendauer,
- Abschluss.

Studentenportal:
http://www.studserv.de (23.07.2012)
Arbeitsagentur:
http://www.abi.de (23.07.2012)

6 Mit Weiterbildung die berufliche Zukunft sichern

Viele *Arbeitsplätze* verändern sich, andere fallen weg, neue entstehen. Wissen und Können veralten. Berufstätige müssen sich dem Wandel stellen und zur Weiterbildung oder Umschulung bereit und fähig sein. Mit lebenslangem Lernen können sie ihre *Kompetenzen* entwickeln und sich Zukunftsberufe erschließen. Eine gute Ausbildung bereitet darauf vor.

Möglichkeiten der Weiterbildung

- Erweiterung/Vertiefung der beruflichen Handlungsfähigkeit durch Betriebswechsel
- Nutzung von Fachliteratur, des Internets
- Besuch von Fachmessen
- Weiterbildungsseminare, z.B. im Betrieb, von Kammern und Verbänden
- Fachschulen für Techniker/Fachwirte/Meister
- Erwerb der (Fach-)Hochschulreife und Studium

Vielfach schließt die Weiterbildung bereits an die Ausbildung bei der Einarbeitung an einem Arbeitsplatz an. Sie ist Voraussetzung für beruflichen Aufstieg. Oft ist eine interessantere, aber auch verantwortungsvollere Tätigkeit zu erreichen. Meist steigt der Verdienst.

In vielen Berufen ist die **Meisterprüfung** wichtig (2010: ca. 31203 Abschlüsse). In manchen Gewerken dürfen nur Meister einen Betrieb leiten, sich selbstständig machen und ausbilden. Auch sie müssen sich ständig fortbilden.

Für Bildungsgänge zur Meisterprüfung und zum Studium gibt es staatliche **Fördermaßnahmen**.

Der Rückgang an Jobs für geringer qualifizierte Beschäftigte hält an:
2005[1]: 22 %
1996: 33 %
der Beschäftigten. Die Tätigkeiten werden meist ersatzlos gestrichen oder höher qualifizierten zugeschlagen. Diesen Trend zu besseren Qualifikationen für den Arbeitsprozess können die Arbeitnehmer nur mit aktivem Einsatz für mehr Allgemeinbildung, Ausbildung und Weiterbildung beantworten.

IG-Metall (Hrsg.): Beschäftigung, Arbeitsmarkt, Qualifikation, Neueinstellungen, Ausbildung, Übernahme und Weiterbildung 2005. www.igmetall-wap.de/publicdownload/IAB_Betriebsp_2005_Metall.pdf

[1] Das Institut für Arbeitsmarkt- und Berufsforschung geht auch 2009 noch von einem Anteil von 22 % aus.

Die Arbeitsagentur fördert bei Arbeitslosigkeit nach dem Arbeitsförderungsgesetz die berufliche Weiterbildung und Umschulung.
Die Weiterbildung ist besonders wichtig für:

- nicht ausreichend oder falsch Qualifizierte,
- Langzeitarbeitslose,
- Berufsrückkehrer (z.B. nach Kinderbetreuung),
- Migranten.

Leider fehlen für Weitergebildete oft die Arbeitsplätze. Nicht immer sind Teilnehmer den Anforderungen der Weiterbildung gewachsen.

Teilnahme an der beruflichen Weiterbildung

Gesamt	2001	2005	2007	2009
Alle Beschäftigte	18 %	21 %	22 %	25 %
Qualifizierte Besch.	21 %	23 %	29 %	32 %
Besch. in einfachen Tätigkeiten	6 %	8 %	10 %	12 %

Bundesinstitut für Berufsbildung (BIBB) (Hrsg.): Datenreport zum Berufsbildungsbericht 2012, Bonn 2012, S.295

A Aufgaben

1 Begründet die Notwendigkeit beruflicher Weiterbildung (siehe auch S.94). Berücksichtigt dabei die Arbeitssituation in eurer Region.

2 Vergleicht die Beteiligung an der Weiterbildung zwischen den Gruppen. Welche Probleme können besonders für Beschäftigte in einfachen Tätigkeiten entstehen?

3 Erkundet für euren Berufswunsch Weiterbildungs- und Aufstiegsmöglichkeiten. Ermittelt den Verdienst als Facharbeiter und Meister.

Ausbildung für die Zukunft – was ist gefragt?

1 Branchen der Zukunft und ihre Anforderungen

Es gibt viele Berufsfelder, die auch in Zukunft gute Chancen bieten. Aber bevor ihr euch entscheidet, ist es sinnvoll, sich anzusehen, welche Bereiche besonders gefragt sind.

Aufgrund des demografischen Wandels in unserer Gesellschaft benötigen immer mehr Senioren Unterstützung. Dies betrifft vor allem die Bereiche Versorgung/Pflege, aber auch spezielle Produkte für Senioren: barrierefreie Wohnungen, Einkaufsservice, Beratung für zusätzliche finanzielle Absicherung und vieles mehr werden gebraucht.

Ein weiterer Bereich ist die Umwelttechnologie. Besonders die Ereignisse in Fukushima haben einen Anstoß gegeben, noch stärker über erneuerbare Energien nachzudenken. Technologien für Solarstrom, Windenergie und Biomassenutzung sind in aller Munde und Fachleute in diesen Bereichen werden gebraucht.

Familie und Erwerbsarbeit sollen stärker miteinander vereinbar sein. Deshalb wird der Ausbau der Kinderhorte gefördert. Das führt besonders in westdeutschen Bundesländern mit einem bisher geringen Betreuungsanteil von unter 3-Jährigen dauerhaft zu einem höheren Bedarf an Erzieherinnen und Erziehern.

Nicht zu vergessen ist unter anderem die Logistikbranche. Die Handelspartner stehen weltweit zur Verfügung und die geschäftlichen Verbindungen werden weiter ausgebaut und neu geordnet. Im Zentrum dieses Handels stehen Transport und Logistik als fester Bestandteil.

Grundsätzlich sind Jugendliche in geschlechtsuntypischen Berufen gern gesehen, z.B. als Mann in einem Pflegeberuf oder als Frau im Handwerk.

▸ **Leitauftrag** Recherchiert im Internet, welche weiteren Branchen dringend Nachwuchs suchen.

B Auf einen Blick

Ihr könnt Anforderungen beschreiben, die Unternehmen an ihre Bewerber stellen.

Ihr vollzieht die Durchführung eines Assessment-Centers nach und erklärt Nutzungsmöglichkeiten.

Ihr erklärt und beurteilt Rechte und Pflichten von Auszubildenden.

Ihr könnt das Berufsbildungsgesetz zur Lösung von Fallbeispielen nutzen.

2 Anforderungen werden geprüft

Wie wichtig es ist, für einen Ausbildungsplatz eine sehr gute Bewerbung zu erstellen, weiß inzwischen jeder. Darüber hinaus habt ihr sicherlich auch schon viel über Einstellungstests (siehe auch S. 67–69) gehört. Üben kann man sie ganz einfach auch auf verschiedenen Seiten im Internet oder ihr lasst euch vom Berufsberater Unterlagen dazu aushändigen.

Immer häufiger wird mit den zukünftigen Mitarbeitern ein Assessment-Center durchgeführt (s. S. 84). Das Wort „assess" kommt aus dem Englischen und heißt beurteilen, einschätzen, bewerten und feststellen. Damit ist schon gesagt, warum dieses Verfahren eingesetzt wird – man will euch einschätzen. Nun geht es um euer Verhalten und eure Fähigkeiten, auch Kompetenzen genannt. Ihr kennt das aus euren Zeugnissen, wo auch von Arbeits- und Sozialverhalten die Rede ist.

Im Assessment-Center werden verschiedene Bereiche von Kompetenzen überprüft. Besonderen Wert legen die Personalchefs auf Kommunikationsfähigkeit, Teamfähigkeit und Kritikfähigkeit.

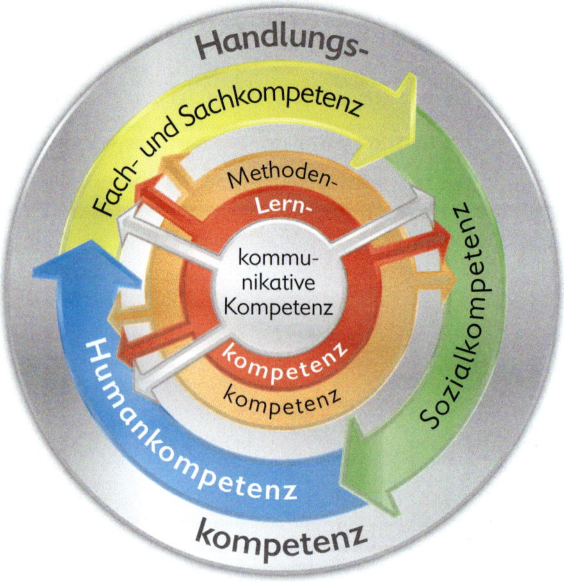

Was versteht man unter Handlungskompetenz?

Beim Betrachten der Grafik fällt auf, dass die verschiedenen Teilkompetenzen miteinander verflochten sind und aufeinander aufbauen. Die inneren Bereiche sind Grundlage für die Entwicklung weitergehender Kompetenzen in den äußeren Bereichen.

Besonders die **kommunikative Kompetenz** ist neben der **Lern- und Methodenkompetenz** Voraussetzung für das Entwickeln weiterer Kompetenzen. Das bedeutet, dass ihr u. a. Methoden nutzt, um zu lernen und auch Inhalte an andere zu vermitteln. Dadurch können sich neue Fähigkeiten entfalten.

Die **Fach- und Sachkompetenz** bedeutet, dass ihr Wissen in dem betreffenden Gebiet besitzt, dass ihr einsetzen, erweitern und in vergleichbaren Bereichen anwenden könnt.

Die **Humankompetenz** bedeutet u.a., dass ihr euch an Situationen anpassen und bei Aufgaben motivieren könnt. Ihr engagiert euch, könnt euer Verhalten selbst einschätzen und beeinflussen.

Die **Sozialkompetenz** hat mit eurer Teamfähigkeit zu tun. Das bedeutet, dass ihr euch in Gruppen einfügen und dabei Verantwortung übernehmen könnt. Außerdem ist es bedeutsam, Kritik annehmen und ebenso höflich äußern zu können.

Wenn ihr diese Fähigkeiten schrittweise entwickeln konntet, dann besitzt ihr berufliche **Handlungskompetenz**. Das heißt, dass ihr euch in verschiedenen Situationen angemessen verhalten und auch selbstständig handeln könnt. Ihr findet Lösungen bzw. Lösungshilfen und könnt diese einsetzen.

A Aufgaben

1 Warum führen immer mehr Unternehmen ein Assessment-Center durch? Begründet.

2 Betrachtet die oben abgebildete Grafik. Findet Beispiele für berufliche Situationen, in denen Kompetenzen gut erkennbar sind.

3 Rechte und Pflichten von Auszubildenden

Ein Vertrag ist ein Rechtsgeschäft, das durch Angebot der einen Seite und die Annahme der anderen Seite zustande kommt.
Damit sind sowohl Rechte als auch Verpflichtungen verbunden. Ein Recht des Auszubildenden ist gleichzeitig eine Pflicht für den Ausbildungsbetrieb.

Der Ausbildungsvertrag wird zwischen dem Betrieb und dem Auszubildenden geschlossen. Bei Jugendlichen, die nicht volljährig sind, müssen die Erziehungsberechtigten einverstanden sein und den Vertrag auch unterschreiben. Rechtlich liegen dem Vertrag die allgemeinen Vorschriften des Arbeitsrechts zugrunde. Darüber hinaus gelten für → duale Ausbildungen in Deutschland die Regelungen des Berufsbildungsgesetzes (BBiG) und des Jugendarbeitsschutzgesetzes. Damit sollt ihr euch im Folgenden genauer auseinandersetzen.

Wer ist im Recht?

Caro ist enttäuscht. Sie hat vor einem Monat eine Ausbildung zur Garten- und Landschaftsbauerin begonnen. Gestern war sie bei der Bank und hat ihren ersten Lohn bekommen. Nun trifft sie eine Freundin.

Caro: „Hallo Tanja."
Tanja: „Hi Caro, na wie gefällt dir deine Ausbildung?"
Caro: „Ja, total gut, aber heute habe ich mich doch geärgert. Ich habe netto mit 430 € Lohn gerechnet und habe nur 320 € überwiesen bekommen. Mein Chef hat gesagt, dass er mir Geld für die Arbeitskleidung vom Lohn abgezogen hat."
Tanja: „Macht er das jeden Monat?"
Caro: „Nein, er hat gesagt, nur das eine Mal. Aber ich hatte mich eben auf das Geld gefreut."
Tanja: „Na ja, stell dich nicht so an. Ab nächsten Monat haste doch die 430 €!"

A Aufgaben

1 Was meint ihr dazu? Diskutiert über mögliche Lösungen.

2 Übt ein Rollenspiel ein, bei dem Caro und ihr Chef über die Lösung des Problems ein Gespräch führen.

4 Fälle zu Rechten und Pflichten im Betrieb

Kay macht eine Ausbildung zur Fachkraft für Lagerlogistik. Sein Chef hat ihn gebeten, ausnahmsweise am nächsten Tag auf die Berufsschule zu verzichten, weil so viele Kollegen krank seien. Die Ware müsse dringend für das Samstagsgeschäft sortiert werden.

Filiz macht eine Lehre zur Medizinischen Fachangestellten beim Frauenarzt. Carina, die Schwester ihrer Freundin Meike, kommt zur Schwangerschaftsvorsorge. Abends trifft Filiz ihre Freundin und erzählt begeistert von der faszinierenden Ultraschalluntersuchung. Sie fragt Meike, ob sie sich schon darauf freue, Tante zu werden.

Ulf lernt Kfz-Mechatroniker. Mit den Fahrzeugen der Kunden geht er ziemlich unachtsam um. Beim Umparken eines Autos fährt er einen Kratzer in die Stoßstange. Er meint, dass Auszubildende nicht zahlen müssten, wenn etwas kaputt geht.

Ilka lernt Friseurin. Ständig muss sie den Laden fegen, weil Haare auf dem Boden liegen. Sie ärgert sich, weil es ihrer Meinung nach übertrieben sei, nach jedem Kunden zu fegen, da sowieso gleich wieder neue Haare dazu kämen. Außerdem habe ihre Mutter gesagt, dass Auszubildende nur solche Arbeiten verrichten sollten, die dem Zweck der Ausbildung dienen. Und Fegen habe mit der Ausbildung ja wenig zu tun.

Çan ist in der Ausbildung zum Tischler. Er freut sich schon auf das erste Richtfest, denn die Balken für das Dach hat er mitgebaut. Dann ist es endlich so weit. Er will sich gerade eine Cola nehmen, da drückt ihm sein Chef eine Flasche Bier in die Hand. Gemeinsam mit den Bauherren wird ordentlich gefeiert. „Auf dem Bau ist das so, da musst du dich anpassen, sonst wird das nichts", sagt sein Chef dazu. Aber Çan muss eigentlich noch mit dem Roller nach Hause fahren.

Carsten arbeitet als Auszubildender zum Einzelhandelskaufmann in einem großen Warenhaus. Dabei nervt ihn, dass er ständig von dem Kollegen, der mit in der Abteilung arbeitet, für langweilige Aufgaben herangezogen wird, wenn sein Ausbilder nicht da ist. Carsten findet, dass der Kollege ihm nichts zu sagen habe.

Aufgaben

A

Löst die Aufgaben mithilfe von **M1** auf Seite 83.

1 Darf der Chef Kay von der Berufsschule abhalten?

2 Mit wem darf Filiz über die Arbeit sprechen?

3 Welche Pflichten hat Ulf gegenüber seinem Chef und den Arbeitsmitteln?

4 Welche Arbeiten muss Ilka erledigen?

Löst die folgenden Fälle mithilfe des Ausbildungsvertrages im Internet: (16.01.2013) http://www.dihk.de/themenfelder/aus-und-weiterbildung/ausbildung/ausbildungsformulare-und-merkblaetter/muster-vertraege

5 Darf der Chef Çan Alkohol geben?

6 Wessen Anweisungen muss Carsten entgegennehmen?

5 Weiterführendes Material

M1 Auszug aus einem Ausbildungsvertragsformular des DIHK

(Anmerkung: Inhalt gekürzt, § 3 Absätze 3, 6, 8, 9, 10 und 12 sowie § 4 Absätze 3, 4, 7, 9 und 10 fehlen)

§ 3 – Pflichten des/der Ausbildenden
Der/Die Ausbildende verpflichtet sich,

1. Ausbildungsziel
dafür zu sorgen, dass dem/der Auszubildenden die Fertigkeiten, Kenntnisse und Fähigkeiten vermittelt werden, die zum Erreichen des Ausbildungszieles nach der Ausbildungsordnung erforderlich sind, und die Berufsausbildung nach den Angaben zur sachlichen und zeitlichen Gliederung des Ausbildungsablaufs so durchzuführen, dass das Ausbildungsziel in der vorgesehenen Ausbildungszeit erreicht werden kann;

2. Ausbilder/in
selbst auszubilden oder eine/n persönlich und fachlich geeignete/n Ausbilder/in ausdrücklich damit zu beauftragen und diese/n dem/der Auszubildenden schriftlich bekanntzugeben;

4. Ausbildungsmittel
dem/der Auszubildenden kostenlos die Ausbildungsmittel, insbesondere Werkzeuge, Werkstoffe und Fachliteratur zur Verfügung zu stellen, die für die Ausbildung in den betrieblichen und überbetrieblichen Ausbildungsstätten und zum Ablegen von Zwischen- und Abschlussprüfungen, auch soweit solche nach Beendigung des Berufsausbildungsverhältnisses und in zeitlichem Zusammenhang damit stattfinden, erforderlich sind;

5. Besuch der Berufsschule
und von Ausbildungsmaßnahmen außerhalb der Ausbildungsstätte, den/die Auszubildende/n zum Besuch der Berufsschule anzuhalten und freizustellen. Das Gleiche gilt, wenn Ausbildungsmaßnahmen außerhalb der Ausbildungsstätte vorgeschrieben oder nach Nr. 12 durchzuführen sind;

7. Ausbildungsbezogene Tätigkeiten
dem/der Auszubildenden nur Aufgaben zu übertragen, die dem Ausbildungszweck dienen und seinen/ihren körperlichen Kräften angemessen sind;

11. Anmeldung zu Prüfungen
den/die Auszubildende/n rechtzeitig zu den Zwischen- und Abschlussprüfungen anzumelden und für die Teilnahme freizustellen sowie der Anmeldung zur Zwischenprüfung bei Auszubildenden unter 18 Jahren eine Kopie oder Mehrfertigung der ärztlichen Bescheinigung über die erste Nachuntersuchung gemäß § 33 Jugendarbeitsschutzgesetz beizufügen.

§ 4 – Pflichten des/der Auszubildenden
Der/Die Auszubildende muss sich bemühen, die Fertigkeiten, Kenntnisse und Fähigkeiten zu erwerben, die erforderlich sind, um das Ausbildungsziel zu erreichen. Er/Sie verpflichtet sich insbesondere

1. Lernpflicht
die ihm/ihr im Rahmen seiner/ihrer Berufsausbildung übertragenen Aufgaben sorgfältig auszuführen;

2. Berufsschulunterricht, Prüfungen und sonstige Maßnahmen
am Berufsschulunterricht und an Prüfungen sowie an Ausbildungsmaßnahmen außerhalb der Ausbildungsstätte teilzunehmen, für die er/sie nach § 3 Nr. 5, 11 und 12 freigestellt wird; sein/ihr Berufsschulzeugnis unverzüglich dem/der Ausbildenden zur Kenntnisnahme vorzulegen, und ist damit einverstanden, dass sich Berufsschule, IHK und Ausbildungsbetrieb über seine/ihre Leistungen unterrichten;

5. Sorgfaltspflicht
Werkzeug, Maschinen und sonstige Einrichtungen pfleglich zu behandeln und sie nur zu den ihm/ihr übertragenen Arbeiten zu verwenden;

6. Betriebsgeheimnisse über Betriebs- und Geschäftsgeheimnisse Stillschweigen zu wahren;

8. Benachrichtigung bei Fernbleiben
bei Fernbleiben von der betrieblichen Ausbildung, vom Berufsschulunterricht oder von sonstigen Ausbildungsveranstaltungen dem/der Ausbildenden unter Angabe von Gründen unverzüglich Nachricht zu geben und ihm/ihr Arbeitsunfähigkeit und deren voraussichtliche Dauer unverzüglich mitzuteilen. Dauert die Arbeitsunfähigkeit länger als 3 Kalendertage, muss der/die Auszubildende eine ärztliche Bescheinigung über die bestehende Arbeitsunfähigkeit sowie deren voraussichtliche Dauer spätestens an dem darauffolgenden Arbeitstag vorlegen. Der/Die Ausbildende ist berechtigt, die Vorlage der ärztlichen Bescheinigung früher zu verlangen.

Deutscher Industrie- und Handelskammertag (DIHK): http://www.dihk.de/themenfelder/aus-und-weiterbildung/ausbildung/ausbildungsformulare-und-merkblaetter/mustervertraege (14.01.2013)

Methode Assessment-Center

Darum geht es

Ein Assessment-Center wird bei Einstellungsverfahren verwendet, um einen passenden Mitarbeiter oder Auszubildenden zu finden. Ihr könnt hier anhand einer typischen Aufgabe ausprobieren, wie so etwas durchgeführt werden kann.

Bei diesem Testdurchlauf werden 4er-Teams benötigt und jeweils ein Schüler, der den Ablauf beobachtet. Euer Lehrer hilft bei der Organisation in den Teams.

So läuft es ab

Vorbereitung

Für das Assessment-Center einschließlich Nachbesprechung sollte eine Doppelstunde eingeplant sein.

Ihr solltet ehrlich im Klassenverband darüber sprechen, dass hier nur erkennbares Verhalten sowie Aussagen von Bewerbern im Mittelpunkt stehen. Besprecht mit eurem Lehrer genau, was Verhalten ist, und überlegt gemeinsam, wie ihr Verhalten schriftlich festhalten könnt.

- Beispiel: Kolja unterbricht und lässt die anderen nicht ausreden.
- Beispiel: Kolja bringt begründet verschiedene Vorschläge ein.

Lest euch die Aufgaben zum Assessment-Center genau durch und besprecht Unklarheiten.

Bildet 5er-Gruppen. In jeder Gruppe muss einer der Beobachter sein, die anderen sind die Bewerber. Wenn die Schülerzahl nicht aufgeht, sind auch drei Schüler pro Bewerberteam in Ordnung.

Bildet Gruppentische mit möglichst viel Abstand voneinander. Eventuell könnt ihr auch auf andere Räume ausweichen.

Bereitet euer Material vor und verteilt es auf die Teams (siehe Übersicht Folgeseite).

Durchführung

Diese erfolgt nun immer im jeweiligen Team!

Der Beobachter liest die Aufgabe vor und ihr besprecht auftretende Fragen, evtl. auch mit dem Lehrer. Es ist wichtig, dass ihr alle die Aufgabe versteht.

Die Bewerber führen die Aufgabe durch, weder der Beobachter noch der Lehrer mischt sich in die Aufgabendurchführung ein.

Der Beobachter macht sich Notizen.

Ist die Bearbeitungszeit abgelaufen, beendet der Beobachter die Aufgabenbearbeitung seines Teams, auch wenn nicht alles erledigt wurde.

Die Beobachter teilen ihrem Team freundlich und ohne persönliche Bewertung mit, was sie beobachtet haben und wie sie die Situation gesehen haben.

Wichtig ist, dass sich die Bewerber nicht angegriffen fühlen und beleidigt reagieren.

Auswertung

Besprecht im Klassenverband eure Beobachtungen. Was sind Verhaltensweisen, die euch weiterhelfen bei einer Bewerbung? Welche solltet ihr ändern? Besprecht Ideen, wie man seine Kompetenzen verbessern könnte.

Wie haben sich die Bewerber gefühlt? Was war schwer, was war einfach?

TIPP:

Setzt euch selbst einfache und klar erkennbare Ziele, z.B. „Ich lasse andere in Diskussionen aussprechen.“ Sucht euch jemanden, der über einen Zeitraum auf eure Bemühungen achtet, und bittet um Rückmeldung.

3 Übersicht und Aufgaben zum Assessment-Center

Material pro Gruppe:
Profilbuch Wirtschaft mit Arbeitsanleitung und Schreibmaterial (Block und Stifte), Präsentationsmaterialien wie Plakate, farbige Filzstifte/Marker, Tafel, Magnete, verschiedenfarbige Moderationskarten, Karteikarten, Klebstoff, Schere usw.

Lehrer:
Die Lehrkraft stellt sicher, dass alle die Aufgaben verstanden haben. Sie hilft nicht bei der Durchführung. Sie bricht aber die Beobachtung ab, wenn die Durchführung aus mangelndem Arbeitsverhalten unmöglich erscheint.

Beobachter:
Stell dir vor, du wärst der Chef und würdest einen geeigneten Mitarbeiter für deine Firma suchen.
Du hast die Aufgabe, das Team zu beobachten und dabei Notizen anzufertigen.
Dabei ist besonders wichtig, dass du unterscheidest zwischen Dingen, die du siehst bzw. hörst, und Dingen, die du nur vermutest.
Beispiel: Wenn jemand eine Grimasse zieht, siehst du das, weißt aber nicht genau, was er damit meint. Wenn jemand aber sagt, er habe keine Lust, dann ist das eine eindeutige Äußerung, die du entsprechend notieren solltest.
Du kannst natürlich nicht alles, was die Bewerber bei ihrer Aufgabe tun, notieren. Du hast aber die wichtige Aufgabe, möglichst viel von dem, was sie an Verhalten zeigen oder nicht zeigen, zu entdecken und in Stichworten aufzuschreiben.
Dinge, die jemand mehrfach macht, kannst du auch einfach mit Ausrufezeichen kennzeichnen, dann hast du nicht so viel Doppeltes aufzuschreiben.
Erstelle dir vor der Beobachtung ein Blatt, das du in vier Kästchen einteilst. Schreibe in jedes Kästchen einen Bewerbernamen. Nun hast du eine gute Übersicht für deine Beobachtungsnotizen.

Denke daran: Es geht nicht darum, beleidigende oder peinliche Dinge an deinen Mitschülern zu entdecken, zu bewerten und öffentlich zu machen.

Nina	*Tom*
Esra	*Julius*

Wenn ihr im Team zusammen seid, liest du (der Beobachter) die Einführung vor:
Bei eurer Aufgabe geht es darum, dass ihr zeigt, wie ihr im Team arbeitet. Ich beobachte euch und achte darauf, wie ihr miteinander sprecht, euch gegenseitig zuhört oder kritisiert. Es geht auch darum, dass ihr zeigt, wie eure Arbeitsplanung aussieht, also wer welche Aufgaben übernimmt und ob eure Zeitplanung gelingt. Schließlich präsentiert ihr eure Resultate und könnt zeigen, wie ihr eure Arbeitsergebnisse darstellt und eure Körpersprache einsetzt.

Bewerberauftrag:
Ihr sollt eine Party für euren Schulabschluss planen.
Bedenkt dabei, was es alles geben soll (Essen, Trinken, Musik usw.), welche Kosten entstehen würden und wie ihr die Kosten decken könntet.
Präsentiert eure Partyplanung und nutzt dafür das vorhandene Material.
Jeder soll einen Teil präsentieren.
Für Ausarbeitung und Präsentation stehen euch 40 Minuten zur Verfügung.

Arbeit, Beschäftigung und Berufsbildung im Wandel

1 Wohin entwickelt sich die Arbeit?

Bildungspolitikerin:
Berufsarbeit fordert verstärkt Team- und Kommunikationsfähigkeit. Meist geht es um ein Bündel von Fähigkeiten. So sollte der Monteur heute vor einer Reparatur den Kunden beraten können, ob ein Neukauf günstiger ist. Zur Chancengerechtigkeit gehört eine gute Allgemeinbildung und Berufsbildung für alle.

Moderatorin:
Meine Damen, meine Herren, willkommen bei ‚Talk zu Arbeit und Beruf'.
Ich freue mich, hier einen Vertreter eines Unternehmens, eine Gewerkschafterin, einen Wissenschaftler und eine Bildungspolitikerin zu begrüßen …
Bitte nehmen Sie doch zuerst Stellung zur Leitfrage.

Wissenschaftler:
Die Beschäftigung nach Auftragslage nimmt zu.
Neue Arbeitsformen, wie Telearbeit, befristete Anstellung, werden für viele normal sein – leider auch Zeiten von Arbeitslosigkeit. Am Arbeitsplatz gewinnt selbstständiges Handeln und Weiterbildung an Bedeutung. Unqualifizierte finden schwerer bezahlte Arbeit.

Gewerkschafterin:
Der Druck durch Rationalisierung und Automatisierung nimmt zu. Wir sollen flexibel arbeiten – sind aber auch Eltern! Der Profit und nicht der arbeitende Mensch steht im Mittelpunkt. Unternehmen müssen mehr in Aus- und Weiterbildung investieren. Wir brauchen selbstständig arbeitende Fachkräfte.

Unternehmer:
Selbstständig arbeitende Mitarbeiter müssen gut ausgebildet sein und sich weiterbilden – auch in der Freizeit. Der Arbeitsablauf ist rationeller zu gestalten. Sie müssen, je nach Arbeitsanfall, flexibel in ihrer Arbeitszeit sein. Nur so sind wir auch in Zukunft wettbewerbsfähig. Es geht um den Standort Deutschland.

▸ **Leitauftrag** Welche Interessen werden deutlich? Wie schätzt ihr die Antworten ein? Spielt den Talk im Rollenspiel weiter.

B Auf einen Blick

Ihr beschreibt Arbeitsanforderungen, die selbstständiges Handeln erfordern, und erklärt, wie Ausbildung darauf vorbereiten kann.

Ihr begründet Forderungen zur Flexibilisierung der Arbeit und zu neuen Tätigkeitsformen.

Ihr begründet die Bedeutung einer qualifizierten Berufsbildung für alle Jugendlichen.

Ihr reflektiert Zusammenhänge zwischen Ausbildung, Beschäftigungssituation und Verdienst.

Ihr begründet Maßnahmen zur Verbesserung der Ausbildungssituation.

Ihr bewertet die Stellung der Arbeitnehmer im Zusammenhang der Forderung von mehr Flexibilität und der Zunahme ungeschützter Arbeitsverhältnisse.

2 Organisation der Arbeit erfordert handlungsfähige Mitarbeiter

Betriebe müssen ihre Güter nach dem → wirtschaftlichen Prinzip erstellen. Dazu gehört auch die passende → Betriebsorganisation. Diese ist unterschiedlich, je nachdem, ob z.B.
- Küchenmöbel nach individuellem Kundenauftrag gefertigt werden,
- die Isolierung in einem Altbau verbessert wird,
- eine Telefonanlage repariert wird,
- ein Kranker versorgt wird.

Entsprechend haben sich die Anforderungen an die Beschäftigten geändert.

Früher wurde stärker vorgegeben, was der Mitarbeiter wie und wann zu tun hat. Er musste direkt nach Anweisungen arbeiten. Die Erstellung eines Gutes dauerte oft lange, weil die Fertigung an verschiedenen Arbeitsplätzen erfolgte. Der Mitarbeiter hatte nicht gelernt, einen Auftrag selbstständig zu planen, flexibel durchzuführen und zu prüfen, ob das Arbeitsergebnis der geforderten Qualität entspricht.

Heute ist die Fähigkeit zum eigenverantwortlichen Handeln wichtiger, um anspruchsvolle Güter günstig zu erstellen. Darauf wird die → Arbeitsorganisation und die Berufsbildung ausgerichtet. Der Einzelne ist – teilweise im Team – verantwortlich für die Tätigkeiten im Aufgabenbereich.

Beispiel 1: Integrierte Facharbeit bei der Produktion von Metallpulver

MECHANIKER: „Diese Produktionsanlage wurde im letzten Jahr in Betrieb genommen. Damit wird Metallpulver zur Beschichtung von Elektronik-Bauteilen hergestellt. Die Arbeit bei der Überwachung und Steuerung ist schon anspruchsvoll. Früher haben wir bei einer Störung den Meister benachrichtigt. Der beauftragte dann den Betriebshandwerker. Dieser besorgte die Ersatzteile und erledigte die Reparatur – wenn er es konnte und Zeit hatte. Das gab lange Pausen, die wir uns heute nicht erlauben können. Heute tauschen wir vorsorglich Verschleißteile aus. Störungen können wir einschätzen und schnell beseitigen. Die Anlage steht selten still. Wir sind auch Dienstleister bei Wartung und Reparatur. Die Arbeit ist abwechslungsreicher, aber oft stressiger."

Beispiel 2: Integrierte Sachbearbeitung bei der Haftpflichtversicherung

KUNDE: „Ich habe da noch eine Rückfrage. Für die Reparatur meines durch Unfall beschädigten Autos veranschlagt die Werkstatt eine Woche. Kann ich für diese Zeit einen Leihwagen nehmen?"

SACHBEARBEITER: „Bei der Reparatur können wir wahrscheinlich nur drei Tage zahlen. Das entscheidet der Gutachter. Ansonsten regele ich alles für Sie – von der Schadensaufnahme bis zur Prüfung und Abrechnung Ihrer Ansprüche."

Beispiel 3: Arbeit bei der ganzheitlichen Pflege auf einer Krankenhausstation

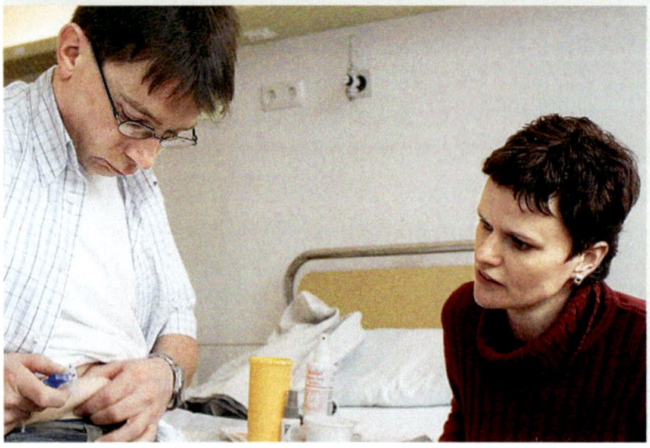

KRANKENPFLEGERIN: „Guten Morgen. Ich heiße Sonja Baum. Ich bin für Sie hier im Krankenhaus in allen pflegerischen und beratenden Angelegenheiten zuständig. Für die Zeit danach empfehle ich Ihnen die Betreuung durch ein ambulantes Diabeteszentrum. Den Kontakt dahin kann ich bereits jetzt herstellen. Hier bei uns lernen Sie mit meiner Unterstützung das Spritzen von Insulin und die regelmäßige Blutzuckerkontrolle."

PATIENT: „Und wie sieht das zukünftig mit dem Essen aus? Vermitteln Sie mir doch bitte eine Ernährungsberatung."

Beispiel 4: Gastorientiertes Handeln im Restaurant

KUNDE: „So habe ich mir das Filetsteak nicht vorgestellt. Total durch und zäh."

KELLNER: „Es tut mir leid, Herr Münning, dass Sie nicht zufrieden sind. Leider habe ich Ihre Aussage ‚gut gebraten' mit durchgebraten interpretiert. Selbstverständlich erhalten Sie Ersatz. Bitte haben Sie Verständnis, dass das einige Minuten in Anspruch nehmen wird. Bei Ihnen ist mir das besonders peinlich, weil Sie doch einer unserer Stammkunden sind."

KELLNER später beim Abräumen des Geschirrs: „Darf ich Ihnen für die Unannehmlichkeiten einen kleinen Ausgleich anbieten? Einen Nachtisch oder Kaffee?"

A Aufgaben

1 Erklärt am Beispiel 1
a) den Begriff Arbeitsorganisation;
b) wie sich die Arbeit verändert hat;
c) Auswirkungen integrierter Facharbeit auf
- Qualität und Kosten der Waren und Dienstleistungen,
- die Befriedigung/Belastung durch die Arbeit.

2 Zieht für folgende Aufgaben das Schaubild S. 80 und die Erläuterungen dazu heran.
a) Erklärt für Beispiel 2 den Begriff der Überschrift. Begründet erforderliche Kompetenzen.
b) Nennt Vorteile einer Pflege, die wie im Beispiel 3 organisiert ist. Welche Fähigkeiten fordert diese?
c) Sprecht mit jemandem, der Patient im Krankenhaus war, über Anforderungen an Pflegekräfte. Ordnet diese den Teilkompetenzen zu. Zieht auch das Berufsbild Gesundheits- und Krankenpfleger/-in heran.
www.berufenet.arbeitsagentur.de
d) Das Leitziel im Beruf Kellner/-in ist gastorientiertes Handeln. Erklärt für das Beispiel c) Kompetenzen, den Gast zu bedienen. Lest auch nach zum Berufsbild Restaurantfachfrau/-mann.

3 Ziel: der flexible Arbeitnehmer

Erwerbstätige nach Erwerbsform in Deutschland 2011 in Mio.

Erwerbstätige insgesamt 35,8
Selbstständige 4,0
Abhängig Beschäftigte 31,6
davon
- Normalarbeitnehmer 23,8
- atypisch Beschäftigte 7,9
  darunter
  - befristet beschäftigt 2,8
  - Teilzeit 5,0
  - geringfügig beschäftigt 2,7
  - Zeitarbeit 0,8

Mikrozensus, Alter 15–64, ohne Bildung und Ausbildung, Bundeswehr, Zivildienst, Statistisches Jahrbuch 2012, S. 352

Viele Betriebe rationalisierten, um Kosten zu sparen, und erwarteten steigende Leistungen. Dazu wurde die → Flexibilisierung der Arbeitszeit genutzt. Nach Auftragslage wird mehr oder weniger gearbeitet und ein Arbeitszeitkonto geführt. Dieses nutzen viele Branchen, z.B. Bauunternehmen: Im Sommer wird mehr als im Winter gearbeitet. Flexible Arbeitszeiten sind Eltern wichtig, die Kinder betreuen. Viele Betriebe fördern familienfreundliche Arbeitszeiten.
Zunehmend werden Mitarbeiter befristet eingestellt. Dies ist für eine Dauer von bis zu zwei Jahren möglich. Auch für Hobbys und Ehrenämter, z.B. Trainer, sind sie wichtig.

Arbeitsort nach Auftragslage

Auf kurzfristigen Bedarf reagieren Betriebe auch mit der Beschäftigung von Leiharbeitnehmern. Diese arbeiten bei Zeitarbeitsunternehmen und werden an Kundenbetriebe ausgeliehen. Nur wenige werden übernommen. Teilweise zahlen die Betriebe nur einen Werkvertrag an den Subunternehmer, der oft Billiglöhne bezahlt. Die Praxis zeigt, dass solche Arbeitsverhältnisse missbraucht werden, um Verdienste im Betrieb zu drücken.

LeiharbeiterInnen verdienen die Hälfte

LeiharbeiterInnen mit einer Vollzeitstelle verdienten 2010 nur etwa die Hälfte von Vollzeitbeschäftigten. Gleichzeitig werden die Einkommensabstände immer größer. 92 000 (13,1 %) der Leiharbeitskräfte waren trotz sozialversichertem Job noch auf Hartz IV angewiesen.

Nach **DGB:** 07.02.2011, http://www.dgb.de/themen/++co++2886cf3e-3298-11e0-6480-00188b4dc422 (30.05.2012)

▲ Im Februar 2011 haben Gewerkschafter und Politiker vor dem Bundeskanzleramt in Berlin für die Gleichbehandlung von Leiharbeitern demonstriert.

A Aufgaben

1 Befragt Eltern und Bekannte nach ihren Erfahrungen mit Leiharbeit.

2 Vergleicht Interessen von Arbeitnehmern und Arbeitgebern an flexibler Arbeitszeit.

3 Vergleicht die Situation einer befristet beschäftigten Mitarbeiterin mit der einer fest angestellten.

4 Nehmt Stellung: Befristung der Arbeit umgeht den Kündigungsschutz.

5 Wann kann Leiharbeit Sinn machen? Welche Arbeitnehmerrechte sind dabei in Gefahr? Bezieht dazu das Plakat der Gewerkschaft mit ein.

4 Gibt es qualifizierte Berufsbildungsmöglichkeiten für alle?

Ausbildungskosten tragen der Staat und die Unternehmen. Für einen Teil der Betriebe lohnt sich die Arbeit der Auszubildenden. In Zeiten schwacher Wirtschaftslage strichen viele Unternehmen Ausbildungsstellen. Sie meinten, nicht selbst ausbilden zu müssen. Bei Bedarf waren ja Arbeitslose verfügbar. Viele Jugendliche erhielten deshalb keinen Ausbildungsplatz. 2009 kamen auf 100 Bewerber im Durchschnitt 83 Ausbildungsstellen. Es fehlen auch genügend Wahlmöglichkeiten für die Berufe.

Viele Jugendliche fanden keinen Ausbildungsplatz. Von ausländischen Jugendlichen, die sich 2010 für eine betriebliche Ausbildung interessierten, waren nur 30 % in Ausbildung, bei den deutschen 58 %. Ein großer Teil Jugendlicher besuchte schulische Bildungsgänge (BGJ, BFS, BVJ), um die Chancen auf Ausbildung oder Arbeit zu verbessern. Seit Jahren bleiben mehr als 10 % der Jugendlichen ohne Berufsausbildung; 75 % davon auch ohne Schulabschluss. Staatliche Programme sollen Benachteiligte fördern (siehe S.140). Diese Situation am Ausbildungsmarkt hat sich ab 2011 verbessert. Gründe sind die gute Wirtschaftslage und ein Rückgang der Zahl der Absolventen allgemeinbildender Schulen.

Absolventen allgemeinbildender Schulen und Anfänger/-innen in Berufsbildungsgängen (Angaben in 1000)	**Jahr 2005**	**Jahr 2011**
Absolventen allgemeinbildender Schulen	939	866
neue betriebl. Ausbildungsverträge	534	538
neue außerbetriebl. Ausbildung	62	44
vollqualifizierende schul. Bildungsgänge im Erziehungs- und Sozialwesen	143	160
Berufsgrundbildungsjahr (BGJ)	78	53
Berufsfachschule (BFS)	127	96
Berufsvorbereitung (BVJ)	58	39
berufsvorbereitende Bildungsgänge der Bundesagentur für Arbeit	92	63
Studienanfänger	356	442

Bundesinstitut für Berufsbildung (BIBB) (Hrsg.): Datenreport zum Berufsbildungsbericht 2012, Bonn 2012, S.73, 224

Von allen ausbildungsberechtigten Betrieben bildeten aus (Angaben in %)	**Jahr 2000**	**Jahr 2010**
1 bis 9	38	41
10 bis 49	70	71
50 bis 499	84	85
500 und mehr	93	97

Bundesinstitut für Berufsbildung (BIBB) (Hrsg): Datenreport 2012, S.198

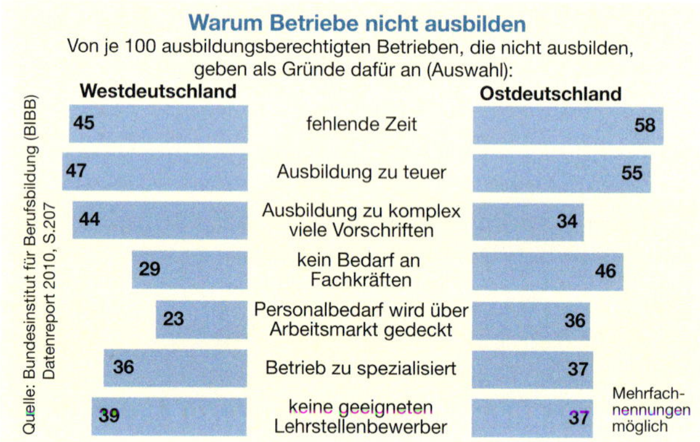

A Aufgaben

1 Aus welchen Gründen bilden Betriebe aus?

2 Wovon hängt die Zahl der Ausbildungsplätze im Betrieb/der Region ab? Wie ist die Situation bei euch?

3 Warum fehlen besonders für ausländische Jugendliche Ausbildungsmöglichkeiten?

4 Setzt den Anteil vollqualifizierender schulischer Berufsbildungsgänge sowie Maßnahmen außerschulischer Träger in Beziehung zu dem Anteil mit betrieblichen Ausbildungsverträgen.

5 „Die Ausbildung ist für die Unternehmen zu teuer. Diese sollte der Staat bezahlen. Ausbildungsvergütungen sollten sinken." Führt dazu eine Pro-Kontra-Debatte.

5 Ausgebildet und was dann?

In manchen Berufen wird noch über den Bedarf ausgebildet, z.B. bei Köchen u. Friseuren. Dafür gibt es verschiedene Gründe:

- Nicht alle Ausgebildeten wollen im erlernten Beruf arbeiten. Sie wechseln wegen des Verdienstes/der Arbeitsbedingungen.
- Betriebe verringern bei Absatzrückgang die Anzahl der Arbeitsplätze bzw. übernehmen Auszubildende nicht oder nur befristet.
- Manche Betriebe beschäftigen einen geringen Anteil Fachkräfte und nutzen Auszubildende als günstige Arbeitskräfte.

Von 100 Auszubildenden wurden 2010 vom Ausbildungsbetrieb übernommen

Beschäftigte (in %)	Westdeutschland	Ostdeutschland
1–9	47	51
10–49	57	53
50–499	68	50
500 und mehr	78	57

Bundesinstitut für Berufsbildung (BIBB) (Hrsg.): Datenreport 2012, Bonn 2012, S.199

Anteil Auszubildender, die sich nach Ausbildungsabschluss arbeitslos meldeten

in %	2005	2008	2010
Westdeutschland	32	27	31
Ostdeutschland	47	47	47

Bundesinstitut für Berufsbildung (BIBB) (Hrsg.): Datenreport 2012, S.265

Ausgebildete, deren Ausbildung in vollzeitschulischen Berufsbildungsgängen bzw. außerbetrieblich erfolgte (s. Vorseite), finden schwieriger Arbeit, weil Betriebe diese Bildungsgänge oft als nicht praxisnah ansehen.

Verdienste in ausgewählten Berufen

Beim Verdienst nach der Ausbildung gibt es zwischen den Berufen erhebliche Unterschiede. Gründe dafür sind berufliche Anforderungen, die wirtschaftliche Lage der Branche und die Nachfrage am Arbeitsmarkt. Die Statistik unten bestätigt dies am Beispiel für das Tarifgebiet NRW. Die angegebenen Verdienste bei den Berufen setzen teilweise berufliche Erfahrungen voraus. Laut Tarifvertrag ist oft nach einer bestimmten Zeit eine Erhöhung vorgesehen. Zusätzlich zahlt ein Teil der Betriebe Leistungszulagen (Prämien).

Beruf	Jahr Tarifvertrag	Bruttomonatsverdienst[1] in Euro
Alleinkoch/-köchin	2011	2066
Arzthelfer/-in	2012	1615–2332
Bäckereiverkäufer/-in	2011	1404–1684
Betonbauer/-in	2011	2648–2716
Elektroniker/-in (Industrie)	2011	2617
Florist/-in	2011	1523–1603
Friseur/-in	2011	1762
Industriekaufmann/-frau	2011	1844–2261
Kfz-Mechaniker/-in	2012	1967
Pharmazeutisch-kaufmännisch/-er Angestellte/-r	2011	1595–1973
Meister/-in (Kfz-Gewerbe)	2012	3618
Tischler/-in	2010	2365
Verkäufer/-in (Einzelhandel)	2011	1551–2204

[1] bei Arbeitern auf Monatslohn umgerechnet

Ministerium für Arbeit, Integration und Soziales NRW (Hrsg.): Tarifinformationen. Düsseldorf Juni 2012 www.tarifregister.nrw.de/ ▶ Tarifinformationen ▶ Grundvergütungen Berufe (01.06.2012)

A Aufgaben

1 Nehmt Stellung:
A: Unternehmen müssen mehr ausbilden!
B: Ausbildung über den Bedarf bringt nichts.
C: Die Übernahmequote ist ein Skandal.

2 Vergleicht die Verdienste und Ausbildungsvergütungen (s. M2, S.92). Sind Unterschiede gerechtfertigt? Begründet.

3 Was kannst du tun, um ein gutes Einkommen zu erreichen? Berücksichtige M3, S.92.

6 Weiterführendes Material

M1 Berufswechsel in Deutschland

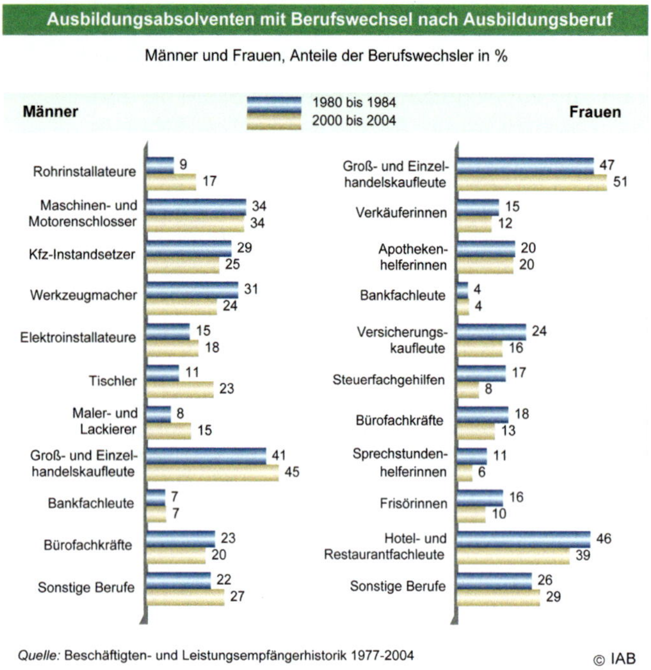

„Nichtübernahme und Arbeitslosigkeit führen häufig zum Berufswechsel“

Die Chancen, im erlernten Beruf eine Tätigkeit zu finden, hängen dabei besonders stark von zwei Faktoren ab – der Übernahme durch den Ausbildungsbetrieb und der Erfahrung von Arbeitslosigkeit im Anschluss an die Ausbildung. Häufig verursacht die Nichtübernahme durch den Ausbildungsbetrieb eine anschließende Arbeitslosigkeit. …
Berufe sind auf dem deutschen Arbeitsmarkt nach wie vor stark gegeneinander abgeschottet – Das spüren vor allem Absolventen, die nach der Ausbildung den erlernten Beruf wechseln. …
Je weiter der Einstiegs- vom Lehrberuf inhaltlich entfernt ist, desto höher war das individuelle Risiko, unterwertig beschäftigt zu sein – also nicht als Facharbeiter, sondern un- und angelernt. …“

Nach: **Bundesagentur für Arbeit** (Hrsg.)
IAB Kurzbericht, Ausgabe Nr. 1/19.1.2007

M2 Ausbildungsvergütungen

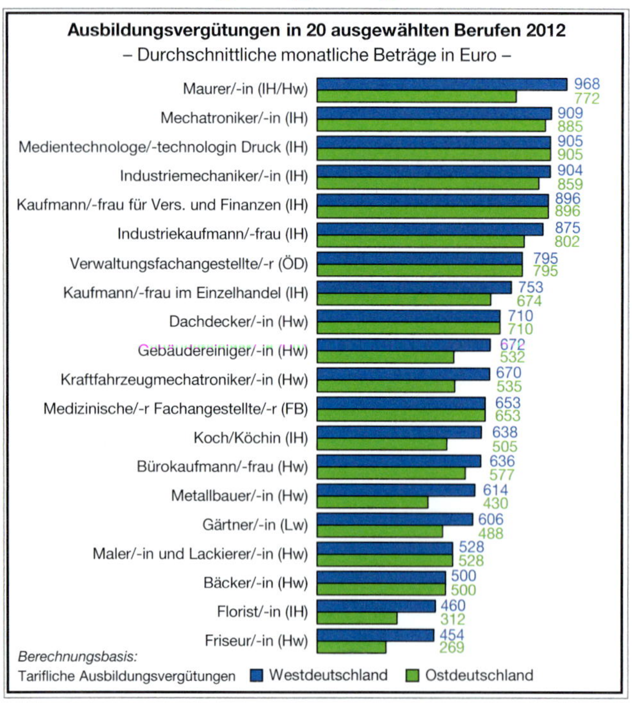

BIBB (Hrsg.): Pressemitteilung vom 04.01.2012

M3 Schulabschluss und Nettoeinkommen

Ein monatliches Nettoeinkommen* in Höhe von … hatten 2010 … Prozent der Erwerbstätigen mit …

Schulabschluss \ Euro	unter 900	900 bis 1300	1300 bis 2000	2000 bis 3200	3200 und mehr
Haupt- und Volksschulabschluss	28	20	33	16	3
Realschul- oder gleichwertiger Abschluss	26	21	31	17	5
Fachhochschul- bzw. Hochschulabschluss	17	13	25	27	18

*Alle Einkommensarten, z.B. auch Zinsen, Kindergeld; neueste verfügbare Zahlen

Statistisches Bundesamt:
Befragung unter Erwerbstätigen, Mikrozensus 2010, Fachserie 1, Reihe 4.1.2 Wiesbaden, 2010, S. 22

Alles klar?

Projekt Berufsorientierung

1 Welche Bedeutung hat die Planung des Prozesses der Berufswahl für dich?

2 Warum ist es sinnvoll, Zwischenschritte im Berufswahlprozess zu dokumentieren?

3 Vergleiche das Lernen im Fach mit dem Lernen an einer Praxisaufgabe.

4 Welchen Anforderungen sollte ein Praktikumsbetrieb für gute Lernmöglichkeiten genügen?

5 Erkläre an einem Beispiel aus deinem Praktikum: Warum ist die Beachtung von Vorschriften zum Unfallschutz bedeutsam?

6 Sortiere folgende Symbole zum Unfallschutz und erkläre ihre Bedeutung: Verbotszeichen; Gebotszeichen; Warnzeichen.

7 Worin unterscheidet sich die Arbeit in der Schule von der im Praktikum?

Projekt Berufswahl

8 Zähle auf, wo du überall Ausbildungsplatzangebote finden kannst.

9 Welche Bedeutung hat die Vorbereitung einer Bewerbung? Wie sollte sie erfolgen?

10 Erkläre, aus welchen Bestandteilen eine Bewerbung besteht.

11 Nenne fünf Punkte, die du bei einer Bewerbung beachten solltest.

12 Nenne sechs Fragen, die dir ein Arbeitgeber im Vorstellungsgespräch stellen könnte.

13 Welche Fragen könntest du im Vorstellungsgespräch stellen?

14 Warum setzen Unternehmen zur Auswahl von Ausbildungsbewerbern Tests ein?

15 Was wird in Berufseignungstests gefragt?

Berufliche Ausbildung und Weiterbildung

16 Erkläre, was ein berufsqualifizierender Bildungsgang ist.

17 Nenne Merkmale des betrieblichen und schulischen Teils der Berufsausbildung.

18 Warum ist die Fähigkeit zum selbstständigen Planen, Durchführen und Kontrollieren bei beruflicher Facharbeit wichtig?

19 Nenne wichtige Rechte und Pflichten
- des Auszubildenden,
- des Ausbildenden

aus einem Berufsausbildungsvertrag.

20 Warum ist es wichtig, dass ein Berufsausbildungsvertrag geschlossen wird?

21 Wer kann bei Konflikten während der Ausbildung helfen?

22 Welche Rolle hat die Jugendvertretung, wenn im Betrieb gegen den Berufsausbildungsvertrag verstoßen wurde?

23 Nimm Stellung zu folgendem Fall. Was rätst du der Auszubildenden?

Thema: Putzfimmel?
Ich bin im 1. Lehrjahr zur medizinischen Fachangestellten und fast nur noch am Putzen .... „Putz doch dies." „Das muss man putzen." usw. Ich hab heute fünf Stunden geputzt. ... Ich bin mehr am Putzen als am Behandeln. Zudem rühren die andern kaum noch einen Finger, seitdem ich hier bin. Ist es normal, dass ein Azubi nur noch sauber macht und nicht mehr assistiert? Wie kann ich das mit den Kollegen in den Griff bekommen?

DGB (Hrsg.):
„Schwarzbuch Ausbildung". Düsseldorf 2005, S. 25

24 Warum ist berufliche Weiterbildung wichtig?

25 Bei AUTO BLITZ werden die Mitarbeiter für die Wartung eines neuen Modells weitergebildet. Begründe, welche Formen aus dem Schaubild infrage kommen.

Kosten und Nutzung von Formen[1] der betrieblichen Weiterbildung, Jahr 2010	Kosten pro Mitarbeiter in Euro	Anteil Unternehmen mit Weiterbildung in %
Insgesamt	1035	83
Davon (Spalte Kosten):		
Externe Veranstaltungen	350	63
Eigene Lehrveranstalt.	321	65
Lernen bei der Arbeitssit.	112	68
Informationsveranstalt.	103	69
Weiterbildungspersonal	97	
Selbstständiges Lernen mit Medien, z.B. Video	43	63
sonstige Weiterbildung	9	

[1] teilweise Mehrfachnennungen

Susanne Seyda; Dirk Werner: IW-Weiterbildungserhebung 2011 – Gestiegenes Weiterbildungsvolumen bei konstanten Kosten. IW-Trends, H.1, 2012, S. 40, 50

www.iwkoeln.de/de/studien/iw-trends/beitrag/82400

Ausbildung für die Zukunft – was ist gefragt?

26 Finde zu den angesprochenen Branchen auf S. 79 jeweils einen entsprechenden Beruf. Erstelle Steckbriefe zu diesen Berufen.

27 Erkläre, was unter einem Assessment-Center zu verstehen ist.

28 Erläutere die Kompetenzen auf S.80 an Beispielen aus dem Berufsleben.

29 Warum sind gesetzliche Regelungen zu Rechten u. Pflichten Auszubildender wichtig?

30 Beschreibe und analysiere die Grafik.
- **a)** Welche der Berufe passen zu den auf S.79 vorgestellten Branchen?
- **b)** Nenne Berufe aus Wachstumsbranchen, die nicht aufgeführt sind.

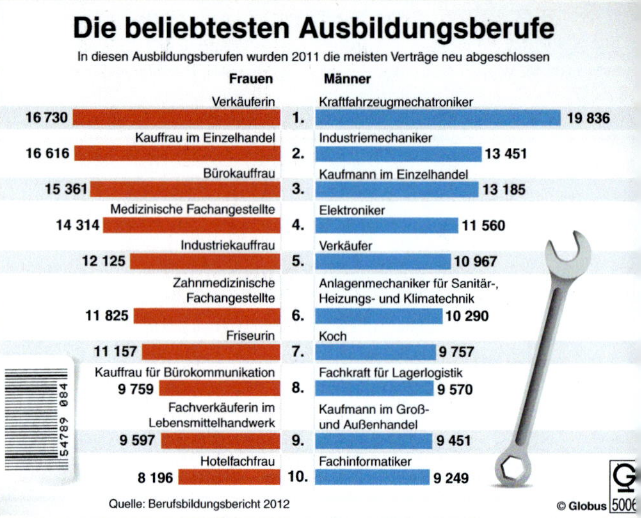

Arbeit, Beschäftigung und Berufsbildung im Wandel

31 Nenne jeweils zwei Gründe für die Bedeutung einer guten Ausbildung aus Sicht der
a) Betriebe, b) Beschäftigten.

32 Welche Bedeutung hat integrierte Facharbeit für die Berufsbildung?

33 Erkläre am Beispiel deines Wunschberufs den Begriff Sozialkompetenz.

34 Was muss ein Berufstätiger können, wenn er handlungskompetent sein soll?

35 Nenne und begründe je zwei Vorteile der flexiblen Arbeitszeit für den
a) Betrieb, b) Arbeitnehmer.

36 Erläutere für Berufstätige ein Problem durch geforderte flexible Arbeitszeit.

37 Welche Gruppen haben Probleme bei der Suche eines Ausbildungsplatzes? Begründe.

38 Führe zwei Gründe dafür an, dass nur ein Teil der Betriebe ausbildet.

39 Begründe, warum Auszubildende nach dem Abschluss nicht übernommen werden.

40 Warum sind Verdienste unterschiedlich?

Markt und Wettbewerb

1 Warum Wettbewerb?

Wettbewerb wurde nicht von Wirtschaftspolitikern erfunden, sondern von Menschen, die es lieben, besonders gute Leistungen zu erbringen. Er ist daher in unserem Leben überall zu finden, wenn es darum geht, eine Auslese zwischen Personen für eine bestimmte Tätigkeit zu treffen, und auch, um Menschen zu motivieren, sich Mühe zu geben.

Wettbewerbe gibt es in vielen Lebensbereichen, z.B. in der Schule, im Breitensport, in der Fußball-Bundesliga oder in der Musik (z.B. Eurovision Song Contest).

Beim Wettbewerb streben zwar Menschen nach dem gleichen Ziel (z.B. Goldmedaille, „Treppchen"), aber nicht rücksichtslos, sondern nach gemeinschaftlich vereinbarten Regeln.

So wie es Regeln beim Judo oder Fußball gibt, so gibt es auch Regeln in der Marktwirtschaft.

Durch den Wettbewerb in der Wirtschaft sollen Unternehmen ihren Kunden preiswerte Waren und Dienstleistungen in guter Qualität anbieten. Das ist die Idee einer funktionierenden Marktwirtschaft.

Da es einigen Menschen schwer fällt, die Spielregeln einzuhalten und sich den Mitbewerbern (Konkurrenten) gegenüber fair zu verhalten, ist eine Kontrolle wichtig, z.B. durch Schiedsrichter oder eine Jury.

▸ **Leitauftrag** Wodurch unterscheiden sich die Wettbewerbsarten auf den drei Bildteilen? Beschreibe in Stichworten.

Anzeige A (Anzeige vom 21.11.2008, Berlin)
Anzeige B (Anzeige vom 21.11.2008, Berlin)

Start 1 © KOCHEN macht Schule gGmbH, www.kochen-macht-schule.org 2 3

B Auf einen Blick

Ihr begründet die Notwendigkeit eines funktionierenden Wettbewerbs auf dem Markt.

Ihr beschreibt Verhaltensweisen von Anbietern, die einen funktionierenden Wettbewerb beeinträchtigen.

Ihr erklärt an Beispielen, wer bei Verstößen gegen Wettbewerbsregeln wie geschädigt wird.

Ihr kennt die Grenzen der Leistungsfähigkeit des Marktes und begründet die Notwendigkeit eines Angebots öffentlicher Güter.

Ihr erklärt Unterschiede bei der Preisbildung von privaten und öffentlichen Gütern.

Ihr führt eine Erkundung zum Wettbewerb im Lebensmitteleinzelhandel durch.

2 Wenn es keinen Wettbewerb gäbe …

Miteinander – Gegeneinander

Damit der Wettbewerb funktioniert, sind Regelungen notwendig, für deren Einhaltung die Regierungen sorgen müssen. Dies ist sehr kompliziert, denn Wettbewerb ist immer eine Mischung aus Rivalität und → Kollegialität (Gemeinschaftlichkeit). Beides muss gewährleistet sein, damit Wettbewerb funktioniert.

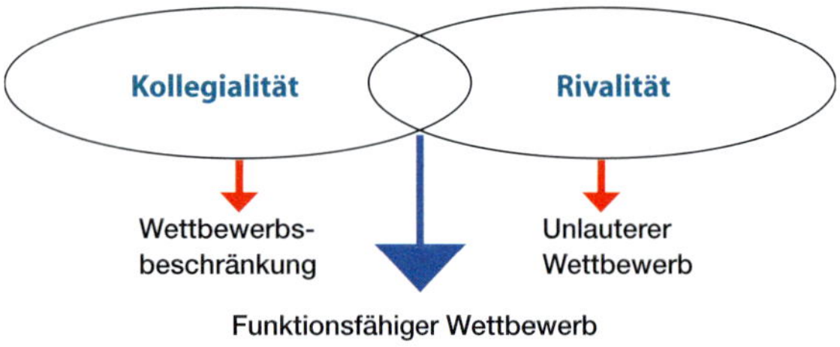

Überwiegt die Kollegialität, z. B. durch Absprachen und → Kartelle, dann werden keine besonderen Leistungen mehr erbracht, weil die Motivation fehlt. Der Wettbewerb ist beschränkt. Überwiegt die Rivalität, dann werden die Regeln nicht mehr eingehalten! Der Wettbewerb wird unfair und die Ergebnisse beruhen auf Macht oder Betrug.

Wofür funktionsfähiger Wettbewerb sorgt

- Nachfrager kaufen bei preiswerten Anbietern, die i. d. R. auch niedrige Kosten haben. Andere Unternehmen werden gezwungen, sich anzupassen. Die Kosten der Güterproduktion sinken durch → Rationalisierung.
- Nachfrager meiden Unternehmen, in denen sie nicht zufriedenstellend und höflich bedient werden. Der Wettbewerb stärkt die Nachfrager.
- Anbieter, die sich um Rationalisierung, Verbesserung der Leistung und Erfüllung der Kundenwünsche bemühen, werden belohnt.
- Unternehmen, die ihre Kosten und Preise senken, haben einen höheren Absatz.
- Die Stellung der Nachfrager am Markt wird gestärkt.
- Unternehmen, die sich keine Mühe geben, müssen aus dem Markt ausscheiden.

Folgen für die Verbraucher

Für eine funktionierende Marktwirtschaft ist es notwendig, dass ausreichend viele Anbieter um die Kunden konkurrieren. Ist nur ein Anbieter am Markt (ein Monopolist), dann besteht die Gefahr, dass der Anreiz zu guten Leistungen fehlt – zulasten der Verbraucher.
Ein Monopolist kann z. B. seine Waren zu überhöhten Preisen oder in unbefriedigender Qualität anbieten. Dies gilt auch für Dienstleister, z. B. in öffentlichen Einrichtungen.
Es kann auch sein, dass ein Unternehmer ohne Konkurrenz keine neuen oder verbesserten Produkte in sein Sortiment aufnimmt.
Da der Wettbewerb für die Anbieter mühevoll ist, suchen sie oft Möglichkeiten, ihn zu beschränken oder gar auszuschalten. Es gibt dazu zwar viele Möglichkeiten, aber die Regierungen bemühen sich ständig, dies durch Gesetze und Kontrollen zum Wohl der Verbraucher zu verhindern.

A Aufgaben

1 Was heißt funktionsfähiger Wettbewerb?

2 Findet verschiedene Beispiele für die Fortsetzung der Überschrift oben.

3 Berichtet über eigene Erfahrungen mit Waren oder Dienstleistungen, bei denen der Anbieter keine Konkurrenz hatte.

4 Diskutiert über den Nutzen von Wettbewerbsregeln im Sport und in der Wirtschaft.

5 Erwägt eine Teilnahme am Schülerkochpokal.

3 Schutz des Wettbewerbs

Zuständigkeit der Kartellbehörden

Wettbewerb sorgt in der Marktwirtschaft nicht nur für gute ökonomische Ergebnisse, sondern auch für Freiheit bei der wirtschaftlichen Betätigung. Es darf aber nicht jeder tun und lassen, was er will. Der Staat bemüht sich darum, Wettbewerbsbeschränkungen und unlauteres Verhalten zu verhindern.

In der Bundesrepublik hat jedes Bundesland eine Landeskartellbehörde, die sich um alle Fälle kümmert, die auf dem eigenen Gebiet anfallen (wenn z.B. die Friseure in einer Stadt den Preis für Haarschnitte absprechen). Verletzungen des Wettbewerbs durch Unternehmen mehrerer Länder verhindert oder bestraft das Bundeskartellamt in Berlin und bei internationalen Fällen wird der EU-Kommissar für Wettbewerb tätig, wenn z.B. deutsche und französische Automobilfirmen sich vereinigen wollen.

Schwerpunkte der Wettbewerbssicherung

Die wichtigsten rechtlichen Grundlagen für die Ämter sind das Gesetz gegen Wettbewerbsbeschränkungen (GWB) und Artikel 102 des Vertrages über die Arbeitsweise der Europäischen Union (AEUV).

→ Kartellverbote
→ Verbote von Absprachen
→ Missbrauchsaufsicht
→ Fusionskontrolle

Diese vier Aufgabenbereiche stehen im Mittelpunkt der Tätigkeit einer Kartellbehörde. Sie kann anordnen, dass Verstöße durch Unternehmen oder Personen unterbleiben, und hohe Bußgelder festsetzen (siehe S.103).

A Aufgaben

1 Welche beiden Ziele soll der Wettbewerb in der Markwirtschaft erfüllen?

2 Wer hätte Nachteile, wenn die Friseure in einer Stadt die Preise absprechen?

3 Welches sind die vier wichtigsten Aufgabenbereiche der Kartellbehörden?

4 Wie können Monopole entstehen und warum sind sie schädlich?

Wettbewerb und Struktur der Märkte

Die Tätigkeit der Kartellbehörden ist sehr davon abhängig, wie viele Konkurrenten auf einem Markt vorhanden sind. Dabei teilt man ein in:

→ Polypole
→ Weite Oligopole
→ Enge Oligopole
→ Monopole

In einem Polypol gibt es viele, in einem Oligopol wenige Anbieter und ein Monopol ist ein Markt mit nur einem Anbieter. Ein solcher Markt ist für die Nachfrager nicht günstig. Sie haben keine Auswahl. Dabei geht man davon aus, dass es meistens viele Nachfrager auf einem Markt gibt. Ist dies nicht der Fall und es gibt nur einen Nachfrager und viele Anbieter (z.B. beim Kauf von Polizeiuniformen für das Land NRW), dann nennt man die Marktform „Nachfragemonopol“. In diesem Fall haben es die Anbieter schwer.

Sehr lange war man der Ansicht, dass eigentlich ein Polypol als Gegensatz zum Monopol die besten Chancen für Verbraucher bietet. Doch dies ist nach Analysen nicht der Fall.

Sind auf einem Markt viele Anbieter, dann handelt es sich meist um kleine Unternehmungen, die höhere Betriebskosten – und damit auch höhere Preise – als große Unternehmen haben. Daher sind Märkte mit weniger Anbietern (Oligopole), die größere Mengen eines Produkts anbieten, günstiger. Sie sind auch besser in der Lage, ihre Konkurrenz zu beobachten, und bemühen sich ständig, der Erste zu sein. Ein Polypol wird dagegen oft als → „Schlafmützenkonkurrenz“ betrachtet, weil die vielen kleinen Konkurrenten untereinander nicht gefährlich sind.

Allerdings sollte ein Oligopol nicht so wenige Unternehmen umfassen, dass leicht Absprachen zur Beschränkung des Wettbewerbs erfolgen können (enges Oligopol). Daher sieht man i.d.R. das „weite Oligopol“ als die ideale Marktform an.

4 Kartelle und Absprachen

Kartellstrafen in Millionenhöhe

Klara K., Lindau: Immer wieder hört man von hohen Strafen gegen Unternehmen wegen Preisabsprachen. Gerade hat das Bundeskartellamt ein Bußgeld von 30 Millionen Euro gegen … Kaffeeröster verhängt, kurz danach 115 Millionen Euro gegen Brillenglashersteller. Wer bekommt eigentlich das viele Geld?

Finanztest: Bußgelder, die das Bundeskartellamt verhängt, fließen vollständig in den Bundeshaushalt. … „Der spürbare Vorteil für Verbraucher liegt in erster Linie in der Aufdeckung und damit Abschaffung des Kartells", sagt Kay Weidner, Pressesprecher des Bundeskartellamts. „Oft registrieren wir unmittelbar nach unseren Entscheidungen merkbare Preissenkungen in der betroffenen Branche."

finanztest 08/2010

http://www.test.de/Frage-und-Antwort-Kartellstrafen-in-Millionenhoehe-4114857-0 (14.09.2012)

Frühstückskartell in Fittig
Absprache im Baugewerbe

@ http://www.stadtfittig.de/ausschreibung.php

Auftraggeber	Stadt FITTIG 12345 Fittig Fax 0123 11-456 E-mail: f.turner@fittig.de
Vergabeverfahren	Öffentliche Ausschreibung
Ort der Ausführung	Am Sportpark 7 12345 Fittig

Art und Umfang der Leistung: Das Bauvorhaben ist durch einen Generalunternehmer schlüsselfertig zu errichten. Die Kosten sind genau zu kalkulieren. Die Erweiterung ist nach einer vorliegenden Baugenehmigung zu errichten.

Die Leistungen im Einzelnen …

Ausführungsfrist	Baubeginn: März 2013 Bauende: Oktober 2013
Ablauf der Einreichfrist	November 2012

Die Stadt hofft, dass sich viele Unternehmer an der Ausschreibung beteiligen. Der Unternehmer, der die Bedingungen erfüllt und am preiswertesten ist, erhält den Auftrag. Die Stadt hat für das Jahr 2013 im Haushaltsplan 700 000 Euro bereitgestellt.

Die drei Bauunternehmer Rudi, Erich und Kalle sitzen im „Café Eintracht". Alle haben die Ausschreibung gelesen und ihre Angebote kalkuliert. Erich hat 680 000 Euro, Rudi 690 000 Euro und Kalle 698 000 Euro errechnet.

ERICH: „Ich brauche unbedingt den Auftrag. Sonst droht mir die Pleite."

RUDI: „Die Gewinnspanne ist bei uns allen zu niedrig. Wir sollten uns nicht gegenseitig unterbieten. Das schadet uns allen."

KALLE: „Ich habe einen Vorschlag. Wir sind wahrscheinlich die einzigen Unternehmer, die ein Angebot machen. Wir sollten in Zukunft unsere Angebote vor der Abgabe immer absprechen. Jeder kommt abwechselnd dran. Wer dran ist, macht ein Angebot mit einem guten Gewinn. Die anderen kalkulieren so, dass sie höher liegen."

RUDI: „Das ist super. Ich weiß, dass die Stadt nächstes Jahr die Bürgerhalle umbauen will und auch eine neue Kita plant. Das passt genau für uns drei."

ERICH: „Alles klar! Einverstanden, dass ich zuerst drankomme? Ich mache ein Angebot über 720 000 Euro und ihr über 740 000 und 750 000."

A Aufgaben

1 Beurteilt das Verhalten der Bauunternehmer. Wen schädigen sie?

2 Was müssen sie befürchten?

3 Welche Wirkungen haben Bußgeldzahlungen?

5 Missbrauchsaufsicht und Zusammenschlusskontrolle

Missbrauchsaufsicht (§§ 19 ff. GWB)
Voraussetzung zum Eingreifen sind zwei Tatbestände:
- Die Existenz einer „marktbeherrschenden Stellung".
- Die „missbräuchliche Ausnutzung" dieser marktbeherrschenden Stellung.

Dies bedeutet, dass ein Unternehmer seine Preise verdoppeln könnte, ohne belangt zu werden. Wenn er **keine marktbeherrschende Stellung** hat, wird der Markt es allein regeln. Der Unternehmer verliert seine Kunden, weil die Konkurrenten preisgünstiger anbieten.
Was eine marktbeherrschende Stellung ist, wird im GWB beschrieben; z.B. wenn auf einen Unternehmer mehr als 1/3 des gesamten Umsatzes auf dem Markt entfällt. Eine solche wirtschaftliche Machtstellung zu erlangen oder innezuhaben, ist aber nicht verboten. Solange das Unternehmen die Marktstellung **nicht missbraucht**, wird die Kartellbehörde nicht eingreifen.

Es gibt aber zwei große Schwierigkeiten bei der Arbeit der Kartellämter:
- Wie kann der Markt abgegrenzt werden?
- Wie kann „Missbrauch" festgestellt werden?

Über diese Fragen entscheiden Gerichte.

A Aufgaben

1 Warum wird bei dem Missbrauch im Wirtschaftsleben nicht eingegriffen, wenn es um Unternehmen in polypolistischen Märkten geht?

2 Welche Faktoren muss man beachten, wenn man einen Markt abgrenzt?

3 Diskutiert, welche Vor- und Nachteile Fusionen für die Nachfrager haben.

4 Überlegt, warum das Bundeskartellamt der Übernahme von über 100 Filialen zu Rossmann zustimmt, obwohl Rossmann schon ca. 30 000 Mitarbeiter und ca. 2500 Filialen hat.

Fusionskontrolle =
Zusammenschlusskontrolle (§ 36 GWB)
Eine → Fusion kann zu einer Beschränkung des Wettbewerbs führen. Zwei oder mehr Unternehmen schließen sich immer zusammen, bis in einer Branche nur noch wenige Unternehmen übrig bleiben. Die Kartellbehörden machen hier eine vorbeugende Fusionskontrolle. Solange noch ausreichend Unternehmen vorhanden sind (weites Oligopol), ergibt sich oft ein besonders intensiver Wettbewerb. Dies wird befürwortet. Sobald aber die Gefahr besteht, dass der Wettbewerb durch die Fusionen Schaden nimmt, wird eingegriffen. Wenn durch die Fusion ein Marktanteil von 20 % oder mehr erreicht wird oder wenn eine Unternehmung sehr hohe Umsätze hat, muss sie eine Fusionsabsicht anzeigen. Das Kartellamt muss innerhalb von vier Monaten entscheiden, ob die Fusion akzeptabel ist. Bei Fusionen, durch die künftig Umsätze von mehr als 500 Mio. € jährlich erzielt werden, ist eine Anmeldung und ausführliche Prüfung verbindlich.

Bundeskartellamt entscheidet:
IhrPlatz-Filialen zu Rossmann
25.07.2012 NDR-Nachrichten

104 von 490 Filialen von „Ihr Platz" darf Drogerie-Rossmann übernehmen. Damit ist wieder ein wichtiger Teil der Schlecker Hinterlassenschaft mit mehr als 1000 Mitarbeitern weiter beschäftigt und Rossmann hat ca. 31 000.

http://www.ndr.de/regional/niedersachsen/hannover/rossmann161.html (15.09.2012)

6 Grenzen des Marktes: Öffentliche Güter

Sollen die Eintrittspreise für das Hallenbad erhöht werden? – Stadträte diskutieren

FRAU REIS: „Die Erhöhung der Eintrittspreise ist notwendig. Bei Kosten in Höhe von 100 Euro trägt die Stadt 60 Euro. Das ist zu viel."

HERR ROLEF: „Ein öffentliches Hallenbad muss nicht alle Kosten durch die Einnahmen decken. Eine Erhöhung der Eintrittspreise trifft vor allem die Bürger mit geringem Einkommen. Das ist ungerecht."

FRAU RUNDE: „Schwimmen ist gesund und muss für Erwerbslose und Familien bezahlbar bleiben. "

HERR RINKEL: „Die Preise für Energie sind mächtig gestiegen, aber die Steuereinnahmen sind gesunken. Wie sollen wir das finanzieren?"

FRAU REDER: „Wir reden hier über öffentliche Güter. Da ist die Preisbildung anders als bei privaten. Wir streben keinen Gewinn an."

Es kommt zu folgender Preiserhöhung

	die alten Preise €	die neuen Preise €
Einzelbesucher		
Erwachsene	2,00	2,50
Kinder	1,30	1,40
Familienkarte	5,50	5,50
Jugendgruppen/Vereine		
Erwachsene	2,00	2,50
Kinder und Jugendliche	1,10	1,10
Mehrfachkarten		
6er Karten		
Erwachsene	11,00	12,00
Kinder	6,00	6,00
25er Karten		
Erwachsene	42,00	45,00
Kinder	23,00	23,00

Kinder unter 6 Jahren haben freien Eintritt

Öffentliche Güter

Es gibt Güter, die nicht von privaten Anbietern am Markt angeboten werden.

Das sind die →öffentlichen Güter. Sie werden vom Staat (Städte, Gemeinden, Bundesländer, Bund) angebo- ten. Er legt die Bedingungen für die Nutzung fest, z. B. bei Schwimmbädern, Stadtbüchereien, Theatern, Museen oder Volkshochschulen. Zum Teil ist die Nutzung kostenlos, z. B. bei Parks, Spielplätzen oder Schulen. Bei der Nutzung anderer öffentlicher Güter müssen Gebühren bezahlt werden, z. B. für die Ausleihe von Büchern in Stadtbüchereien, beim Besuch von Museen oder Schwimmbädern. Kinder, Schulklassen, Rentner und Erwerbslose müssen oft weniger zahlen.

Wichtige Ziele der Preisfestsetzung sind Chancengerechtigkeit und Teilhabe aller Bürger an der Nutzung wichtiger Güter.

A

Aufgaben

1 Stellt die Gesichtspunkte zusammen, die bei der Entscheidung des Stadtrates wichtig sind.

2 Wie haben sich die neuen Eintrittspreise für das Schwimmbad verändert? Was würdet ihr ggf. anders entscheiden?

3 Was ist bei der Preisbildung bei privaten Gütern anders?

4 Betrachtet die Grafik: „Kostendeckung der Aufgaben in Gemeinden …". Nennt Gründe für die unterschiedliche Höhe der Zuschüsse.

7 Weiterführendes Material

M1 Wichtige Kartellarten

Preiskartell: Absprache der Kartellmitglieder über die Höhe der Verkaufs- bzw. Angebotspreise. Die Absprache ist verboten.
Konditionenkartell: Absprachen über Liefer- und Zahlungsbedingungen. Das Kartell ist genehmigungspflichtig.

Quotenkartell (Mengenkartell): Absprache, dass jedes Kartellmitglied nur eine bestimmte Menge anbietet. Das ist verboten.
Gebietskartell: Absprache der Kartellmitglieder über die Zuteilung fester Bereiche, in denen sie anbieten. Die Absprache ist verboten.

M2 Absprachen im Buchhandel erlaubt?

JONAS: „Das Buch ist hier aber teuer. Vielleicht ist es in der großen Buchhandlung billiger."
MUTTER: „Bücher und Zeitungen kosten überall das Gleiche. Diese Preisbindung ist gesetzlich festgelegt. Sie verhindert, dass große Buchhandlungen mit Filialen die Preise drücken und sich kleine Läden auf dem Land nicht halten können. Alle Bürger sollen sich gut informieren können. Das ist wichtig für eine funktionierende Demokratie."

M3 Anordnung durch Missbrauchsaufsicht

Das Bundeskartellamt hat die Berliner Wasserbetriebe („BWB") am 04.06.2012 verpflichtet, ihre Wasserpreise bereits ab 2012 um ca. 18 % abzusenken. Das Bundeskartellamt hat im Rahmen umfangreicher Ermittlungen die Berliner Wasserpreise mit den Wasserpreisen der 37 größten Städte Deutschlands (= alle deutschen Großstädte über 200 000 Einwohner) verglichen und festgestellt, dass die BWB überdurchschnittlich hohe Preise aufweisen. Das Bundeskartellamt hat sich vorbehalten, noch Rückerstattungen für die Jahre 2009 bis 2011 anzuordnen.

Nach: **Bundeskartellamt**, Fallbericht 25.07.2012

M4 Kartellamt geißelt „räuberisches Verhalten"

Der Präsident des Bundeskartellamtes kritisierte Wirtschaft und Staat scharf: „Unternehmen ... verstoßen in gravierender [schwerer] Weise gegen das Kartellverbot", sagte er. Die Behörde leitete in zwei Jahren 81 Verfahren gegen Kartellsünder ein. Einsamer Spitzenreiter bei den Kartellstrafen ist die Zementindustrie mit einem Bußgeld von 770 Mio. Euro. Kartellabsprachen sind eher mit ‚räuberischem' Verhalten gleichzusetzen", so der Präsident.

Nach **Frankfurter Rundschau**/Jan Hildebrand vom 20.07.2005

A Aufgaben

Zu **M1** Sucht Beispiele für die Kartellarten.

Zu **M2** Diskutiert, ob die Argumente der Mutter für die Preisbindung haltbar sind.

Zu **M3** Diskutiert, ob das Verfahren zugunsten der BWB oder der Kunden ausgehen wird. Nehmt dabei Seite 99 zu Hilfe.

Zu **M4** Begründet die Aussagen des Präsidenten des Bundeskartellamtes durch Beispiele aus diesem Kapitel.

M5 EDEKA-Fusionen

Jahr 2005: Fusion genehmigt

Der größte deutsche Lebensmittelhändler EDEKA darf die Handelskette SPAR und die Discountkette NETTO SÜD übernehmen. Das Bundeskartellamt hat die Fusion genehmigt, da dies zu keiner marktbeherrschenden Stellung führe. Der SPAR-Vorstandschef stellte fest, dass die Übernahme der langfristigen Sicherung der selbstständigen Händler und ihrer 15 000 Stellen diene.

Nach **Frankfurter Rundschau** vom 30.08.2005/ RTR/Edeka darf Spar kaufen.

Jahr 2010: Fusion gebremst

Die EDEKA-Zentrale will von Firma RATIO, Münster, zehn SB-Warenhäuser, einen Fachmarkt und acht Cash & Carry-Großhandelsmärkte übernehmen. Dies wird von EDEKA im Jahr 2010 dem Bundeskartellamt gemeldet. Dieses stellt fest, dass der Zusammenschluss mit RATIO zu einer marktbeherrschenden Stellung von 90 % in den Räumen Münster, Osnabrück und Limburg führen würde. EDEKA nimmt die Anmeldung zurück.

Nach **Fallberichte des Bundeskartellamtes** vom 20. April 2010 und Febr./März 2011

Jahr 2012: Fusion genehmigt

EDEKA darf RATIO-Märkte übernehmen. Die EDEKA-Gruppe übernimmt sechs SB-Warenhäuser, fünf C+C-Großmärkte und einen Baumarkt. Im zweiten Anlauf bewilligte das Bundeskartellamt jetzt das Vorhaben, da keine marktbeherrschenden Stellungen entstehen.

http://www.derhandel.de/news/unternehmen/pages/Lebensmittelhandel-Edeka-darf-Ratio-Maerkte-uebernehmen-7183.html (16.09.2012)

M6 Zusammenschlüsse von Unternehmen

Bonn, 8. August 2012: Das Oberlandesgericht Düsseldorf hat heute die Entscheidung des Bundeskartellamts bestätigt, mit der die Gründung eines Gemeinschaftsunternehmens durch RTL und ProSiebenSat.1 für den Aufbau und den Betrieb einer Online-Video-Plattform untersagt wurde.

Andreas Mundt, Präsident des Bundeskartellamts: „Die Entscheidung des Oberlandesgerichts ist ein wichtiges Signal für den Wettbewerbsschutz im Bereich der neuen Medien. Die Dynamik dieser Märkte schließt nicht aus, dass marktmächtige Unternehmen versuchen, ihre Marktstellung in angestammten Märkten abzusichern bzw. auf neu entstehende Märkte zu übertragen." [...]

Pressemeldung des Bundeskartellamtes vom 08.08.2012
http://www.bundeskartellamt.de/wDeutsch/aktuelles/presse/2012_08_08.php (15.09.2012)

M7 Preisabsprachen

Das Bundeskartellamt hat mit Bußgeldbescheiden vom Februar 2012 wegen verbotener Preisabsprachen Bußgelder gegen acht Unternehmen der Betonrohrbranche und verantwortliche Personen in einer Gesamthöhe von etwas über einer Million Euro verhängt. [...] Bereits im August 2011 hatte das Amt in demselben Verfahren Bußgelder in einer Gesamthöhe von über 11 Mio. Euro gegen zwei Unternehmen der Branche [...] wegen verbotener Preis- und Quotenabsprachen [...] verhängt.

Auszug aus:
Fallbericht Bundeskartellamt 04.05.2012

M8 Bußgeld statt Wettbewerb

Die Arbeit der Kartellbehörden schlägt sich in vielen Verbesserungen der Lage der Verbraucher und der Funktionsfähigkeit des Wettbewerbs nieder. Ein für den Staat nützlicher Nebeneffekt ist, dass die „schwarzen Schafe" häufig durch Bußgelder gestraft werden. Dabei geht es nicht nur um Tausende, sondern um Millionen von Euro. In den letzten zwei Jahren hat das Bundeskartellamt allein zur Aufdeckung von Kartellabsprachen 27 Durchsuchungen in 172 Unternehmen und in sechs Privatwohnungen durchgeführt. Die verhängten Bußgelder erreichten, wie das Bundeskartellamt berichtete, in diesen beiden Jahren eine Höhe von mehr als 300 Mio. Euro.

M9 Lieferanten im Würgegriff

Um ihren Kunden immer billigere Waren bieten zu können, pressen große Supermarktketten das Letzte aus den Herstellern heraus. Gefeilscht wird um Konditionen – um Preisnachlässe und direkte Zahlungen. Das „Listengeld" – eine Einmalzahlung bei Vertragsabschluss – entscheidet darüber, welche Produkte in die Regale kommen. Das Risiko, das mit der Einführung neuer Produkte verbunden ist, trägt der Hersteller. Bleibt das Produkt im Regal liegen, muss es der Hersteller wieder abholen. Die Verbraucherzentrale beklagt diese Praktiken. Die Listengelder sind eine hohe Barriere für den Markteintritt kleinerer Anbieter – zum Schaden der Verbraucher.

Nach **Die Zeit/Andrea Exler** vom 04.05.2005

M10 Die Großen im Lebensmittelhandel

A Arbeiten mit den Materialien

Zu **M5**
Begründet die drei Entscheidungen über Fusionen. Warum genehmigte und bremste jeweils das Bundeskartellamt die Fusionen von EDEKA (siehe auch S. 99, Fusionskontrolle)?

Zu **M6**
Befürwortest du die Entscheidung von Kartellamt und Gericht? Betrifft sie u.U. dich persönlich?

Zu **M7**, **M8**
Schätzt ein, ob Bußgelder die richtige Strafe sind? Welche anderen Buß-Methoden könntet ihr euch vorstellen?

Zu **M9**, **M10**
„Lieferanten im Würgegriff": Was bedeutet das für Hersteller und Verbraucher?

Technischer und wirtschaftlicher Wandel

1 Opa, wie war das früher?

Dennis hat für den Unterricht ein Interview zum technischen und wirtschaftlichen Wandel durchzuführen. Er befragt seinen Großvater.

DENNIS: „Opa, wie habt ihr gelebt, als du Kind warst?"

OPA: „Ja, das war um 1955 – ich war sechs Jahre. Mein Vater arbeitete als Maurer – schwere körperliche Arbeit, wenig Maschineneinsatz. Steine wurden getragen, einen Kran gab es meist nicht. Arbeit war billig, anders als heute.
Wir lebten mit fünf Personen in einer Drei-Zimmer-Wohnung mit Kohleofen, lange ohne Bad. Vieles haben wir im Haushalt selbst hergestellt. Vorräte an Obst und Gemüse wurden für den Winter eingekocht. Wir bekamen dann um 1960 einen Kühlschrank, Jahre später eine Waschmaschine, die auch schleudern konnte, 1965 das erste Auto, einen ‚Käfer'."

DENNIS „Und als du selbst im Beruf gearbeitet hast?"

OPA: „Ich habe 1964 Elektriker gelernt. Unser kleiner Betrieb hat Elektroinstallationen gemacht. Im Geschäft wurden Haushaltsgeräte verkauft und repariert – alles Mechanik. Heute ist vieles elektronisch, repariert wird kaum noch – Arbeit ist zu teuer. Auch mein Beruf hat sich geändert. Ich musste mich dauernd weiterbilden."

DENNIS: „Ist das denn gut, dass sich alles so schnell ändert?"

OPA: „Den technischen Fortschritt genießen heute die meisten Menschen. Wer etwas gelernt, sich fortgebildet und Arbeit hat, der kann sich relativ viel leisten, z.B. Urlaub. Aber die anderen …? Wenn im Ausland billiger produziert werden kann, verlagern immer mehr Betriebe die Produktion dorthin. Dadurch verlieren hier die Menschen ihre Arbeit. Besonders die angelernten Mitarbeiter haben es schwer, eine neue Arbeit zu finden."

▸ **Leitauftrag** Führt eigene Interviews zum technischen Wandel durch. Ihr könnt daraus gemeinsam eine kleine „Technikgeschichte" anfertigen.

◂ Um die Verlagerung der Produktion nach Ungarn zu verhindern, stimmten die Mitarbeiter im Handy-Werk Kamp-Lintfort 2004 längeren Arbeitszeiten und Lohnkürzungen zu. 2005 verkaufte Siemens das Werk an das taiwanesische Unternehmen BenQ. 2006 ging das Werk in Insolvenz, weil der Absatz sank. Januar 2007 wurde die Produktion eingestellt.

B Auf einen Blick

Ihr beschreibt, wie die technische Entwicklung das Wirtschaften beeinflusst.

Ihr begründet, wie sich Anforderungen an die Berufsarbeit durch den Wandel ändern.

Ihr erklärt, wer von Veränderungen besonders betroffen ist.

Ihr begründet, wie sich der Anteil der Beschäftigten sowie das Angebot der Waren und Dienstleistungen in den Wirtschaftsbereichen verändert hat.

2 Ein Blick in die Geschichte von Technik und Wirtschaft

Technische → Erfindungen haben immer Einfluss auf das Wirtschaften gehabt. Sie bestimmen Art, Menge und Preis verfügbarer Güter.

Ab 1850 Die → Industrialisierung begann. Die Produktion der Sachgüter erfolgte in Fabriken unter Einsatz der Dampfmaschine. Diese wurde durch Kohle angetrieben und ersetzte die Muskelkraft von Mensch und Tier. Es war der Schritt zur → Mechanisierung. Auch als Beförderungsmittel konnte die Dampfmaschine genutzt werden. Die Eisenbahn und ein Schienennetz entstanden.

Ab 1880 Neue Antriebsquellen für Maschinen wurden entdeckt und entwickelt: Elektrizität und Mineralöl. Ihre Nutzung veränderte die Lebensbedingungen erheblich. Waren wurden arbeitsteilig am Fließband gefertigt. Jeder verrichtete nur noch wenige Handgriffe. Dadurch stieg die → Arbeitsproduktivität und sanken die Preise. Haushalte konnten elektrischen Strom nutzen. Das Automobil verbreitete sich.

Ab 1945 Kunststoff, ein chemischer Werkstoff, ersetzte zunehmend Holz und Metalle. Haushaltsgüter konnten damit preiswert hergestellt werden. Mit der Erfindung des Transistors wurde die technische Möglichkeit für die Herstellung elektronischer Geräte zur Unterhaltung (z.B. Radio, Fernsehen) und Kommunikation (Telefonverbindungen) geschaffen. Es entstand eine Unterhaltungsindustrie, die diese Produkte zu bezahlbaren Preisen herstellte. Der Transistor ermöglichte auch die Entwicklung leistungsfähiger Computer.

Ab 1970 Mit der computergestützten Maschinensteuerung wird die → Automatisierung der Produktion möglich. Sie ersetzt Muskel- und Denkarbeit.
Haushaltsgeräte, Fahrzeuge und Telefone werden durch Elektronik leistungsfähiger.
Immer weniger menschliche Arbeit ist zur Herstellung notwendig. Auch kleine Stückzahlen lassen sich computergesteuert fertigen.

Blick in die Zukunft

Ohne Einsatz von Energie ist keine technische Anwendung möglich. Mit der Verbreitung stieg der Energiebedarf stark an. Die noch am meisten genutzten Energieträger (Kohle, Erdöl, Erdgas) werden knapp und teuer. Die Entwicklung sparsamer Energienutzung und Techniken zur Nutzung erneuerbarer Energie, wie Sonne und Wind, sind eine Antwort auf die weltweit steigende Nachfrage und die hohen Preise.

Photovoltaik-Anlage

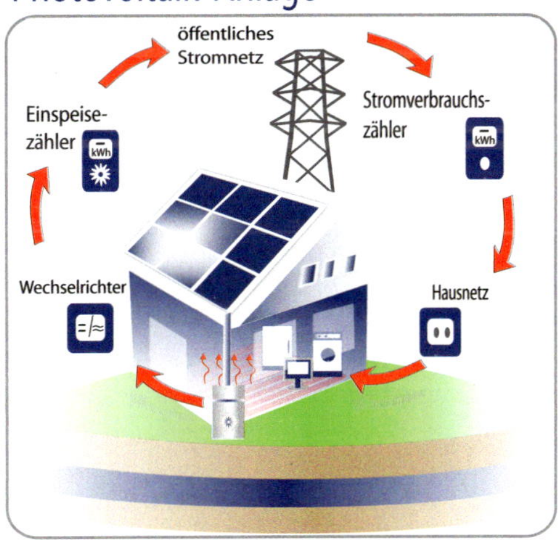

Aufgaben

1 Worin bestand die technische Entwicklung in den Zeiträumen? Welchen Einfluss hatte sie auf das Wirtschaften der Menschen?

2 Begründet, wodurch Mengenproduktion möglich wurde.

3 Nennt Folgen der steigenden Arbeitsproduktivität.

4 Die technische Entwicklung ermöglichte auch Versorgungseinrichtungen für Transport, Energie und Information. Nennt Beispiele zu den einzelnen Zeiträumen.

5 Vollzieht die Arbeitsweise einer Photovoltaik-Anlage nach.

6 Erklärt den Zusammenhang zwischen steigenden Energiepreisen und dem Vordringen erneuerbarer Energien (siehe **M5**, **M6**, S. 111).

3 Beispiele zum Wandel von Technik, Wirtschaft und Arbeit

3D-Technik auf dem Vormarsch

3D-Bildschirme unterstützen Arbeit der Ärzte

Das Bild vom Herz schwebt auf dem Monitor mitten im Raum. Eine Mikrokamera filmt durch ein Loch im Brustkorb im Körper des Patienten. Bei der Operation blickt der Arzt auf einen 3D-Bildschirm, während er mit den Operationsinstrumenten hantiert. „Man kann genau erkennen, welche Struktur vor der anderen liegt und wie tief die einzelnen Teile sind“, sagt der Chirurg. …
Ein Massenmarkt kann erst entstehen, wenn sich die Technik weiterentwickelt hat und 3D-Bildschirme preisgünstiger werden. Für Fernsehen und Videospiele ist das ein Zukunftsthema. …

Nach **dpa-Meldung** v. 30.01.2004/Arno Schütze

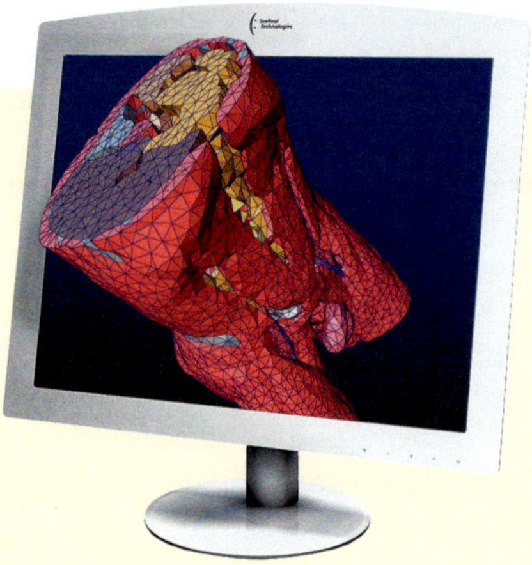

▲ Eine Firma aus Dresden hat Bildschirme entwickelt, bei denen es durch eine spezielle Optik vor dem Bildschirm den Augen ermöglicht wird, das Bild dreidimensional wahrzunehmen. Die übliche 3D-Brille wird dadurch z.B. für medizinische Anwendungen überflüssig.

Die Abbildung der Wirklichkeit wird dreidimensional

Schnelle, berührungslos und exakt arbeitende 3D-Scanner können in 10–20 Sekunden Menschen und Objekte in drei Dimensionen vermessen, nach Wunsch auch mit Farboberfläche. … Die gewonnenen Daten werden genutzt von

- Automobilherstellern, um den Innenraum der Autos für den Menschen optimal zu gestalten.
- Bekleidungsherstellern, um Kunden zu vermessen. So kann die Bekleidung nach Körpermaß passend angefertigt werden.
- Bildhauern, um anhand der Daten Skulpturen zu erstellen.

VITRONIC Bildverarbeitungssysteme:
„3D-Bodyscanner“ www.vitronic.de (01.06.2012)

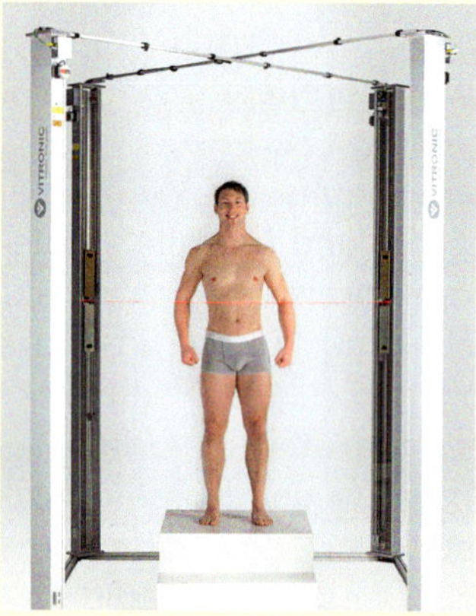

▲ Dieser Bodyscanner kann direkt in einer Umkleidekabine eines Bekleidungsgeschäftes den Kunden vermessen. Lichtstrahlen tasten den Körper ab und verwandeln die Informationen in elektrische Impulse. Ein Computer verarbeitet die Daten weiter. Ein dreidimensionales Abbild der Wirklichkeit entsteht.

A **Aufgaben**

1 Erklärt, was mit der „3D-Technik“ gemeint ist. Sprecht über Anwendungsmöglichkeiten.

2 Vergleicht das Maßnehmen mit Maßband und per Scanner. Wann lohnt es, diese Technik einzusetzen? Lest dazu auch **M3**, S.110.

3 Warum kann im Ausland z.B. Bekleidung billiger produziert werden? (Nutzt auch **M2**, S.110.) Bezieht ein, wie sich geringe Arbeitskosten auf die Einkommen auswirken.

4 Informations- und Kommunikationstechniken leisten Dienste

Familie Herz – ein Dienstleistungshaushalt

Herr und Frau Herz bilden mit Nico (11 Jahre) und Merle (14 Jahre) eine Familie. Die Eltern sind beide erwerbstätig. Die Kinder besuchen eine Ganztagsschule. Familie Herz nimmt viele Dienstleistungen in Anspruch: (Schul-)Kantine, Friseur, Arzt, Kellner, Nachhilfelehrer, Reinigung, Reisebüro, Versicherungsvertreter, Reinigungshilfe. Frau Herz kann ihre pflegebedürftige Mutter nicht selbst pflegen. Das übernimmt eine Sozialstation.

Servicefahrer: ein neuer Beruf

→ Dienstleistungen werden vermehrt angeboten und auch nachgefragt. Dadurch entstehen neue Berufe, wie z.B. der Servicefahrer.

Servicefahrer sind z.B. in den Bereichen Berufsbekleidungsservice, Hygienedienstleistung, Lebensmittelversorgung, Technikservice sowie Kurier-, Express- und Postdienstleistung tätig.

Mehr dazu unter www.bibb.de ▸ Berufe ▸ Suche nach Berufen

Unternehmensbezogene Dienstleistungen bei der Warenproduktion

Auch dabei werden vermehrt Dienstleistungen erbracht. Im produzierenden Gewerbe beträgt der Anteil inzwischen mehr als 40 % aller Tätigkeiten, wie die Beschaffung von Gütern, Verwaltung im Betrieb und Transport von Gütern. Teilweise werden Dienstleistungen durch andere Unternehmen erledigt, z.B. Büroreinigung, Buchhaltung.

Einsatz der Informations- und Kommunikationstechnologien (IKT)

Der Dienstleistungsbereich nutzt verstärkt die → IKT. Das verändert manche Tätigkeit. Vielfach weichen Unternehmen dadurch hohen Arbeitskosten aus.

Anbieter

- stellen auf Selbstbedienung um, z.B. bei Backwaren oder im Fahrkartenverkauf
- lassen die Leistung von ausländischen Unternehmen mit geringeren Lohnkosten erbringen, z.B. Speditionen

Verbraucher

- kaufen im Internet, z.B. Reisen
- nutzen mit dem Smartphone den schnellen Preisvergleich im Internet
- erledigen Arbeiten selbst, z.B. digitale Fotobearbeitung am PC
- kaufen im Ausland, z.B. Zahnprothese, Kur

A Aufgaben

1 Welche Dienstleistungen fragt Familie Herz nach? Warum macht sie das?

2 Nennt Dienstleistungen, die bei der Warenproduktion zu erledigen sind.

3 „Die Zukunft für Erwerbstätigkeit in Deutschland liegt im Dienstleistungsbereich." Begründet diese Behauptung mithilfe von **M1**, **M2**, S.110.

4 Nennt Beispiele für Anwendungen der IKT bei Dienstleistungen.

5 Aus welchen Gründen sparen Anbieter und Nachfrager Dienstleistungen ein, erledigen sie selbst oder lassen sie im Ausland erbringen (mehr dazu in **M2**, S.110)?

6 Die IKT machen es Verbrauchern möglich, auf den Kauf von Dienstleistungen zu verzichten. Nennt Beispiele. Schätzt das Verhalten ein.

7 Nennt Dienstleistungen, die erst durch die Entwicklung der IKT möglich geworden sind.

5 Beispiele des Wandels im Handel

Einkaufszentrum und Promenade des CentrO Oberhausen, Blick vom Gasometer

Wandel im Einzelhandel

Das Einkaufs- und Freizeitzentrum „CentrO" in Oberhausen ist eines der zwölf größten Deutschlands. Es entstand auf einer Brachfläche der Gutehoffnungshütte. Es bietet auf 72 000 m^2 (1996) und 89 000 m^2 (2012) Verkaufsfläche ein umfassendes „Einkaufserlebnis". Die Investitionssumme betrug vor der Erweiterung 1,15 Mrd. €. Neben mehr als 200 Geschäften bietet es Einrichtungen für Gastronomie, Freizeit, wie Erlebnisbad, Kinocenter, (Musik-)theater und verschiedene Servicebetriebe mit Dienstleistungen aller Art.
Es ist gut an den Personennahverkehr und Autobahnen angebunden. Die Kunden kommen auch aus den umliegenden Ruhrgebietsstätten und den Niederlanden.

Der wirtschaftliche Strukturwandel, mit Einstellung der Kohleförderung und Stahlherstellung, fiel zusammen mit einem Trend beim Angebot von → Konsumgütern, bei dem der Einzelhandel erhebliche Umsatzeinbußen hatte. Nach Fachmärkten und Einkaufszentren drängten Freizeit- und Unterhaltungsangebote auf den Markt. Man setzt auf eine konsumfreudige, kaufkräftige und mobile Kundschaft. Diese soll dort ihre Freizeit verbringen.
Der Konkurrenzkampf um die Kundschaft ist härter geworden. Darunter leiden besonders Geschäfte in wenig attraktiven Lagen. Innenstädte und Stadtteilzentren sind durch neue Einkaufszentren bedroht.
Leer stehende Ladenlokale zeigen, dass Kunden die Innenstädte seltener nutzen. Verliert der Einzelhandel dort an Bedeutung, leiden auch andere Branchen (z.B. Gastronomie).
Eine gute Planung der Gemeinden hilft, dass die Innenstädte für ihre Bewohner und Investoren attraktiv und lebensfähig bleiben – oder wieder werden.
Bei dieser Diskussion geht es auch um Outlet-Center mit dem Verkauf von Markenprodukten (bes. Bekleidung) mit erheblichen Preisnachlässen. In NRW wird bisher die Ansiedlung verhindert.

Der Kampf um ein Outlet-Center in NRW

Das Outlet-Center in Roermond (NL) ... zieht Kunden aus dem ganzen Ruhrgebiet an. ... Fast zehn Kilometer lang ist der Stau. Die Autos drängen sich auf der A52 bis hinter die deutsche Grenze. ... Ziel: der Parkplatz des Designer-Outlet-Centers in Roermond. In der niederländischen Stadt hat ein Investor 2001 eines seiner Ladenstädtchen gebaut. Geöffnet an 363 Tagen. 115 Shops auf 28 000 m^2, demnächst noch 40 Geschäfte mehr. Eine Erfolgsgeschichte, geschrieben von deutscher Kundschaft. Weil NRW sich gegen Designer-Outlet-Center sträubt. ...
Überproduktion von Prada, Boss und Zegna zum Sonderpreis: Letztes Jahr lockte das Schnäppchenparadies ... 3,8 Mio. Käufer. ... Die allermeisten reisen aus NRW an. Vom Niederrhein und aus dem Ruhrgebiet. ...
Die Stadt Remscheid will auch ein Outlet-Center einrichten und hofft, dafür eine Gesetzeslücke nutzen zu können. Die Nachbarstädte und das Land sind dagegen.

Nach **WAZ** (13.01.2011)
http://www.derwesten.de/nachrichten/der-kampf-um-ein-outlet-center-in-nrw-id4163313.html (04.06.2012)

Internethandel

Ende 2011 nutzten ca. 75 % der Bevölkerung in Deutschland das Internet – Tendenz steigend. Der Anteil des Internethandels am Einzelhandel beträgt 2011: 8,2 %. Experten sehen in der Zukunft einen Anteil von 10 und 20 %.

E-COMMERCE (27.02.2012)

... Die deutschen Online- und Versandhändler konnten 2011 ihren Umsatz auf 34 Mrd. Euro steigern. Das entspricht einem Plus von 12,2 % zum Vorjahr. ...

... Die Onlinehändler konnten sich über eine Umsatzsteigerung von 3,4 Mrd. Euro auf 21,7 Mrd. Euro freuen: + 18,5 %.

... Der größte Umsatzbringer im Versand- und Onlinehandel waren mit

- 12,82 Mrd. Euro die Warengruppe „Bekleidung, Textilien und Schuhe“.
- 3,27 Mrd. Euro: „Medien, Bild-, Tonträger“
- 3,26 Mrd. Euro „Unterhaltungselektronik und elektronische Artikel“.

Im Jahr 2011 wurden ... auch digitale Dienstleistungen wie Tickets für Veranstaltungen, Fahrkarten oder Entertainment im Wert von 8 Mrd. Euro gekauft, ... Insbesondere der Anteil an Bestellungen von Apps für das Smartphone und Musikfiles ist gestiegen.

Nach **DER HANDEL** (27.02.2012)
http://www.derhandel.de/news/technik/pages/E-Commerce-E-Commerce-Umsatz-erstmals-mehr-als-20-Milliarden-Euro-8293.html (04.06.2012)

Waren und Dienstleistungen, die deutsche Internetnutzer schon einmal online gekauft haben (Stand: 2012)

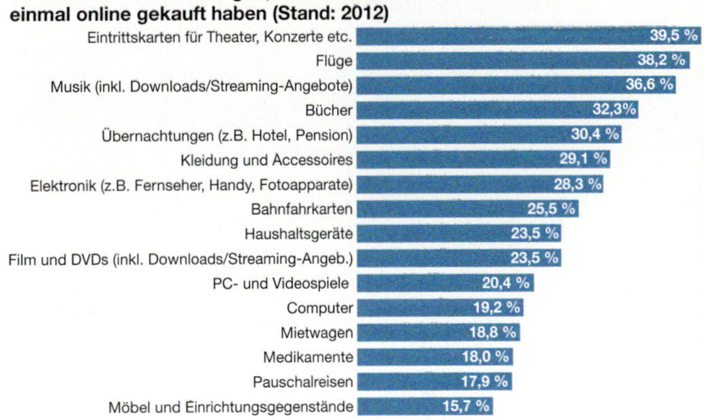

Daten: **BITKOM** Bundesverband Informationswirtschaft, Telekommunikation und neue Medien e.V.
http://www.bitkom.org/de/presse/74532_72867.aspx (07.03.2013)

A Aufgaben

1 Welche Veränderungen im Einzelhandel werden beschrieben? Vergleicht das mit Entwicklungen in eurer Gemeinde.

2 Erstellt für euch eine Einkaufsplanung im CentrO. Nutzt dazu das Internet.

3 Stellt Dienstleistungen des CentrO zusammen. Nutzt: **Wikipedia** http://de.wikipedia.org/wiki/Centro
Vergleicht mit dem Konzept von **Designer Outlet Soltau** www.designeroutletsoltau.com (16.01.2013).

4 Erörtert folgenden Konflikt im *Rollenspiel*:
In der Stadt ÜBERALL will ein Handelsunternehmen ein Einkaufszentrum bauen. Die Ratsmitglieder erörtern den Antrag.
BÜRGERMEISTER: „Das ist für unsere Stadt eine große Chance. Wir ziehen viele neue Käufer an. Das schafft zusätzliche Arbeitsplätze und Steuereinnahmen.“
SPRECHER STADTMARKETING: „Das bedeutet für viele Geschäfte den Tod.“
SPRECHER BÜRGERINITIATIVE: „Wir erheben Einspruch. Wir befürchten Lärm, Abgase und verstopfte Straßen. Einkaufsmöglichkeiten gibt es genug.“

5 Nennt Veränderungen im Versandhandel durch die Internetnutzung.

6 Google hat eine starke Stellung im Internethandel. Ermittelt angebotene Dienstleistungen. www.google.de
Google-Kennzahlen 2011:
Umsatz 37,9 Mrd. $; Gewinn 9,7 Mrd. $

Finanzen.net
www.finanzen.net/bilanz_guv/Google (04.06.2012)

7 Befragt Verbraucher zur Internetnutzung beim Kauf. Aspekte könnten sein:
a) Zeitbedarf im Vergleich zum stationären Handel;
b) Informationen über Produkt, Beratung.
Zieht dazu die Methode Befragung heran.

6 Weiterführendes Material

M1 Erwerbstätige, Waren und Dienstleistungen in Wirtschaftsbereichen

Erwerbstätige insgesamt in Mio.	**1991** 38,4	**2011** 41,1
Anteile an den Bereichen, gerundet	(in Prozent)	
Land- und Forstwirtschaft	4	2
produzierendes Gewerbe ohne Bau	29	19
Baugewerbe	7	6
Handel, Gastgewerbe und Verkehr	24	23
Finanzierung, Vermietung und Unternehmensdienstleistungen	10	17
öffentliche und private Dienstleister	25	31

Statistisches Bundesamt (Hrsg.): (2012) www.destatis.de ▸ Arbeitsmarkt ▸ Erwerbstätige und Arbeitnehmer nach Wirtschaftsbereichen (01.06.2012)

Waren und Dienstleistungen in jeweiligen Marktpreisen* insgesamt 2295 Mrd. €	**1991**	**2011**
Anteile an den Bereichen	(in Mrd. €)	
Land- und Forstwirtschaft	19	22
produzierendes Gewerbe ohne Bau	427	589
Baugewerbe	84	101
Handel, Gastgewerbe und Verkehr	249	350
Finanzierung, Vermietung und Unternehmensdienstleistungen	325	718
öffentliche und private Dienstleister	290	515

* Marktpreise: erzielte Preise im genannten Jahr

www.destatis.de ▸ volkswirtschaftliche Gesamtrechnungen ▸ Inlandsprodukt ▸ Bruttowertschöpfung nach Wirtschaftsbereichen (01.06.2012)

M2 Arbeitskosten im Vergleich

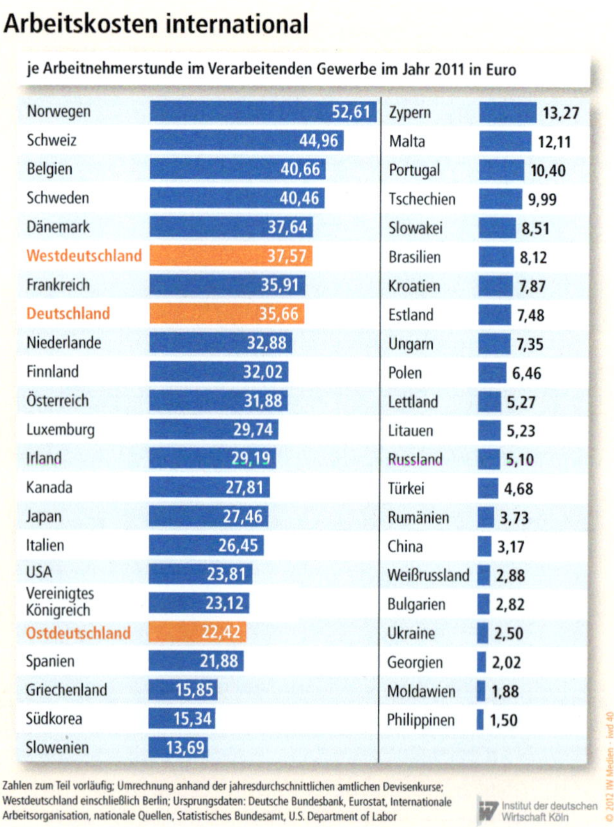

M3 Zur schnellen Maßbekleidung

Dreidimensionale (3D) Scanner erfassen die Person und liefern Daten für ein genaues Abbild. Dabei fahren Kameraköpfe den Körper ab und registrieren die 3D-Koordinaten aus den Reflexionen eines Laserstrahls. Die so entstehende Punktehülle wird in ein Flächenmodell überführt. Nun können Längen- und Umfangsmaße abgenommen werden. Diese sind Grundlage der Schnittkonstruktion. Es können sogar Maße abgetragen werden, die mit dem Maßband in die Intimsphäre des Kunden eingreifen.

Die Maße werden online an den Kleidungshersteller übertragen, um individuelle Maßbekleidung herzustellen und auszuliefern.

Nach **Human-solutions** (Autor: Andreas Seidl): www.bekleidung-nach-mass.de ▸ Technik ▸ Technologie

M4 Umsätze aus dem Betrieb von Erneuerbare-Energien-Anlagen

Bundesministerium für Umwelt, Naturschutz und Reaktorsicherheit: Entwicklung der erneuerbaren Energien in Deutschland im Jahr 2011. Grafiken und Tabellen, S.48 http://www.erneuerbare-energien.de/fileadmin/ee-import/files/pdfs/allgemein/application/pdf/ee_in_deutschland_graf_tab.pdf (16.01.2013)

Umsätze aus dem Betrieb von Erneuerbare-Energien-Anlagen in Deutschland 2011 13,8 Mrd. Euro

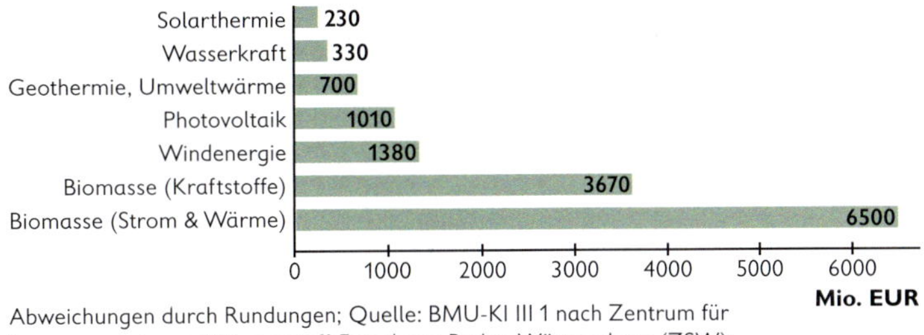

Abweichungen durch Rundungen; Quelle: BMU-KI III 1 nach Zentrum für Sonnenenergie- und Wasserstoff-Forschung Baden-Württemberg (ZSW); Stand: Juli 2012; Angaben vorläufig

M5 Strom aus Erneuerbaren Energien

Der Staat fördert die Stromerzeugung aus regenerativen Energiequellen. Bei steigendem Rohölpreis werden diese wettbewerbsfähiger.

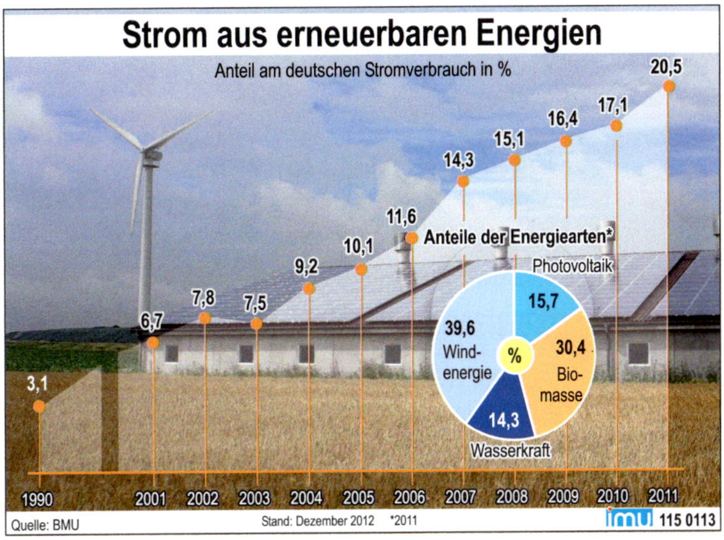

M6 Preisentwicklung für Rohöl (OPEC-Korbpreis[1])

Jahr[2]	in $ pro Barrel (159 l)	Jahr[2]	in $ pro Barrel (159 l)
1960	1,63	2000	27,60
1975	10,43	2008	94,45
1980	35,52	2011	107,46
1990	22,26	2012	109,45

[1] Die OPEC (Organisation Erdöl exportierender Länder) berechnet ihren Korbpreis auf der Basis von zwölf wichtigen Rohölsorten der Organisation.
[2] Jahresdurchschnitt Quelle/Urheber: Organization of the Petroleum Exporting Countries/OPEC, Wien; http://www.opec.org/opec_web/en/data_graphs/40.htm?selectedTab=annually (07.03.2013)

Arbeiten mit den Materialien

Zu M1

1 Vergleicht die Anteile der Erwerbstätigen 1991 und 2011. Errechnet Veränderungen bei produzierendem Gewerbe und Dienstleistungen.

2 In welchen Wirtschaftsbereichen nahmen angebotene Güter besonders zu?

Zu M2

Was gehört zu den Arbeitskosten? Nennt die Bedeutung im Wettbewerb. Erklärt Zusammenhänge zwischen Arbeitskosten und BIP je Einwohner (s. 3. Deckelseite).

Zu M4

Schätzt die wirtschaftliche Bedeutung von Erneuerbare-Energien-Anlagen ein.

Zu M5 und M6

Stellt Bezüge her zwischen der Erzeugung von Ökostrom und dem Rohölpreis.

Nationale und europäische Wirtschaftspolitik

1 Daten zur Wirtschaftsentwicklung

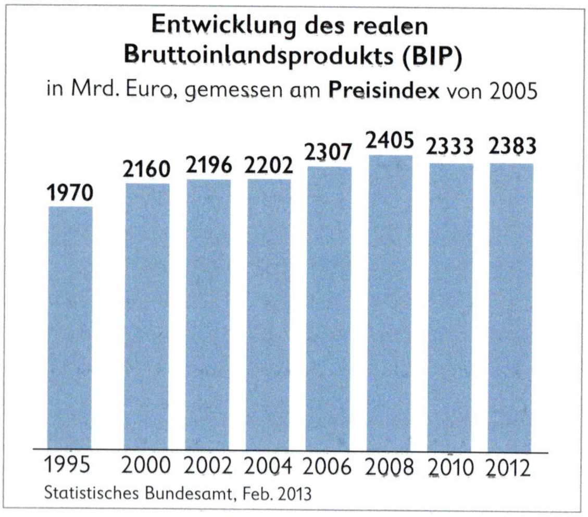

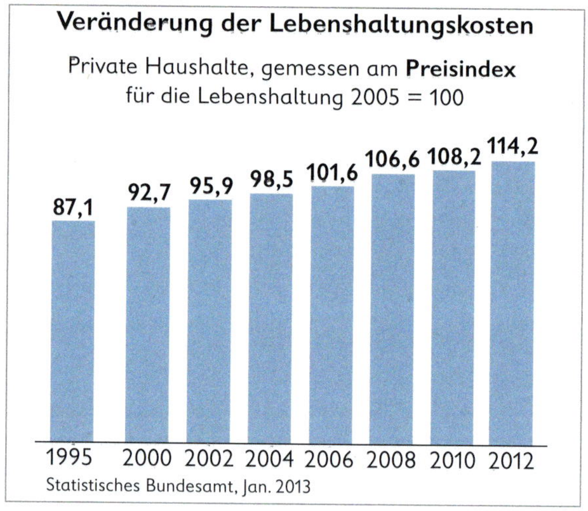

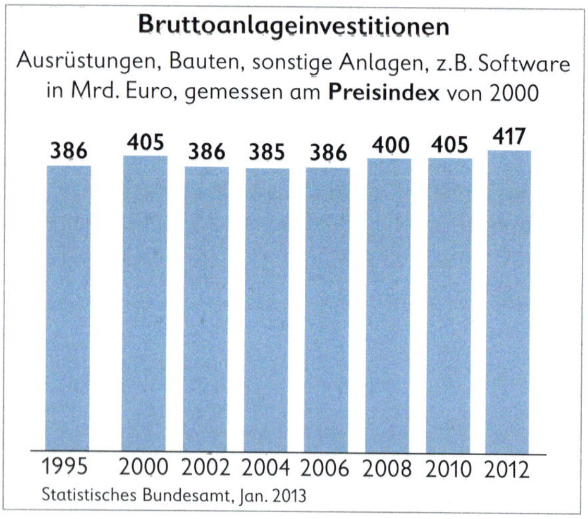

▸ **Leitauftrag** Die Diagramme zeigen wirtschaftliche Entwicklungen im Zeitablauf. Klärt die verwendeten Begriffe mithilfe des Sachwortverzeichnisses und eines Wirtschaftslexikons. Erörtert die Bedeutung der Daten in Verbindung mit den Aussagen auf S. 113.

B Auf einen Blick

Ihr könnt Daten zum Verlauf der wirtschaftlichen Entwicklung erklären.

Ihr diskutiert über die Bedeutung wirtschaftlicher Ziele und Konflikte zwischen diesen.

Ihr erörtert, welche der wirtschaftlichen Ziele in diesem Kapitel wahrscheinlich von unmittelbarer Bedeutung für euch nach dem Schulabschluss sein werden.

Ihr erläutert, wie der Einsatz der Wirtschaftspolitik die wirtschaftliche Entwicklung beeinflussen kann.

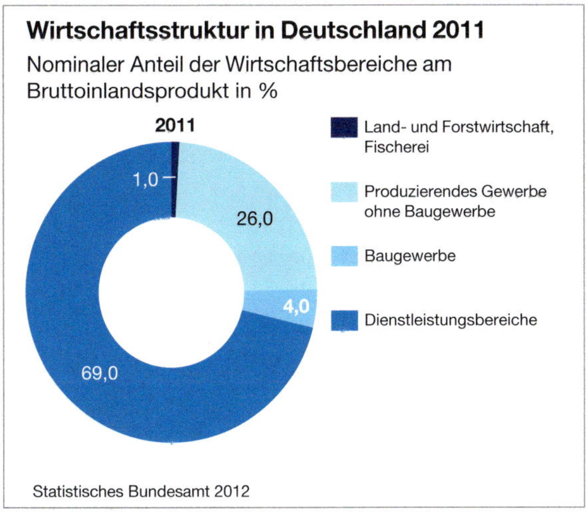

Meinungen zur Wirtschaftsentwicklung – was ist warum zutreffend oder falsch?

A: → *Bruttoinlandsprodukt (BIP)*

1. Das BIP erhöhte sich. Der Wohlstand aller stieg.
2. Das BIP sagt nichts über den Wohlstand einzelner Bürger aus.
3. Bei Glatteis gibt es für Pkw vermehrt Blechschäden. Die Reparaturen erhöhen das BIP. Das hat doch mit mehr Wohlstand nichts zu tun – oder?
4. Das reale BIP erhöhte sich. Es standen mehr Güter zu Verfügung.

B: → *Investitionen*

1. Die Investitionen stiegen von 1995 bis 2012 von 386 auf 417 Mrd. Euro. Das bedeutet mehr Arbeitsplätze.
2. Neue Anlagen zur Herstellung von Waren und Bereitstellung von Dienstleistungen führen zur → Rationalisierung. Das kostet oft Arbeitsplätze.
3. Entscheidend ist, was investiert wird. Wir brauchen qualitatives Wachstum für nachhaltigen Wohlstand → Nachhaltigkeit.

C: *Preise und Kaufkraft*

1. Das Preisniveau stieg regelmäßig von 1995 bis 2012. Das ist gut für den Verbraucher.
2. Der Maßstab für die Messung der Preisentwicklung ist das Jahr 2005. In einem solchen Maßstabs-Jahr ist der Preisindex immer 100.
3. Wenn der Preisindex regelmäßig und stark ansteigt, haben wir eine Inflation.
4. Eine Deflation ist gut für Staat und Wirtschaft.

D: *Arbeitslosigkeit*

1. Die Arbeitslosigkeit ist immer noch zu hoch. Wir brauchen mehr Wachstum des BIP. Alle Investitionen sind dafür wichtig.
2. Wir müssen in strukturschwachen Gebieten besonders die Infrastruktur fördern.
   a) Viele Arbeitsplätze gehen an Niedriglohnländer verloren. Das darf nicht sein.
   b) Freihandel schafft Marktchancen und sichert Arbeitsplätze.
3. Viele Arbeitslose haben nicht die geforderten Fähigkeiten. Aus- und Weiterbildung müssen stärker gefördert werden.

A Aufgaben

1 Analysiert die Daten zur Wirtschaftsentwicklung.

2 An welchen Daten erkennt man konjunkturelle Schwankungen?

3 Erörtert folgende Aussage: Die Daten sagen zum gesellschaftlichen Wohlstand wenig aus. Hausarbeit und gesellschaftliche Arbeit sind kaum erfasst. Bezieht das Foto mit ein.

2 So viel Freiheit wie möglich, so viel Staat wie nötig

Im vorigen Jahrhundert erlebte unsere Bevölkerung zwei der schlimmsten Wirtschaftssituationen: eine katastrophale **Inflation** (1923) und eine **Massenarbeitslosigkeit** in der Weltwirtschaftskrise (1929 bis 1932).

Preis für ein Frühstücksei 1923[1]	
Jahr	**Preis/Reichsmark**
06.06.1912	0,07
07.08.1923	932
27.08.1923	177 500
15.10.1923	227 000 000
03.12.1923	310 000 000 000

[1] Ursprungsquelle unbekannt. Die einzelnen Zahlen stimmen aber mit vielen Angaben im Internet überein, u.a. http://www.planet-wissen.de/politik_geschichte/deutsche_politik/weimarer_republik/hyperinflation.jsp (20.09.2012)

	Wirtschaftskrise in Deutschland (in %)		
Jahr	**BIP-Wachstum[2]**	**Arbeitslose**	**Preisniveau**
1928	+4,4	6,2	+2,7
1929	−0,4	8,3	+1,3
1930	−1,4	13,4	−3,8
1931	−7,7	19,7	−8,0
1932	−7,5	24,5	−11,6

[2] www.destatis.de, Wirtschaft und Statistik 3/2009, S.203 ff. (20.9.2012)

Hinzu kam, dass die Regierung der Nationalsozialisten eine staatlich gelenkte Zentralverwaltungswirtschaft aufbaute.

Es gab aber schon damals einige Wissenschaftler, die eine politische und wirtschaftliche Freiheit anstrebten und ein marktwirtschaftliches Konzept für die Wirtschaftspolitik in der Zeit nach dem 2. Weltkrieg (1939–1945) entwarfen. Es sollte den Menschen eine marktwirtschaftliche Freiheit geben, die durch staatliche Regeln gesichert und sozialen Ausgleich gestützt wird.
1946 wurde zum ersten Mal von der „sozialen Marktwirtschaft" gesprochen, die von Alfred Müller-Armack entwickelt und von Ludwig Erhard, dem ersten Wirtschaftsminister der Bundesrepublik Deutschland, in Politik und Wirtschaftspraxis nach der Einführung der D-Mark (1948) verwirklicht wurde.
Wesentlich für das Konzept sind folgende **Ziele der sozialen Marktwirtschaft**:

1. Wettbewerbspolitische Ziele

Wettbewerb bringt die Gefahr mit sich, dass er sich selbst vernichtet. Der bessere Unternehmer gewinnt, der schlechtere gibt auf. Letztlich bleibt nur einer übrig. Daher muss der Staat dafür sorgen, dass kein ruinöser Wettbewerb erfolgt (siehe Kapitel „Markt und Wettbewerb" S. 96 ff.) und dass insbesondere der Verbraucher, der zumeist schwächere Marktpartner, geschützt wird.

2. Stabilitätspolitische Ziele

Im Wirtschaftsablauf gibt es immer mal schlechte und mal gute Zeiten. Unter den schlechten Zeiten leiden am stärksten die Menschen, die arbeitslos werden. Daher muss der Staat versuchen, den Wirtschaftsablauf zu stabilisieren.

3. Sozialpolitische Ziele

Die Marktwirtschaft funktioniert nur, wenn die Menschen auch Leistungen erbringen. Es gibt aber Menschen, die körperlich oder geistig benachteiligt sind. Der Staat muss daher dafür sorgen, dass der Starke den Schwachen unterstützt.

Aufgaben

A

1. Berechnet, wie viele Eier man im Jahr 1912 für den Preis von einem Ei am 7.8.1923 bekommen hätte.
2. Berechnet, wie hoch das BIP des Jahres 1932 war, wenn es im Jahr 1928 70 Mrd. Reichsmark betrug.
3. Erklärt an den Zielen die sozialen Aspekte der Marktwirtschaft, die nach dem 2. Weltkrieg begründet wurde.

3 Wer steuert die Wirtschaft?

Nationale Träger der Wirtschaftspolitik
Die kurze Antwort: „Natürlich steuert der Staat", ist in einem demokratischen Staat mit einem marktwirtschaftlichen System nicht richtig. Jeder Bürger, jede Unternehmung und andere Organisationen (z.B. Gewerkschaft, Verbraucherzentrale, Bund der Steuerzahler) sind an der Wirtschaftspolitik beteiligt.

Wirtschaftspolitik ist die Summe aller Maßnahmen, um Erzeugung, Verteilung und Verbrauch von knappen Gütern zu beeinflussen.

Diesen Einfluss auf die Wirtschaft kann jeder Nachfrager selbst durch sein Einkaufs-, Beschäftigungs- oder Sparverhalten ausüben, indem er seine Rechte wahrnimmt. Dies sollte man nie vergessen, wenn von „Wirtschaftspolitik" die Rede ist.

Im engeren Sinn ist allerdings der Staat – als die Summe aller Bürger – eine wichtige, zentrale und mit höchster Macht ausgestattete Institution in einer sozialen Marktwirtschaft und damit wesentlicher Träger der Wirtschaftspolitik. Der Staat gliedert sich in der Bundesrepublik Deutschland noch in viele Teile, die Bundesländer, die auf verschiedenen Gebieten eigene Vollmachten haben (Wirtschaftsförderung, Bildungswesen u.a.) und eigene Wege gehen. Selbst die untersten Einheiten, die Gemeinden, sind in einigen wirtschaftlichen Bereichen selbstständig (z.B. Höhe der Gewerbesteuer festlegen).

Als internationale Organisation hat inzwischen die **Europäische Union (EU)** – auf verschiedenen Gebieten der Wirtschaftspolitik den Vorrang vor dem nationalen Recht ihrer Staaten (z.B. S. 124 „Glühlampenverbot").

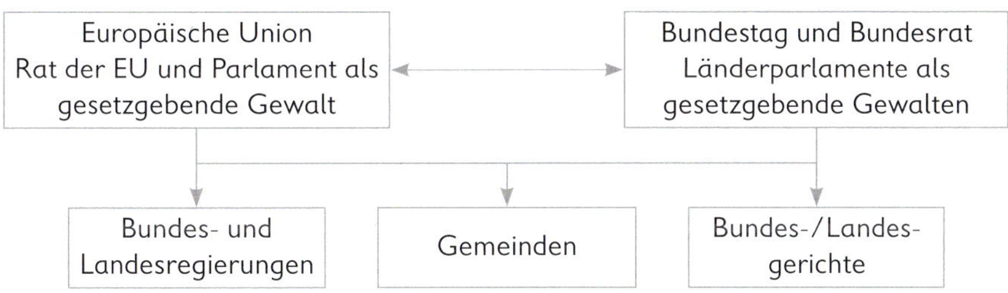

Europäische Union
(siehe Folgeseite)
Bundestag (Legislative) Besteht aus den Abgeordneten des deutschen Volkes und hat das Recht auf die Gesetzgebung des Bundes (Art. 38 ff. GG).
Bundesrat (Legislative) ist die Vertretung der Landesregierungen, die bei vielen Entscheidungen von Bundesgesetzen mitwirkt (Art. 50 ff. GG).
Bundesverfassungsgericht (Judikative) ist das höchste Gericht der Bundesregierung (Art. 3 GG).
Bundesregierung (Exekutive) besteht aus Bundeskanzler/-in und den Bundesministern/-innen. Der Bundeskanzler bestimmt die Richtlinien der Politik (Art. 61 ff. GG).
Landesregierungen (Exekutive) haben eine ähnliche Funktion wie die Bundesregierung, aber auf Länderebene (Art. 28 GG).
Gemeinden (Legislative und Exekutive) sind die kleinste Verwaltungseinheit mit Parlament und Verwaltung.

A Aufgaben

1 Erklärt an einem Beispiel die Verknüpfung der drei Gewalten „Legislative", „Exekutive" und „Judikative".

2 Diskutiert, ob die Zusammenfassung der drei Gewalten „in einer Hand" gut wäre.

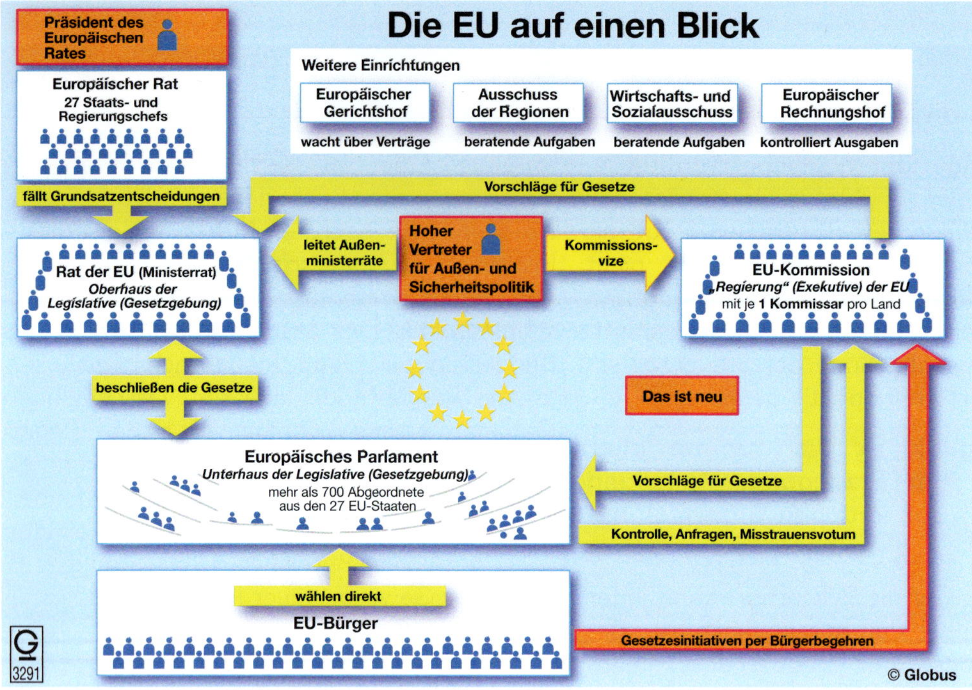

Die wichtigsten Organe der EU:

Kommission:
Bereitet Entscheidungen des Ministerrats und des Europäischen Parlaments (EP) vor und führt sie durch. Bemüht sich um eine Politik im gemeinsamen Interesse der Mitgliedstaaten. Besteht aus Kommissaren, die für bestimmte Bereiche zuständig sind. Wählen den Präsidenten der EU-Kommission.

Ministerrat:
Konferenz der Fachminister der EU-Staaten, die wichtige Beschlüsse unter Berücksichtigung nationaler Interessen treffen. Viele Entscheidungen müssen einstimmig gefällt werden. Der Ministerrat ist das eigentliche gesetzgebende Organ und verabschiedet Verordnungen und Richtlinien.

Teilweise wird eine Entscheidung erst im *Europäischen Rat*, der Konferenz der Regierungschefs, möglich. Dieser legt die politischen und wirtschaftlichen Leitlinien der EU fest.

Europäisches Parlament:
Wird von der Bevölkerung der Mitgliedstaaten direkt gewählt. Es hat begrenzte Mitentscheidungs- (z. B. beim EU-Haushalt), Beteiligungs-, Informations- und Kontrollrechte gegenüber der Kommission und dem Ministerrat.

Europäischer Gerichtshof:
Entscheidet Streitigkeiten über Auslegung und Anwendung des EU-Rechts.

A Aufgabe

„Da muss der Staat doch etwas machen!“
Diese Forderung hört man bei vielen Gelegenheiten. Auf welcher Ebene und durch welche Instanzen können folgende Aufgaben des Staates beschlossen oder erledigt werden? Ordne diese den Instanzen auf den Seiten 115 und 116 zu:

- Die Bundeswehr muss sparen
- Mehr Lehrer für die Schulen in Nordrhein-Westfalen
- Unsere Dorfstraße muss erneuert werden
- Mehr Polizisten auf die Straße
- Bessere Zuwegung für das Gewerbegebiet
- Erhöhung der Ausbildungsvergütung von Auszubildenden
- Umstellung der Müllabfuhr
- Entwicklungshilfe für den Sudan erhöhen

4 Nationale und internationale Organisation des Binnenmarktes

Entwicklung der wirtschaftlichen Integration von Bundesrepublik und EU

1951 Vertrag über eine → Montanunion (EGKS)
1957 Gründung der Europäischen Wirtschaftsgemeinschaft (EWG) in Rom
1965 Europäische Gemeinschaft (EG, 6 Staaten) aus EWG + Montanunion + Euratom (EAG)
1984 Europäisches Parlament schlägt Gründung einer Europäischen Union (EU) vor.
1991/93[1] Vertrag von Maastricht für Wirtschafts- und Währungsunion (WWU, 12 Staaten)
1997/99 Vertrag von Amsterdam
1998 Gründung Europäische Zentralbank (EZB)
1999 Europäische Währungsunion (EWU)
2001/03 Vertrag von Nizza
2002 Euro offizielles Zahlungsmittel (Anfang 2013 17 Staaten mit 230 Mio. Einwohnern)
2007/09 Vertrag von Lissabon über die Arbeitsweise der Europäischen Union (AEU, 27 Staaten mit fast 500 Mio. Einwohnern). Der Vertrag bedeutet eine Fusion von EU und EG und ist zurzeit (2013) die vorläufige Verfassung der EU.

[1] Die Jahresangaben berücksichtigen den Vertragsabschluss und die Annahme durch die Staaten

Wer übernimmt politische Aufgaben und entscheidet darüber?

Der „Vertrag über die Europäische Union" von Maastricht gibt darüber Auskunft. ... In diesem Vertrag wurde erstmals festgelegt, dass die Europäische Union das „Subsidiaritätsprinzip" strikt beachten muss. Was heißt das?

In der Politik besagt das Subsidiaritätsprinzip: Eine höhere staatliche Ebene darf keine Aufgaben an sich ziehen, die von den unteren Ebenen aus eigener Kraft erfüllt werden können. Die unteren Ebenen erhalten oder behalten die dafür nötigen Hoheitsrechte.

Im Bundesstaat Deutschland beispielsweise erfüllen Bundesländer und Gemeinden bestimmte (im Grundgesetz genau festgelegte) Aufgaben. ...

Andere Aufgaben dagegen (z.B. Außenpolitik, Verteidigung, Währungspolitik) können sinnvoll nur von der höchsten Ebene, dem Bund, wahrgenommen werden. ...

So soll es auch in der Europäischen Union sein: Die unteren Ebenen ... werden weiterhin die Aufgaben wahrnehmen, die sie besser – weil bürgernäher – erfüllen können als die Union.

Die künftige Verfassung kann also einem allzu großen Machtzuwachs der „Zentrale Europa" einen wirksamen Riegel vorschieben. Das Subsidiaritätsprinzip ... sichert ... die Eigenständigkeit und Selbstverantwortung der Mitgliedstaaten und ihrer Regionen in der Gemeinschaft und damit:

*„Einheit **und** Vielfalt"*

Nach **Presse- und Informationsamt der Bundesregierung:** „Europa 2000 – Schritte zur Europäischen Union", OMNIA Verlag, Köln, 1992, S. 27

Aufgaben

A

1 Erkläre, warum die Außenpolitik, Verteidigungspolitik und Währungspolitik vom Bund wahrgenommen wird und nicht von den Ländern.

2 Was sagt dir die Illustration?

3 Erkläre das Subsidiaritätsprinzip am Beispiel der Schulen in Deutschland.

5 Wirtschaftspolitische Ziele der EU und von Deutschland

Ziele der Europäischen Union

Die wichtigsten Ziele bei der Schaffung der Wirtschafts- und Währungsunion sind in den 1993 beschlossenen „vier Freiheiten des Binnenmarktes“ verankert. Die Bevölkerung in den Staaten der EU sieht – neben der Sicherheit vor kriegerischen Auseinandersetzungen – in diesen Freiheiten den größten Segen des Zusammenschlusses in Europa.

Freier Personenverkehr

Will Holger eine Reise durch deutsche Nachbarstaaten machen, kann er ohne Grenzkontrollen in den Niederlanden starten und dann Belgien, Luxemburg, Frankreich, Italien und Österreich durchfahren und sich dort aufhalten, solange er möchte. Er kann dort auch überall mit € bezahlen. Probleme könnte er nur in der Schweiz bekommen, die bei der Reise „umrundet“ wurde.

Freier Warenverkehr

Auch dies ist das Ziel der EU. Erwachsene können in Deutschland von Rheinland-Pfalz nach NRW fahren und drei Kartons lieblichen oder trockenen Wein mitbringen – wie jede andere Ware, ohne Kontrolle und ohne Zoll. Ziel ist es, diese Freiheit auch für Waren nutzen zu können, die beispielsweise aus Frankreich nach Deutschland eingeführt werden. Für diese Freiheit müssen jedoch noch z.B. die Mehrwert- und Alkoholsteuern „harmonisiert“ werden – wie alle anderen Steuern auch.

Freier Dienstleistungs- und Kapitalverkehr

Hier ist die Freiheit schon sehr weit: Du kannst ein Bankkonto in jedem Staat eröffnen, im Lotto spielen und die gewonnene Million nach Deutschland überweisen. Außerdem kannst du dich gegen Gefahren in anderen Ländern versichern. Auch das Telefonieren mit deinem Handy funktioniert in Italien mit deutscher oder italienischer Karte.

Neben den Einschränkungen beim Warenverkehr ist die Bewilligung von Arbeitsmöglichkeiten auch für EU-Bürger in einem anderen EU-Staat oft beschränkt und gleicht bürokratischen Hürdenläufen.

A Aufgaben

1 Informiert euch im Internet über die unterschiedlichen Mehrwertsteuersätze in Europa.

2 Informiert euch im Internet, welche und wie viele Waren man, z.B. aus dem Urlaub, nach Deutschland einführen darf.

3 Tauscht Erzählungen eurer Eltern und Großeltern über die Schwierigkeiten von Auslandsreisen in deren Jugend aus.

4 Vertretet in Diskussionen eure Meinung, ob die obigen Freiheiten eingeschränkt oder ausgeweitet werden sollten.

Ziele in der Bundesrepublik Deutschland

Die wichtigsten Ziele der Wirtschaftspolitik sind 1967 als „Gesetz zur Förderung der Stabilität und des Wachstums der Wirtschaft" beschlossen worden. Es ist das berühmte „Magische Viereck". Der Bund und die Länder müssen bei ihren wirtschaftspolitischen Maßnahmen beachten:

- Stabilität des Preisniveaus,
- hohen Beschäftigungsstand,
- außenwirtschaftliches Gleichgewicht,
- stetiges und angemessenes Wachstum.

„Magisch" bezieht sich darauf, dass es an Wunder grenzt, diese vier Ziele gleichzeitig zu verwirklichen.

Im Wirtschaftsablauf spielen die Ziele „Stabilität des Preisniveaus" und „hoher Beschäftigungsstand" eine gravierende Rolle, weil diese eine enorme Bedeutung für die Einkommen der Arbeitnehmer haben, die den überwiegenden Teil der Bevölkerung stellen. Bei Arbeitslosigkeit sinkt das Einkommen. Das Gleiche gilt für die Inflation, durch die Bürger weniger Güter für ihr Geld erhalten. Außerdem verlieren die Ersparnisse an Wert.

Die anderen Ziele sind zwar nicht weniger wichtig, aber die Fehler machen sich nicht so schnell bemerkbar. Sie sind allerdings auch langfristiger zu überwinden.

Magisches Sechseck

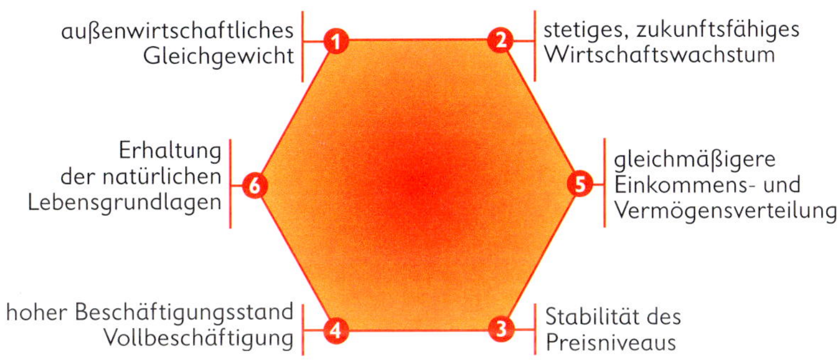

Daneben sollten die Regierenden auch auf eine gerechte Verteilung der Einkommen und Vermögen der Bürger achten. Bei ständigem Wachstum und dem enormen Verbrauch von → Ressourcen kam zusätzlich die Sorge um die „Erhaltung unserer natürlichen Lebensgrundlagen" mit ins Spiel, die langfristig als eines der wichtigsten Ziele der Wirtschaftspolitik zu sehen ist.

So stehen Politiker heute vor dem Problem, sechs Ziele gleichzeitig verwirklichen zu müssen, was sehr schwierig ist.

Die Wirtschaftspolitiker in Parlamenten orientieren sich oft eher an den kurzfristigen Problemen, weil sie an die Wiederwahl nach den Wahlperioden denken, die vier bis fünf Jahre dauern. So ist es verständlich, dass kurzfristig wirkende Arbeitsmarktpolitik immer eine große Rolle spielt, wie die Schaffung von Beschäftigung durch Aufträge für die Wirtschaft (z.B. Förderung von Hoch- und Tiefbau, Gewährung von Verschrottungsprämien).

A Aufgaben

1 Was spricht für und was gegen kurze Wahlperioden von Politikern in Parlamenten und Regierungen?

2 Welche Maßnahmen zur Verringerung der Arbeitslosigkeit würdest du vorschlagen?

3 Welche Art von Wachstum gefährdet die natürlichen Lebensgrundlagen nicht? Wie würdest du dazu beitragen?

6 Konflikte zwischen wirtschaftspolitischen Zielen

Beschäftigung, Wachstum und Preisniveau

Die vier gesamtwirtschaftlichen Ziele sollten sich im Gleichgewicht befinden, um für Stabilität in der Wirtschaft zu sorgen. Am Beispiel der hohen Beschäftigung, dem Wirtschaftswachstum und dem Preisniveau zeigen wir Konflikte:

Entwicklung von Beschäftigung und Preisniveau im Zeitverlauf

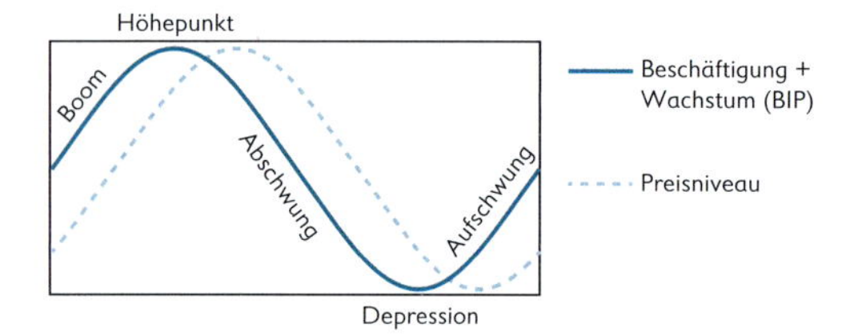

Die Wirtschaftsentwicklung ist nicht gleichmäßig. Gute Zeiten und schlechte Zeiten kennen wir schon aus der Bibel mit jeweils „sieben guten und sieben schlechten Jahren“. Heute zeigt sich ein Wechsel von drei bis fünf Jahren. Man nennt dies den Konjunkturverlauf.

Wenn sich die Wirtschaft der Vollbeschäftigung nähert, droht die → Preisniveaustabilität in Gefahr zu geraten. Bei steigender Nachfrage und ausgelasteten Kapazitäten werden die Preise erhöht, Wegen dieses Preisanstiegs fordern die Gewerkschaften höhere Verdienste. Dieses wird von den Unternehmen als Grund genommen, die Preise zu erhöhen, um die zusätzlichen Kosten aufzufangen. Durch diese Lohn-Preis-Spirale droht eine **Inflation**.

Jetzt muss die Zentralbank eingreifen. Sie bringt weniger Geld in Umlauf, sodass bei knappen Mitteln die Zinsen steigen. Für die privaten Haushalte führen die steigenden Zinsen zu sinkender Nachfrage bei Ratenkäufern und beim Staat zu weniger Käufen und Investitionen, weil er wegen der hohen Schulden sein Geld für die höheren Zinszahlungen braucht. Bei den Unternehmen kommt es dann möglicherweise zu Kurzarbeit und Entlassungen. So wird die drohende Inflation zwar abgewendet, doch gleichzeitig entsteht wieder die Gefahr der **Arbeitslosigkeit**.

Tritt diese ein, wird die Zentralbank nun für eine Zinssenkung durch mehr Geld sorgen. Dann kann der Staat wieder mehr Aufträge für notleidende Wirtschaftsbereiche erteilen. Die Folge aber ist, dass es durch die ansteigende Nachfrage zu Preissteigerungen kommt und damit das Ziel der Preisniveaustabilität wieder ins Wanken gerät.

Das folgende Schaubild zeigt, wie eine Erhöhung des Geldangebots durch die Zentralbank wirkt. So kommt man aus der Krise, aber vielleicht auch in die Inflation.

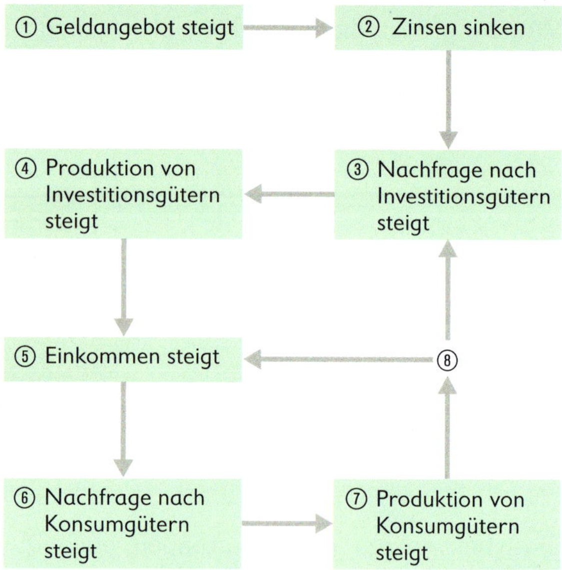

Aufgaben

1 Beschreibt die Lohn-Preis-Spirale mit eigenen Worten.

2 Begründet, warum Beschäftigungs- und Wachstumsziel harmonisch zueinander sind, jedoch im Konflikt zum Ziel Stabilität des Preisniveaus stehen.

3 Besprecht, welche Konflikte im Sechseck sich durch das Ziel der Erhaltung der natürlichen Lebensgrundlagen ergeben können.

4 Erstellt ein Ablaufdiagramm, das beschreibt, wie die Geldpolitik einer Zentralbank zur Erhöhung der Einkommen beitragen kann. Beschreibt Hemmnisse, die eventuell auftreten können.

Stabilisierungspolitische Konzepte im Widerstreit

Stabilisierungspolitik ist ein ständiges Anliegen der staatlichen Wirtschaftspolitik. Viele Aufgaben des Staates sind davon abhängig, wie viel Geld im Etat verfügbar ist. Dies hängt weitgehend vom Wachsen des BIP bzw. Volkseinkommens ab, von dem die Regierung dann mehr Steuern erhält und steigende Schulden vermeiden kann.

Die zuvor beschriebene Politik geht davon aus, dass ein Wachstum des BIP über die Steigerung der Nachfrage erreicht werden kann. Man spricht daher von **„Nachfrageorientierter Wirtschaftspolitik"** – begründet durch J.M. Keynes. Er empfahl gegen Arbeitslosigkeit die Vermehrung staatlicher Aufträge an die Wirtschaft. Der zuvor beschriebene Kreislauf (S. 120) funktionierte zwar und half aus der Depression, aber bewahrte nicht vor der Inflationsgefahr. Mitentscheidend war dabei, dass die Wirtschaftspolitiker nicht das ganze Konzept von Keynes annahmen. Er betonte, dass die Mittel zur Konjunkturstärkung aus der Rücklage von Steuereinnahmen in der Hochkonjunktur genommen werden sollten, nicht durch neue Kredite. Damit würde die Inflationsgefahr verringert, weil kein zusätzliches Geld in die Wirtschaft gepumpt wird. Gleichzeitig wäre das Sparen eine Bremse im Boom. Die meisten Wirtschaftspolitiker vergessen diese Ergänzung der nachfrageorientierten Politik, sodass die Staatsschulden ständig anwachsen.

Es ist wichtig, dass Geld- und Gütermenge gleichmäßig steigen. Wenn zu viel Geld in Umlauf kommt, gibt es Preissteigerungen und Inflation. Diese ist das Grundübel der Wirtschaft, weil besonders Arbeitnehmer, Rentner und Sparer durch die Geldentwertung Verluste haben. Nachteilig ist es auch für das Wirtschaftsgeschehen insgesamt, weil die nicht berechenbare Preisentwicklung kaufmännische Kalkulationen erschwert. Dazu kommt, dass vor allem die Kreditnehmer profitieren, weil sie ihre Rückzahlungen mit entwertetem Geld vornehmen. Kreditnehmer sind überwiegend Unternehmen und der Staat.

Verluste erleiden dagegen die „kleinen Leute", die sparen und durch Versicherungen Rücklagen für das Alter schaffen. Daher ist Inflation unsozial.

Als Alternative zur Nachfrageorientierung kam man auf die Idee der **„Angebotsorientierten Wirtschaftspolitik"**, mit der die Unternehmen motiviert werden sollen, mehr zu produzieren, zu investieren und Arbeitsplätze zu schaffen. Dazu gehört in erster Linie eine Wirtschaftspolitik, die nicht ständig veränderte Regeln schafft („Stop-and-go-Politik") und durch hohe Steuern, Zinsen, → Lohn-Nebenkosten und Auflagen aller Art den Unternehmern das Wirtschaften erschwert. Der Staat soll so weit wie möglich Eingriffe in den Marktprozess unterlassen. Stattdessen soll die Zentralbank mit einer langfristig an die Wirtschaftsentwicklung angepassten Geldpolitik für ein gleichmäßiges Wachstum sorgen.

Das wirtschaftspolitische Handeln steht immer vor der Frage, welche der Maßnahmen in diesem Konflikt gerade richtig ist.

Folgen einer angebotsorientierten Wirtschaftspolitik (Beispiel)

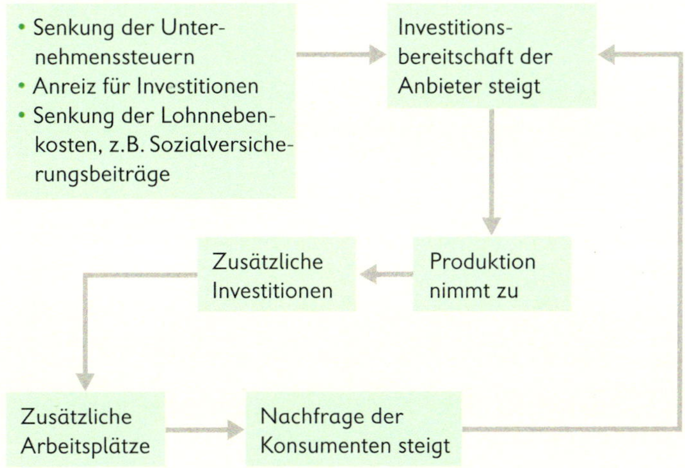

A Aufgaben

1 Um die Gefährdung welcher Ziele geht es jeweils in den drei Bildern rechts?

2 Diskutiert Wirkungen nachfrageorientierter und angebotsorientierter Wirtschaftspolitik. Nutzt dazu die Grafiken. Überlegt dabei Folgen für die Preisentwicklung der Güter.

3 Begründet an folgenden Beispielen die Bedeutung der nummerierten Ziele des Magischen Sechsecks (s.S. 119).

(1): Deutschland hat einen hohen Überschuss im Außenhandel. Wie wirkt sich das auf Handelspartner aus?

(2): Welche Auswirkungen hat ein nachlassendes Wachstum auf die Wirtschaft?

(3): Wer profitiert besonders von diesem Ziel?

(4): Welche Bedeutung hat das Ziel für Arbeitsuchende, Unternehmen und Staat?

(5): Warum ist diese wünschenswert? Bedenkt die Perspektive insbesondere armer sowie wohlhabender Menschen sowie des Staates.

(6): Deutschland beschloss den Ausstieg aus der Atomenergie und die Förderung regenerativer Energien sowie Energieeinsparung. Wie kann das auf **(3)** wirken?

7 Weiterführendes Material

Die Ziele staatlicher Wirtschaftspolitik sind nicht nur im „magischen Sechseck“ (s.S.119) untereinander im Konflikt. Häufig kommt es auch zu Konflikten zwischen den Akteuren der Wirtschaftspolitik: Parteien, Unternehmen, Verbrauchern und Interessenverbänden. Folgende Beispiele zeigen Probleme für Betroffene.

M1 Probleme der Antibiotika-Nutzung bei der Fleischproduktion

M 1a Fleischverkauf nur durch die Apotheke? – ein satirischer Autorentext

Die „Fabriken“ für Schweine-, Hühner- und Rindfleisch haben ihren Absatz in den letzten zehn Jahren verdoppelt. Damit es den Tieren auch gut geht, achten die Mäster sehr auf die Gesundheit. Bei dem geringsten Verdacht einer Erkältung oder Bulimie kommt der Onkel Doktor und verschreibt Antibiotika. Hilft das eine Medikament nicht, gibt es ein anderes, vor allem wenn das Tier zu mager ist. So sind im Jahr 2011 ca. 1734 Tonnen = 1 734 000 kg der wertvollen Medikamente an die Tierärzte in Deutschland abgegeben worden. Den Tieren, den Ärzten, den Mästern und Metzgern tut es gut und es bleibt auch genug der Antibiotika im Fleisch der Tiere für uns Esser zurück.

Das Bundesamt für Verbraucherschutz und Lebensmittelsicherheit erwägt nun, dass Fleisch nur auf ärztliches Rezept an die Bevölkerung abgegeben werden sollte, da es als antibiotisches Arzneimittel angesehen werden kann. Die Zuteilung erfolgt nur bei Erkältung oder Bulimie. Ob wir dann ohne diese Krankheiten wenigstens zu Weihnachten eine Gans aus Polen bekommen? Und ob die auch rezeptpflichtig wäre?

M 1b Ministerin appelliert an Verbraucher

Aigner (Bundesministerin für Ernährung, Landwirtschaft und Verbraucherschutz) selbst betont: „Wir können den Einsatz von Antibiotika … deutlich senken, wenn Länder und Bund an einem Strang ziehen.“

Sie appelliert an die Verbraucher, sich bewusst zu ernähren und verstärkt Produkte aus artgerechter Tierhaltung zu kaufen. … Doch viele Bürger können sich das nicht leisten und greifen beim Discounter zur Billig-Pute. So ist das Problem auch eine Frage des Geldbeutels.

Nach **N24 Gesellschaft für Nachrichten und Zeitgeschehen mbH** http://www.n24.de/news/newsitem_8229160.html (30.09.2012)

M 1c Antibiotika-Gesetz reicht nicht

Die Antibiotika-Behandlungen bei Tieren sollen abnehmen. … Der BUND hatte … eine Stichprobe veröffentlicht, nach der in Hähnchenfleisch antibiotikaresistente[1] Keime gefunden wurden. Dies wird auf den massenhaften Einsatz von Medikamenten zurückgeführt. Die resistenten Keime können Menschen gefährlich werden.

[1] gegen die Antibiotika nicht mehr wirken

Nach **N24 Gesellschaft für Nachrichten und Zeitgeschehen mbH** http://www.n24.de/news/newsitem_8121358.html (30.09.2012)

M 1d Internetrecherche zu Problemen der Massentierhaltung – Vorbereitung auf eine Pro-Kontra-Debatte in der Klasse

Die Materialien 1b und 1c können als Grundlagen für eine Pro-Kontra-Debatte dienen. Dabei können folgende Fragen gestellt werden:

Welcher Zusammenhang besteht zwischen den Haltungsbedingungen der Tiere und dem Risiko der Erkrankung?

Welche Vorschriften wären in Deutschland und der EU für die Tiermast notwendig, um

- Tierfleisch gesund herzustellen?
- Resistenzen bei Antibiotika zu vermeiden?

Wie lässt sich sicherstellen, dass Vorschriften zur Antibiotika-Nutzung eingehalten werden?

Zusätzliche Informationen: Die Zeit Online: http://www.zeit.de/2012/09/Fleisch-Schlachten. (15.04.2012)

Internet: Bioland, Verein zur Förderung der biologisch-dynamischen Wirtschaftsweise

M2 Verbot herkömmlicher Glühlampen

M 2a Verbot für Glühlampen ab zehn Watt

Ab 01.09.2012 gilt in der EU ein Herstellungs- und Vertriebsverbot für alle Standard-Glühlampen mit mehr als zehn Watt. Als Ersatz werden Kompaktleuchtstofflampen, auch Energiesparlampen genannt, angeboten. Allerdings gibt es Experten, die dies nur als kurzfristige Übergangslösung sehen. Die nahe Zukunft soll einer besseren Lösung gehören: Leuchtdioden (LED) und evtl. sogar OLED, wo organisches Material zum Leuchten dienen wird, sind in der Entwicklung. Dann wird die EU vielleicht die Benutzung der jetzigen Sparlampen verbieten und zum Kauf von LED-Lampen aufrufen, die ohne Quecksilber auskommen.

M 2b Energiesparlampen – echte Stromsparer

Eine einfache Art, Strom zu sparen, sind Energiesparlampen. Sie verbrauchen bei gleicher Leuchtkraft wesentlich weniger Strom als herkömmliche Glühlampen – manche bis zu 80 %. Dabei beträgt die Lebensdauer einer 20-Watt-Energiesparlampe etwa 10 000 Stunden, die einer 100-Watt-Glühlampe dagegen nur ca. 1 000 Stunden.

http://www.obi.de/de/ratgeber/energiesparen/berater_energiesparlampen/index.html (19.01.2013)

M 2c Volksverdummung: Die EU und die Energiesparlampe

Die Energiesparlampe: Eigentlich heißt sie Kompaktleuchtstofflampe, aber Energie und Sparen klingt besser. Leider hält sie keines ihrer Versprechen. Nicht nur, dass Energiesparlampen Experten zufolge keine Energie sparen, sondern auch das Gesundheitsrisiko ... ist wesentlich höher als gedacht. Zerbricht eine Lampe, tritt hochgiftiger Dampf aus. Die wenigsten Verbraucher wissen um die Gefahr. Ein trauriges Beispiel dafür, wie erfolgreiche Lobbyarbeit und politische Blindheit zum Risiko für den Einzelnen werden.

Nach **YouTube**
http://www.youtube.com/watch?v=KZbs30iS__Y&feature=related (19.01.2013)
Bayerisches Fernsehen | ARD 11.05.2012

M 2d Wie entsorge ich gebrauchte bzw. die Reste von zerbrochenen Energiesparlampen?

Wegen der Relevanz von Quecksilber für Umwelt und Gesundheit gehören Energiesparlampen, wenn sie ausgedient haben, nicht in den Hausmüll oder gar Glascontainer, sondern sind bei Sammelstellen abzugeben. ... Bei ordnungsgemäßer Abgabe der Altlampen kann Quecksilber getrennt erfasst und das Lampenglas verwertet werden. ... Zum richtigen Umgang mit zerbrochenen Energiesparlampen erhalten Sie beim Umweltbundesamt ausführliche Hinweise. Von entscheidender Bedeutung ist das ordnungsgemäße Lüften und Wegräumen der Scherben, damit Belastungen durch entweichendes Quecksilber minimiert werden.

http://www.bmu.de/produkte_und_umwelt/doc/44048.php (19.01.2013)

Arbeiten mit den Materialien

Zu **M1**

Führt eine Pro-Kontra-Debatte zur Antibiotika-Nutzung in der Tiermast durch.
Problemstellung: Sollten Antibiotika in der Fleischproduktion genutzt werden?
Bildet Pro-, Kontra- und Beobachtergruppe (s. Methodenseite Band 1, S. 73).

Zu **M2**

1 Nutzt die Informationen durch das Youtube-Video unter M 2c.

2 Führt eine Pro-Kontra-Debatte zur Einführung der Energiesparlampen und schätzt Vor- und Nachteile des Verbots der Glühlampen und des Ersatzes durch „Energiesparlampen“.

Strukturwandel, internationale Arbeitsteilung, Globalisierung und Nachhaltigkeit

1 Global oder regional produzieren, Produkte entwickeln und vermarkten?

Unternehmer Neue Werkstoffe:
Wir entwickeln leichte Autoteile aus neuen CFK-Fasern, damit der Energieverbrauch sinkt.
Deutschlands Chance sind hochqualifizierte Fachkräfte.

Verbrauchervertreterin:
Trauben aus Chile 12 000 km per Flugzeug zu transportieren ist eine Klimasünde.
Pro kg Trauben fallen 7,5 kg CO_2 an. Aus hiesiger Produktion sind es 10 g. Das sollten Verbraucher bedenken!

Gewerkschafter:
Arbeitsplätze werden ins Ausland verlagert. Die Qualifikation asiatischer Kollegen steigt. Das drückt hier die Löhne.
Nur wenn wir gute Qualität produktiver herstellen, können wir in der Region produzieren und gut verdienen!

Moderatorin:
Willkommen beim Talk zu nachhaltigem Handeln bei Arbeit und Konsum. Bitte nehmen Sie zuerst Stellung zu folgender Frage: Ist der weltweite Handel, also die Globalisierung, mit nachhaltigem Handeln vereinbar?

Inhaber Verbrauchermarkt:
Vieles beziehe ich aus der Region, z. B. Milch. Doch Kunden wollen auch Trauben im Winter oder Frühkartoffeln und Mango, die hier nicht wachsen!
Außerdem: Mit T-Shirts aus Asien können z. B. heimische Hersteller nicht konkurrieren.

Unternehmerin Milchverarbeitung:
Ich verarbeite möglichst Milch und Obst von Landwirten aus der Region und anderen Ländern. Aber der Einkauf weltweit ist oft günstiger.
Und ich muss auch auf meinen Gewinn achten.

▸ **Leitauftrag** Welche Interessen werden deutlich? Wie schätzt ihr die Antworten ein? Welche Argumente möchtet ihr noch weiter diskutieren?

B Auf einen Blick

Ihr erklärt Vor- und Nachteile von regionalem und globalem Wirtschaften für Produzenten, Händler, Verbraucher, Arbeitnehmer.

Ihr erläutert Faktoren des Strukturwandels in der Wirtschaft.

Ihr berücksichtigt Auswirkungen auf die ökologische und soziale Nachhaltigkeit.

Ihr verfolgt an Beispielen, wie Waren in weltweiter Arbeitsteilung hergestellt werden.

Ihr erläutert, wie Verbraucher durch ihre Konsumgüternachfrage den Strukturwandel beeinflussen können.

2 Ausprägung des Strukturwandels und der Strukturpolitik

Besonders der globale Wettbewerb und die internationale Arbeitsteilung führen zum fortwährenden Wandel wirtschaftlicher Strukturen. Dimensionen davon sind:

Sektoraler Strukturwandel:

Dieser meint den Übergang von einer Industrie- zu einer Dienstleistungsgesellschaft. Im Jahr 2011 beschäftigte der sekundäre Sektor (Industrie und Handwerk) in Deutschland 25 % und der tertiäre (Handel und Dienstleistungen) 74 % der Erwerbstätigen. Die Waren- und Dienstleistungsproduktion sind häufig eng miteinander verzahnt. Angesichts der zunehmenden Bedeutung der Informations- und Kommunikationstechnologien wird auch vom Übergang zur Informationsgesellschaft gesprochen. Die Berufsarbeit besteht inzwischen vielfach in der Aufbereitung, Verknüpfung und Auswertung von Informationen. Jeder zweite Beschäftigte ist daran beteiligt.

Strukturwandel innerhalb eines Sektors:

In der Industrie übernehmen z.B. Maschinen gefährliche oder belastende Arbeiten. Bei diesen **Verfahrensinnovationen** der Produktion kommt es zur zunehmenden Mechanisierung und/oder Automatisierung, die menschliche Arbeitskraft teilweise oder völlig ersetzt.

Auch **Produktinnovationen** sind eine Ausprägung des Strukturwandels. So werden z.B. als Ergebnisse der Werkstoffforschung neu entwickelte besonders leichte und stabile Werkstoffe im Flugzeug- und Automobilbau eingesetzt, auch um Energie zu sparen (s.S.128, 129, 134). Der Ersatz von Stahlblech durch andere Werkstoffe beeinflusst wiederum die Stahlindustrie.

Der weltweite Ausbau der Verkehrsinfrastruktur und der Informationstechnologien ermöglicht Unternehmen, bisher selbst produzierte Teile weltweit kostengünstiger einzukaufen. Das führt zu zunehmender internationaler Arbeitsteilung bei geringerer → Fertigungstiefe (s.S.131, 132).

Auch die Art des Arbeitseinsatzes verändert sich, weil in einem Hochtechnologieland wie Deutschland mit hohen Personalkosten der Anteil gut qualifizierter Arbeitskräfte steigt, während bei eher gering qualifizierten eine hohe Arbeitslosigkeit vorherrscht. Hinzu kommt, dass einfache Produktionstätigkeiten (s.S.130) und Dienstleistungen (z.B. Call-Center) zur Wettbewerbssicherung an Standorte mit geringeren Lohnkosten, z.B. Bulgarien, verlagert werden.

Regionaler Strukturwandel:
In den Regionen verändern sich die wirtschaftlichen Strukturen fortwährend mit Konsequenzen für den Arbeitsmarkt. So wandelt sich das Ruhrgebiet nach dem Niedergang des Bergbaus und der Montanindustrie in ein Zentrum für hochtechnologische Industrien (z.B. im Umweltschutzbereich) und moderne Dienstleistungen. Verbunden mit dem Wandel konzentrieren sich bestimmte Dienstleistungen in Zentren, z.B. Banken in Frankfurt, Medien in Hamburg, Berlin und Köln.

Strukturpolitik:
Der Strukturwandel beeinflusst durch die → **Strukturpolitik** von EU, Bund, Ländern und Gemeinden
- branchenbezogen die Förderung der Nutzung regenerativer Energien,
- regional die Förderung zukunftsfähiger Arbeitsplätze, z.B. in der Logistik.

Damit sollen u.a. die Lebensbedingungen angeglichen werden.

Eine besondere Herausforderung war und ist die deutsche Wiedervereinigung. Seit vielen Jahren wird die wirtschaftliche Entwicklung der „neuen Bundesländer" vom Staat gefördert.

In der Vergangenheit gab es auch strukturerhaltende Politik, z.B. Subventionen für den deutschen Steinkohlebergbau, weil dieser nicht mehr wettbewerbsfähig war, aber als Energiereserve erhalten werden sollte.

Für die kommenden Jahre wird als besonders wichtig angesehen:
- Förderung von allgemeiner und beruflicher Aus- und Weiterbildung, um über die notwendigen Fachleute für innovative Veränderungen zu verfügen, z.B. durch Studiengänge für die Erforschung neuer Werkstoffe und Bildungsgänge für die Nutzung der entsprechenden Produktionstechnologie (s.S.129, 134).
- Förderung nachhaltiger Produkt- und Verfahrensentwicklung, z.B. Batterien mit hoher Speicherkapazität für das Elektroantrieb-Auto, und anderer nachhaltiger Produktionsverfahren.
- Förderung von Planungen, um den Ausbau notwendiger Verkehrs- und Netzinfrastruktur zum Transport von z.B. Strom aus regenerativer Erzeugung zu sichern.

Weitere Bereiche des → Strukturwandels:
a) Bevölkerungsstruktur, z.B. in Bezug auf Alter, Sprache, Nationalität
b) Struktur von Gesundheitsdienstleistungen
c) Struktur der Konsumgüternachfrage
d) Beschäftigten-/Erwerbstätigenstruktur
e) Struktur der Anforderungen an Arbeitsplätze
f) Kommunale Infrastruktur

A Aufgaben

1 Erklärt den Begriff der Struktur des Güterangebots einer Volkswirtschaft.

2 Erklärt, wie die wirtschaftliche Entwicklung den Strukturwandel beeinflussen kann.

3 Verdeutlicht an einem Beispiel die Bedeutung der Globalisierung für den Strukturwandel.

4 Nennt Neuerungen der Güter- und Dienstleistungsstruktur eurer Region.

5 Überlegt Auswirkungen strukturerhaltender Politik und schätzt diese ein.

6 Erklärt an Beispielen Veränderungen in der Auflistung: „Weitere Bereiche des Strukturwandels".

3 Innovationen mit Faserverbundstoffen – das Fallbeispiel CFK-Valley Stade

Entwicklung von Technologiekompetenz mit weltweiter Bedeutung

Stade ist ein Industrie- und Dienstleistungsstandort in der Metropolregion Hamburg. ... Ein Hauptakteur ist der ... Airbus Konzern, dessen Center of Excellence in Stade ... einer der größten europäischen Fertigungsstandorte für CFK-Leichtbaustrukturen (s. Erklärung rechts) ist. Er übt eine hohe Anziehungskraft ... auf Unternehmen und Experten aus Forschung, Entwicklung und Produktion in der CFK-Technologie aus.
Wichtig ist auch das Kompetenznetz CFK-Valley Stade e.V. (Hier) ... kommen die weltbesten Partner für CFK-Leichtbautechnologie zusammen. Die ... entstehende Konzentration von Expertenwissen, über die → Wertschöpfungskette hinweg, entfaltet eine Innovationskraft zum Nutzen aller Beteiligten. Es entstehen technologische Innovationen und somit Vorteile im Wettbewerb um Kunden und Marktanteile. ..."

CFK-Valley Stade e.V. http://www.cfk-valley.com/ (09.11.2011)

Ein Netzwerk für die Faserverbund-Technologie entsteht

Dort ist ein etabliertes Kompetenznetzwerk für carbonfaserverstärkte Kunststoffe (kurz CFK) mit mehr als 100 nationalen und internationalen Mitgliedsunternehmen und Forschungseinrichtungen ansässig. ... Hauptziel des Netzwerkes ist es, Faserverbundtechnologien in neue innovative Anwendungen innerhalb der Branchen Luftfahrt, Automobilbau, Windkraft, Transportwesen, Maschinen- und Anlagenbau in Beziehung zu bringen mit ...

- ... der Bündelung von Forschungs- und Unternehmensaktivitäten,
- ... der Vernetzung ... zu ... weltweit führenden Unternehmen und Forschungseinrichtungen. Dabei erfolgen Öffentlichkeitsarbeit und Marketing gemeinsam.[1]

Bedeutung von CFK – carbonfaserverstärkter Kunststoff

CFK gilt als der Werkstoff der Zukunft. Er besteht aus einem Faser-Kunststoff-Verbundwerkstoff, bei dem Kohlenstofffasern, meist in mehreren Lagen, als Verstärkung in eine Kunststoff-Matrix eingebettet werden. Diese besteht z.B. aus Epoxidharz, einem chemischen Produkt. CFK zeichnet sich aus durch extremes Leichtbaupotenzial: Gewichtseinsparung im Vergleich zu Stahl: 70 %, zu Aluminium: 30 %

- große ... Festigkeit und Steifigkeit,
- hohe statische und dynamische Belastbarkeit,
- Korrosionsbeständigkeit,
- geringe oder keine Wärmeausdehnung ...

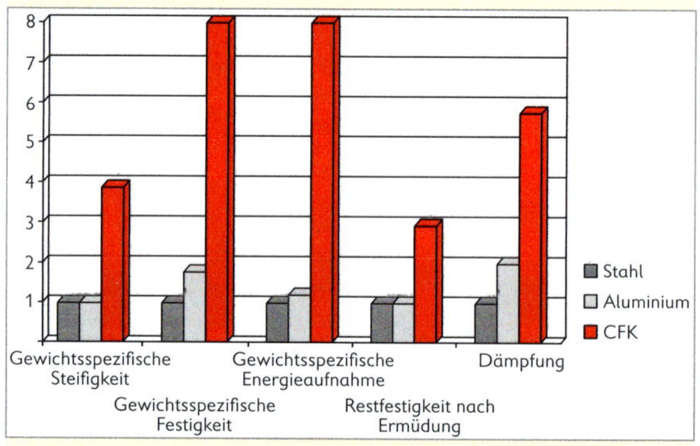

CFK-Valley Stade e.V. http://www.cfk-valley.com/ ▸ CFK-Valley Stade Imagecards (09.11.2011)

[1] Zur Nutzung bei Konsumgütern s. **M5**, S.134.

Aufgabe

A

1 Warum fördert es → Produkt- und → Verfahrensinnovationen, wenn Forschung, Entwicklung und Produktion zusammenarbeiten?
2 Erklärt Einsatzmöglichkeiten von CFK (s. auch **M7**, S. 134).

4 Forschung, Entwicklung und berufliche Bildung verbinden

Auf der Vorseite wurde die Bedeutung des Zusammenwirkens verschiedener Unternehmen der Region für die Entwicklung innovativer Produkte und Herstellungsverfahren angesprochen. Wichtig ist für Forschungs- und Entwicklungsprozesse qualifiziertes Personal. Auf dem Arbeitsmarkt kann solches für Arbeitsplätze, die Wissen und Können um innovative Technologien voraussetzen, regional oft schwer gefunden werden.
In Stade wurden ein Technologiezentrum geschaffen (siehe **Folgetext** und **M7**, S.134) und ein Campus zur beruflichen Aus- und Weiterbildung für Fachkräfte. Dieses bietet Hochschulstudiengänge und Weiterbildungsmöglichkeiten (s. unten und rechts) – verbunden mit einem Forschungszentrum.

Technologiezentrum Stade – hier wird an der CFK-Zukunft gearbeitet

15 Forschungseinrichtungen und Unternehmen arbeiten gemeinsam an neuen Prozessen und Verfahren im CFK-Leichtbau. Das Zentrum umfasst 3200 m^2 Hallen und Laborfläche sowie 2400 m^2 Bürofläche. Projektpartner können sich hier einmieten und in Hochtechnologie-Projekten verzahnen.

CFK-Valley Stade Campus

Theorie
Berufsakademie/Hochschule
evtl. zusätzlich Berufsschule

← **Dual studieren** →

Praxis
Betrieb/sonstige Ausbildungsstätte

Auch dieses wurde durch Stadt und Land gefördert. Genutzt wird das Gebäude durch die Berufsbildenden Schulen Buxtehude, Berufsgruppe Verfahrensmechanik und die Private Hochschule Göttingen (PFH). Diese bildet – europaweit einmalig – Spezialisten für CFK aus und sorgt für Weiterbildung. Als Studiengänge werden z.B. angeboten:

- Bachelor of Engineering, Bereich Verbundwerkstoffe/Composites inkl. Ausbildung zum FVK-Facharbeiter (Bereich **f**aser**v**erstärkte **K**unststoffe),
- englischsprachiger Master of Science im Bereich Verbundwerkstoffe/Composite.

Forschungszentrum CFK NORD – Hier wird die Zukunft von CFK erforscht

Dieses ist ein Teil des CFK-Valley Stade. Forschungseinrichtungen, Unternehmen und Hochschulen arbeiten im CFK NORD gemeinsam an Lösungen für den praktischen Einsatz von CFK (zur Verwendung s. Vorseite und **M4**, **M6**, S.134). Die Gebäudeinvestition von 26,5 Mio. € unterstützte das Land Niedersachsen mit 19,7 Mio. €. In Europas größtem CFK-Forschungszentrum mit 18 600 m^2 können CFK-Großbauteile in der 135 m langen, 50 m breiten und 24 m hohen Halle entwickelt, bearbeitet und montiert werden.

Nach **CFK-Valley Stade e.V.:** Leading Network for Advanced Composites http://www.cfk-valley.com/ (10.11.2011)

A Aufgaben

1 Begründet die Bedeutung von qualifiziertem Personal für CFK-Valley Stade. Recherchiert Bildungsgänge für die Aus- und Weiterbildung: http://www.cfk-valley.com/nc/de/angebot/campus.html?sword_list[]=weiterbildung (19.01.2013)

2 Nennt Gründe, warum das Land das Technologiezentrum und den Campus Stade gefördert hat und was das für die Wirtschaftsentwicklung bedeutet.

3 Stellt Zusammenhänge her zwischen
- der Tätigkeit des Forschungszentrums,
- der Entwicklung neuer Produkte sowie
- beruflicher Anforderungen an Mitarbeiter.

4 Recherchiert wirtschaftliche Anwendungen von Forschungsergebnissen http://www.cfk-valley.com/de/news/pressemeldungen.html (19.01.2013).

5 Canon gibt Fertigung in Gießen auf

250 Leute verlieren ihren Arbeitsplatz. Kopierer-Produktion in China angeblich billiger

◀ Die Tür bleibt zu: Canon stellt die Produktion von Kopierern in Gießen ein. Das Werk war einst die modernste Fabrik ihrer Art.

Sie war eine der modernsten Fabriken für Kopierer, heute kann sie gegen den Wettbewerb aus China nicht mehr bestehen. Der Elektronikkonzern Canon verlagert seine Produktion aus Gießen nach China. Durch den Kostendruck in der Produktion kommen nur wenige kostengünstige Standorte infrage, sagt die Sprecherin von Canon.

In den Broschüren … des Werkes ist noch der Stolz der Japaner nachzulesen. „Die hier gefertigten Systeme werden in ganz Europa vermarktet …“

Kritik vom Betriebsrat

Das Ende der Produktion sei keine Folge mangelnder Qualität oder fehlenden Einsatzes der Mitarbeiter. Gerade deswegen habe die Nachricht von der Verlagerung alle Mitarbeiter besonders getroffen, sagt eine Betriebsrätin: „Die Leute sind bedrückt, weil sie nicht wissen, wen die Kündigungen treffen.“ Betriebsrat und Geschäftsführung wollen für die Belegschaft einen Sozialplan aushandeln, der Abfindungszahlungen und die Förderung von Weiterbildung wegen Verlust des Arbeitsplatzes sichert.

Der Betriebsrat sprach von einer Fehlentscheidung, da die Qualität in China schlechter sei. … Aus Sicht des Managements ist das Aus nicht zu vermeiden. Alle Mitbewerber in Europa hätten ihre Produktion nach Asien verlegt. Experten schätzen, dass Canon in China um 20 % billiger fertigen kann.

150 Menschen sollen weiterbeschäftigt werden und sich künftig auf den Service konzentrieren.

Nach
Frankfurter Rundschau v. 08.01.2008 (gekürzt)

A **Aufgaben**

1 Nennt Gründe für die Verlagerung der Produktion. Wer hat Vorteile davon?

2 Was bedeutet die Kündigung für Betroffene?

3 Sprecht über die Bedeutung des Sozialplans.

4 In anderen Fällen wurde versucht, durch Kostensenkung (z.B. unbezahlte Mehrarbeit, geringerer Verdienst) konkurrenzfähig zu werden. Was bedeutet das für die Beschäftigten?

6 Der lange Weg des Erdbeerjogurts

Bis der Jogurt produziert, im Glas mit Deckel sowie mit Etiketten versehen und verkaufsfertig in Pappkisten verpackt ist, braucht es viele Schritte. Bis zur Auslieferung durch das Unternehmen legten die zugekauften Produkte 8447 Kilometer zurück (s. S.132). Das lohnt sich für das Unternehmen, belastet aber die Umwelt. Für Fahrten zu den Einzelhandelsgeschäften kamen noch 668 km hinzu.

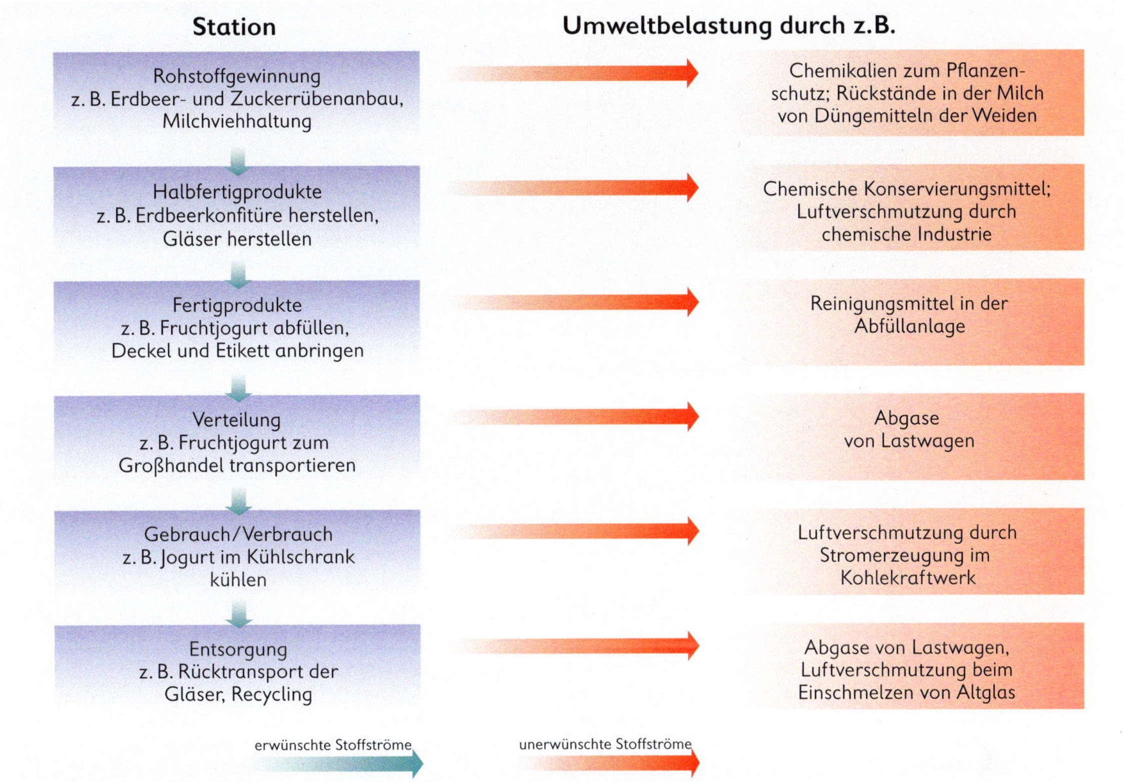

Von Station zu Station fließen Stoffe. Im Beispiel „Erdbeerjogurt“ sind Milch und Erdbeeren erwünschte Stoffe aus der Rohstoffgewinnung. Abfälle oder Chemikalien aus Pflanzenschutzmitteln sind unerwünschte Stoffströme in die Umwelt.

A Aufgaben

1 Verfolgt die Transportwege auf S.132. Errechnet die gefahrenen Kilometer:
- vom Zulieferer zum Zulieferer,
- vom Zulieferer zum Hersteller.

Legt dazu eine Tabelle an. Bewertet das Ergebnis ökologisch.

2 Sprecht über Folgendes: Aus der Sicht der Unternehmen rollen die Lastwagen nicht einen Meter zu weit. Die Unternehmen wollen Gewinn machen. Sprecht über die Vorschläge für nachhaltigere Transporte:

a) energiesparende Lkw nutzen und Fahrten verringern (siehe **M1**, S.133),
b) Verpackung vereinheitlichen,
c) Mehrweggläser einführen,
d) Zulieferer in der Nähe suchen,
e) umweltfreundlichere Bahn nutzen,
f) CO_2-Label anbringen (siehe **M2**, S.133).

Was kann der Konsument durch seine Kaufentscheidungen beitragen? Sprecht über weitere ökologische Auswirkungen. Betrachtet dazu das Schaubild oben (rechte Spalte) und **M1** auf S.133.

An einem der Standorte des Unternehmens Campina, das weitere Werke in vielen Ländern hat, werden Jogurt und Desserts hergestellt.

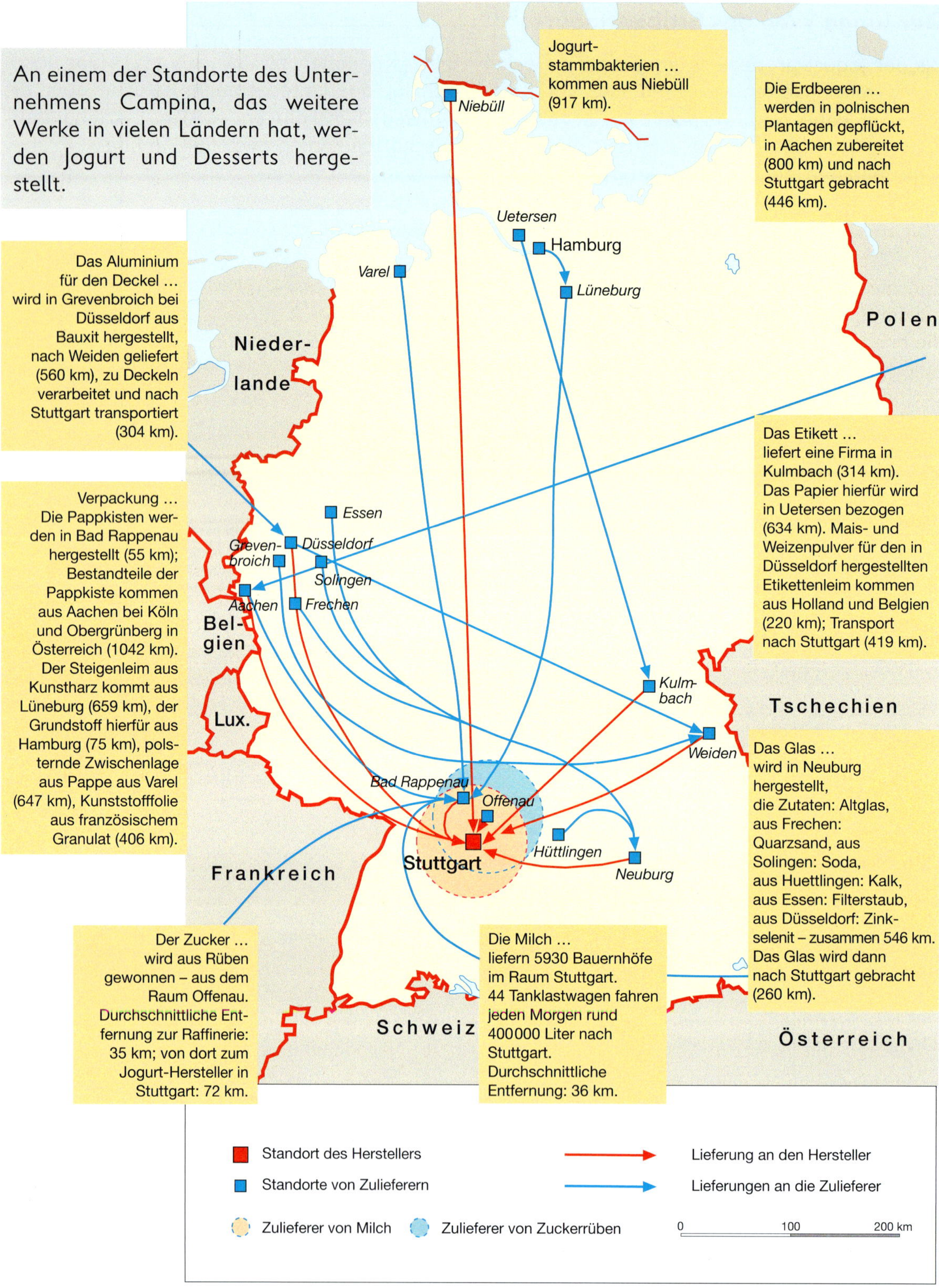

Nach **Stefanie Böge**: Die Wege des Erdbeerjogurts, Diplomarbeit an der Universität Dortmund 1992

7 Weiterführendes Material

M1 Friesland Campina – Nachhaltigkeit bei der Milchverarbeitung

Die Verwendung von fossiler Energie ... führt zum Ausstoß von CO_2 (Kohlendioxid). ... Deshalb arbeiten wir ... aktiv daran, den Energiebedarf in der Milchkette zu reduzieren. ... Zwischen 2005 und 2008 wurde daran gearbeitet, an unseren Produktionsstandorten Energie zu sparen. Unter anderem durch eine effizientere Reinigung unserer Maschinen und die energiesparende Einstellung unserer Kühlanlagen. Die Produktionsstandorte ... berücksichtigen den Energieverbrauch auch bei der Anschaffung neuer Maschinen. ... Im Jahr 2010 erhöhten wir den Anteil der nachhaltigen Energie an unserem Energieverbrauch auf 15 %. ...

Wir möchten zu einer Verbesserung der Nachhaltigkeit in der Produktion von Molkereiprodukten beitragen. Aber eine Voraussetzung muss sein, dass wir weiterhin wirtschaftlich rentabel arbeiten, denn nur dann können wir in diesen Nachhaltigkeitsprozess investieren. An den Produktionsstandorten arbeiten wir mit Umweltschutzsystemen, um zielgerichtet an der Verbesserung der Energieeffizienz zu arbeiten.

Bei der Verbesserung der Nachhaltigkeit in der Produktion von Molkereiprodukten spielt die Milchviehhaltung eine wichtige Rolle. Sie ist für 67 % der Treibhausgase in der Milchkette verantwortlich. Diese werden vor allem durch das Methan aus dem Pansen der Kuh und das Lachgas, das durch den Kunstdünger entsteht, verursacht. Weitere 17 % entfallen auf die Produktion des Viehfutters. Die Verarbeitung von Milch verursacht den Rest des Ausstoßes: 16 %. ...

Innerhalb der Milchkette sollen zwischen 2005 und 2020 2 % Energie pro Jahr eingespart werden. ... Im Jahr 2020 soll die gesamte Energie ... nachhaltig erzeugt sein. ...

Nach **Friesland Campina:** www.frieslandcampina.com ▸ Nachhaltigkeit ▸ Fälle ▸ Erneuerbare Energie (03.07.2012)

M2 „CO_2-Rucksack" von Lebensmitteln kennzeichnen

Lebensmittel aus der Region sind klimafreundlich. Sie sind frisch und von guter Qualität. Experten haben herausgefunden: Wenn man im Durchschnitt 10 % mehr regionale Lebensmittel kauft, dann verringert sich der Transport von 1700 km auf 150 km. Das wurde für Österreich ausgerechnet und würde dort eine Reduzierung der Lkw-Kilometer um 166 Mio. pro Jahr bedeuten. Das spart 116 000 Tonnen CO_2. Die CO_2-Transportlast wird „CO_2-Rucksack" genannt. Die britische Supermarktkette ASDA arbeitet zurzeit an „Flugaufklebern" für frisches Obst und Gemüse. ASDA will auch die Flugkilometer sichtbar machen.

Nach **ORF Online und Teletext GmbH&Co.KG** www.orf.at/070312-10095/?href=http%3A%2F%2Fwww.orf.at%2F070312-10095%2F10024txt_story.html

Arbeiten mit den Materialien

Zu M1
Warum ist Nachhaltigkeit ein wichtiges Unternehmensziel? Welche Transporte sind auf der Karte S. 132 zu sehen? Die Werke haben sich aus Kostengründen auf einzelne Produkte spezialisiert. Was bedeutet das für den Transport?

Zu M2
Wie könnt ihr euch für regionale Produkte einsetzen? Wie steht ihr zur Kennzeichnung von Produkten mit großem „CO_2-Rucksack"?

M3 Aus Alt mach Neu – Faserrecycling auf höchstem Niveau

... Der zunehmende Einsatz von CFK-Fasern ... erfordert die nachhaltige Verwertung von kohlenstofffaserhaltigen Produktionsresten und End-of-Life Bauteilen. ... Für die Rückgewinnung und Herstellung hochwertiger Carbon-Kurzfasern dient ... eine hochmoderne Recyclinganlage mit 1500 t Jahreskapazität. Damit kann ... der Stoffkreislauf für ... in Europa anfallende CFK-Werkstoffe geschlossen werden.

CFK-Valley Stade e.V.: http://www.cfk-valley.com/angebot/recycling.html (02.07.2012)

M4 Innovatives Kühltrailerkonzept in CFK-Leichtbauweise

Das Entwicklungsprojekt zur Herstellung eines Kühlaufliegers ... mit eingebauten Isolierpanelen und einem geschlossenen CO_2-Kühlsystem wird durch Mitglieder des Composite-Netzwerkes „CFK-Valley Stade" realisiert. Das Projektmanagement erfolgt durch die Firma TTT The Team Composite AG, die sich auch für die Konstruktion des Aufliegers in einer patentierten Bauweise verantwortlich zeigt. ... Die Sika Deutschland GmbH konnte beim Modell- und Formenbau und der Herstellung von CFK-Fertigteilen und deren Verklebung ... glänzen.

CFK-Valley Stade e.V.: Innovation Report 1/2011, S.16 http://www.cfk-valley.com/ (02.07.2012)

M5 CFK für Konsumgüter

Der Einsatz erfolgt z.B. für **Sportgeräte** wie Fahrradrahmen, Speedskates, Tennisschläger, Sportpfeile, Fußballschuhe und Angelruten.

M6 Dow Chemical setzt auf Windenergie und Automobilbau

Die „The Dow Chemical Company" ist ein internationales Industrie- und Technologieunternehmen mit 54000 Mitarbeitern, davon arbeiten 1500 am Produktionsstandort Stade. Hier wird das Epoxidharz hergestellt, das bei CFK-Bauteilen 50 % der Gesamtmasse ausmacht. Ein Projekt im Forschungszentrum ist die Entwicklung eines Demonstrators zur Herstellung von Rotorblättern mittels Epoxidharz-Injektionsverfahren. Dadurch ermöglicht Dow seinen Kunden, die Fertigung von großen Windenergieanlagen zu erproben. Im Bereich Windenergie gehört Dow mit seinem Produkt AIRSTONE™ zu den Weltmarktführern. Weitere Projekte zielen auf den Einsatz von CFK-Bauteilen in der Serienfertigung im Automobilbau.

Nach **CFK-Valley Stade e.V.:** VDI VDE (Hrsg.). Mensch und Technik II/2011, S.11

M7 Stade – Raum für Wachstum im CFK-Valley vorhanden

Rund um das Forschungszentrum CFK NORD stehen Flächen für Unternehmen und Forschungseinrichtungen aus dem CFK-Leichtbau und der Luft- und Raumfahrt erschlossen zur Verfügung.

CFK-Valley Stade e.V.: Leading Network for Advanced Composites http://www.cfk-valley.com/ (10.11.2011)

Arbeiten mit den Materialien

Zu **M3**
Begründet die Bedeutung der Nachhaltigkeit im Gesamtkonzept.

Zu **M4**
Welche Bedeutung hat für das Entwicklungsprojekt das Zusammenwirken der Firmen?

Zu **M6**
Welche Vorteile hat Dow von der Kooperation?

Zu **M7**
Was bewirken freie Gewerbeflächen für das Forschungszentrum CFK NORD?

Alles klar?

Markt und Wettbewerb

1 Wettbewerb ist für eine funktionierende Marktwirtschaft wichtig. Schreibe drei Gründe auf.

2 Funktionsfähiger Wettbewerb setzt immer Rivalität und Kollegialität voraus. Erkläre, warum.

3 Anbieter neigen dazu, den Wettbewerb einzuschränken. Nenne zwei Beispiele von Wettbewerbsbeschränkungen.

4 Anbieter neigen auch zu unlauterem Wettbewerb. Nenne hierzu zwei Beispiele.

5 Warum ist ein polypolistischer Markt weniger effizient als ein oligopolistischer mit nicht zu wenig Anbietern?

6 Was stellst du dir unter einem Nachfragemonopol vor?

7 Beschreibe zwei Arten von Kartellen.

8 Was ist Voraussetzung dafür, dass das Kartellamt ein Bußgeld wegen überhöhter Preise einfordert?

9 Welche Kartellart wird unter Umständen vom Kartellamt genehmigt?

10 Wird das Kartellamt eingreifen, wenn in eurer Straße ein Dönerladen und ein Pizzabäcker sich zusammenschließen und die nächste Pizzeria, die drei Straßen weiter ist, dies beim Amt meldet?

▲ Arbeiter an einem Fließband der Ford Motor Company, Foto, um 1935

Technischer und wirtschaftlicher Wandel

11 Henry Ford, Gründer des 2011 viertgrößten Automobilherstellers der Welt, führte 1913 das Fließband ein und verdoppelte die Löhne der Arbeiter auf fünf Dollar/Tag. Ford konnte mithilfe der Fließbandproduktion die Preise senken und den Autoabsatz steigern. Der Autopreis betrug 600 Dollar, nach vier Jahren 360 Dollar. Begründe, warum das die Verbreitung des Autos förderte.

12 „Technische Erfindungen bestimmen Art, Menge und Preis der angebotenen Güter." Begründe diese Behauptung durch Beispiele aus der Technikgeschichte.

13 Fragt eure Eltern/Großeltern nach technischen Neuigkeiten, an die sie sich erinnern. Erarbeitet daraus eine „Technikgeschichte".

14 Erkläre, unter welchen Voraussetzungen neue Technik genutzt wird.

15 Notiere, welche Dienstleistungen in eurer Schule angeboten werden und von wem.

16 Nenne drei Gründe dafür, warum Dienstleistungen vermehrt angeboten werden.

17 Warum werden Dienstleistungen aus Deutschland im Ausland nachgefragt?

18 Nenne Folgen der steigenden Lebenserwartung für das Dienstleistungsangebot.

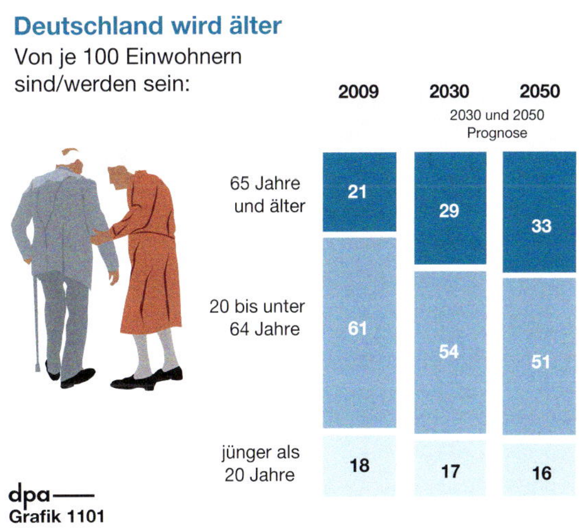

Nationale und europäische Wirtschaftspolitik

19 Welche Bedeutung hat die Steigerung des Bruttoinlandsprodukts (BIP)?

20 Nehmt Stellung: Alle Welt ruft nach Wachstum. Bedeutet dies nicht einen erhöhten Verbrauch von Ressourcen und Vernichtung der Lebensgrundlagen? Welche Alternativen gibt es?

21 Wer trägt am meisten zur Inflation bei? Wer hat Vor- und wer hat Nachteile durch Inflation?

22 Beschreibe die Aufgaben im Rahmen der Politik für die legislativen, judikativen und exekutiven Organisationen.

23 Was bedeutet es, wenn in einer Organisation das Subsidiaritätsprinzip gelten soll?

24 Was soll sich durch die Festigung der vier Freiheiten im europäischen Binnenmarkt verbessern? Führe für jede ein Beispiel an.

25 Die Wirtschaftsentwicklung vollzieht sich immer in Auf- und Abschwüngen. Beschreibe bei den Zyklen den Zusammenhang von Beschäftigungsentwicklung/Wachstum und Preisentwicklung.

26 Erkläre, wodurch sich die nachfrage- und angebotsorientierte Stabilisierungspolitik unterscheiden.

27 Stellt Zusammenhänge her zwischen folgenden Prognosen:
a) Entwicklung der Investitionen und des Wachstums,
b) Entwicklung des Wachstums und der Arbeitslosenzahl,
c) Entwicklung von Wachstum und von Exporten,
d) Entwicklung von Staatsdefizit und Inflation.

Strukturwandel, internationale Arbeitsteilung, Globalisierung und Nachhaltigkeit

28 Beschreibe am Beispiel eurer Gemeinde vorhandene Gesundheitsdienstleistungen.

29 Beschreibe zwei Aufgaben der Strukturpolitik.

30 Beschreibe Voraussetzungen für die Entwicklung und Vermarktung neuer Produkte.

31 Erkläre die Bedeutung einer beruflichen Aus- und Weiterbildung für eine an Innovationen orientierte Wirtschaftsentwicklung.

32 Im Jahr 2008 verlegte Nokia sein Handy-Werk nach Rumänien. Dort konnte kostengünstiger produziert werden, auch weil staatliche Förderung erfolgte. Ca. 4000 Arbeitsplätze in Deutschland waren betroffen. Die Gewerkschaft protestierte, auch weil das Werk in Bochum Gewinn machte. Nimm Stellung:
A: Unternehmen dürfen nicht so mit Menschen, die gute Arbeit leisten, umgehen.
B: Unternehmen müssen frei entscheiden dürfen, wo sie produzieren.
C: Arbeitnehmer in Rumänien sind an den Arbeitsplätzen sehr interessiert.

33 2011 wurde das Nokia-Werk nach China verlagert, weil dort noch billiger produziert werden kann und in Asien große Absatzmärkte sind. Der Staat forderte die Fördermittel von 2008 zurück (s. Aufgabe 32). Ist das Unternehmerverhalten
a) verständlich,
b) moralisch vertretbar und
c) akzeptierbar?
Nehmt Stellung.

33 Die Produktion von Erdbeerjogurt, s.S. 131 f., ist aus Unternehmenssicht ökonomisch. Wie ist diese aus der Perspektive nachhaltigen Wirtschaftens zu bewerten?

Arbeitsmarktpolitik: Ein starker Sozialstaat ist notwendig

1 Was kennzeichnet den Arbeitsmarkt?

Der Arbeitsmarkt braucht den Staat. Der Mensch, der seine Arbeitskraft auf dem Arbeitsmarkt anbietet, braucht staatlichen Schutz.

Das Prinzip von Angebot und Nachfrage, das auf Gütermärkten teilweise zu funktionierendem Wettbewerb führt, genügt nicht.

Es geht um Menschenwürde und Existenzsicherung, um ein auskömmliches Einkommen, gesunde Arbeitsbedingungen und befriedigende soziale Bedingungen am Arbeitsplatz.

▸ **Leitauftrag** Notiert Unterschiede zwischen dem Arbeits- und dem Gütermarkt.

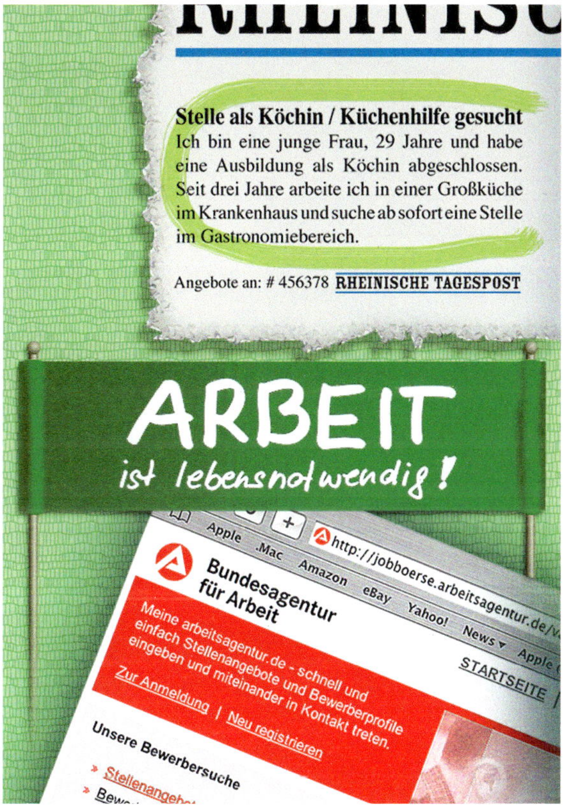

B Auf einen Blick

Ihr begründet Unterschiede zwischen Arbeits- und Gütermärkten.

Ihr beschreibt die aktuelle Lage auf dem Arbeitsmarkt und begründet, warum der Arbeitsmarkt einen starken Sozialstaat braucht.

Ihr beschreibt Maßnahmen des Staates zur Verbesserung der Lage auf dem Arbeitsmarkt.

Ihr setzt euch mit Argumenten für und gegen einen Mindestlohn auseinander.

Ihr informiert euch über Regelungen des EU-Arbeitsmarktes und globale Einflüsse auf die Entwicklung der Arbeitsbedingungen und schätzt die Bedeutung für Arbeitnehmer ein.

Ihr reflektiert und bewertet die Bedeutung der staatlichen Absicherung von Arbeitsmarktrisiken.

2 Der Arbeitsmarkt: Fakten und Eindrücke

Der Arbeitsmarkt: Ein besonderer Markt

Das Besondere besteht darin, dass hier **menschliche Arbeitskraft** angeboten und nachgefragt wird. Auf Gütermärkten geht es um den Tausch von Waren und Dienstleistungen gegen Geld. Der Kaufpreis richtet sich dabei nach Angebot und Nachfrage. Die menschliche Arbeitskraft wird nicht als ein Gut gesehen, das nach Marktgesetzen beliebig getauscht werden kann. Es geht um menschliche Würde, und deshalb sichert der Staat durch Gesetze die Menschenwürde.

Was ist anders beim Arbeitsmarkt?

Arbeitnehmer müssen ihre Arbeitskraft anbieten, um ihre Existenz zu sichern. Ihre Arbeitsfähigkeit ist eng mit ihrer Persönlichkeit verbunden. Sie bringen unterschiedliche Fähigkeiten und Bedürfnisse mit. Sie sind flexibel, aber nicht beliebig von Ort zu Ort zu verschieben. Sie leben in Familien und mit Personen, für die sie vor Ort verantwortlich sind.

Da die meisten Arbeitnehmer unbedingt auf Erwerbsarbeit angewiesen sind, haben sie eine schwache Stellung gegenüber den Arbeitgebern. Das betrifft sowohl das Entgelt als auch die Arbeitsbedingungen. *Gewerkschaften* verfolgen das Ziel, diese Nachteile so weit wie möglich auszugleichen. Sie bilden eine Gegenmacht.

Das Risiko, keine oder eine unzureichende Erwerbsarbeit zu finden oder wegen Krankheit, Behinderung und Schwäche nicht gegen Entgelt arbeiten zu können, ist groß.

Ein starker Staat muss den Arbeitsmarkt ergänzen, z.B. durch *Arbeitsschutzgesetze*, die *gesetzliche Sozialversicherung*, das Arbeitsförderungsgesetz und das *Betriebsverfassungsgesetz*.

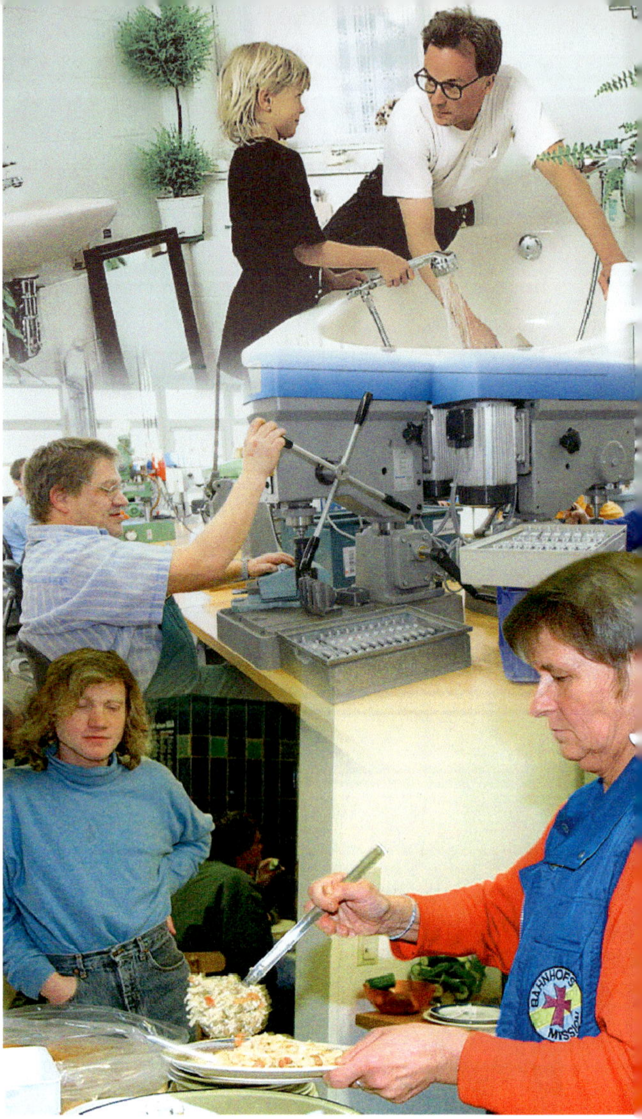

Arbeit

Zu unterscheiden ist Arbeit, die gegen Entgelt verrichtet wird, und Arbeit, für die es kein Entgelt gibt.

Erwerbsarbeit: ist Arbeit gegen Entgelt. Die Höhe des Entgelts wird entweder im Rahmen von Tarifverträgen ausgehandelt oder frei vereinbart.

Haus- und Familienarbeit, Eigenarbeit oder Bürgerarbeit (ehrenamtliche gemeinnützige Arbeit): erfolgt ohne Entgelt und soziale Sicherung. Bürgerarbeit ist z.B. Arbeit als Jugendtrainer bei Sportvereinen, Arbeit bei sozialen Einrichtungen, wie in Suppenküchen.
Wenn in der Wirtschaftsberichterstattung von Arbeit die Rede ist, so ist meist die Erwerbsarbeit gemeint.

Erwerbsquoten 2011[1] (Angaben in %)

Weiblich 18,4 Mio. Männlich 21,5 Mio.

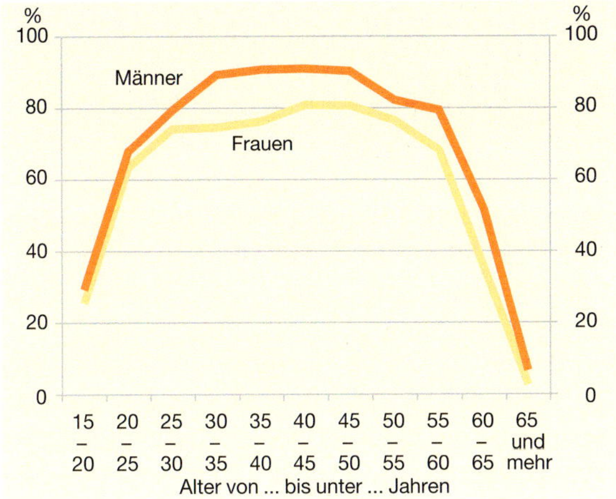

[1] Mikrozensus, Anteil der Erwerbspersonen an Bevölkerung

Stat. Bundesamt, Wiesbaden: Stat. Jahrb. 2012, S. 354

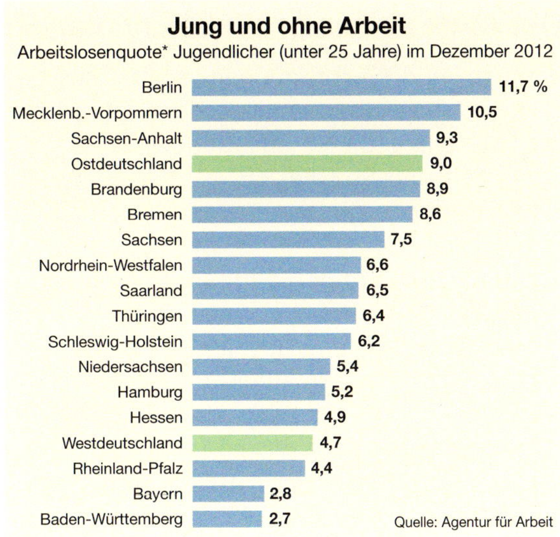

Arbeitslose nach Berufsbereichen

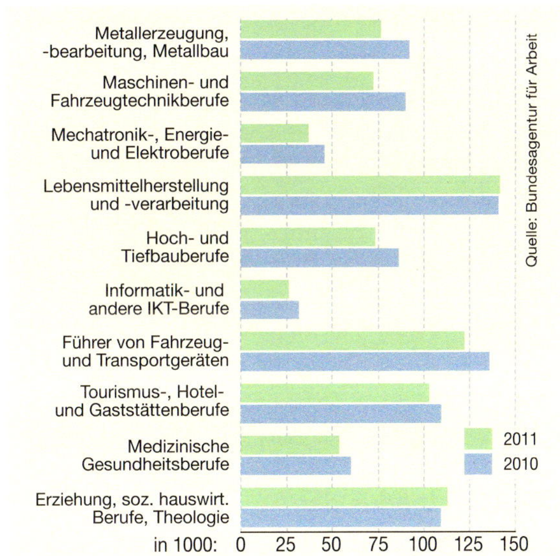

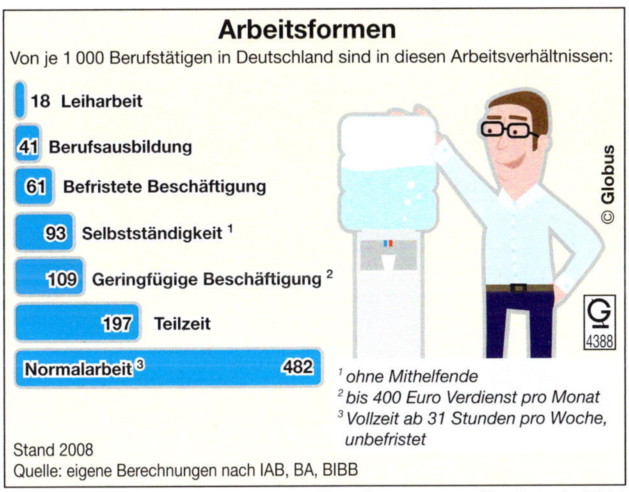

Bundesagentur für Arbeit 2011

http://statistik.arbeitsagentur.de

A Aufgaben

1 Kennzeichnet die Arbeitsmarktlage.

2 Begründet Besonderheiten des Arbeitsmarktes gegenüber den Gütermärkten.

3 Notiert Unterschiede zwischen Erwerbsarbeit und Hausarbeit.

4 Ordnet den Fotos (S. 138) die Art der Arbeit zu und begründet eure Entscheidung.

5 Beantworte Fragen, beurteile Meinungen:

a) Wegen der geringen Geburtenrate fehlen bald Arbeitskräfte. Wie lässt sich die Erwerbsquote steigern (s. S. 141 rechts)?

b) Die Arbeitslosenquote Jugendlicher ist unterschiedlich hoch. Welche Chancen könnte Mobilität eröffnen?

c) Viele arbeiten in unbefriedigenden Arbeitsformen. Was kann der Staat tun?

d) 2011 sank die Arbeitslosenzahl fast überall. Begründe, nutze S. 112.

6 Beschreibt die Lage auf dem Arbeitsmarkt in eurer Region. Nutzt das Internet.

3 Der Markt allein genügt nicht: der Staat muss regulieren

Gesetze und Verordnungen sollen sichern, dass der Arbeitsmarkt menschenwürdig funktioniert. Dazu bietet das Bundesministerium für Arbeit und Soziales (BMAS) gezielte Unterstützung an:

Fördermaßnahmen für Jugendliche und junge Erwachsene

- Berufsberatung und Ausbildungsvermittlung
- Mobilitätshilfen zur Aufnahme einer Ausbildung
- Unterstützung der Beratung und Vermittlung von Arbeits- oder Ausbildungsplätzen
- Berufsausbildungshilfen
- Besondere Maßnahmen für Menschen mit Migrationshintergrund
- Besondere Maßnahmen für Menschen mit Behinderung

Teilhabe behinderter Menschen

Dazu zählt die Initiative „Jobs ohne Barrieren". Dadurch sollen behindertenJugendlichen Ausbildungsplätze angeboten werden.

Mehr dazu unter www.bmas.de ▸ Themen ▸ Teilhabe behinderter Menschen ▸ Initiative Jobs ohne Barrieren

Dienstleistungen der → Bundesagentur für Arbeit

Maßnahmen für Jugendliche und junge Erwachsene unter 25 Jahren werden auf die Bedürfnisse und Interessen junger Erwachsener zugeschnitten. Mehr dazu unter www.bmas.de ▸ Themen ▸ Aus- und Weiterbildung ▸ Ausbildungsförderung (19.01.2013)

Eine besondere Fördermaßnahme im Rahmen des „Nationalen Pakts für Ausbildung der Bundesregierung und Spitzenverbände der Wirtschaft ist die Einstiegsqualifizierung (siehe unten). Hier vermitteln die Arbeitsagenturen.

Betriebliche Einstiegsqualifizierung (EQ) – eine Brücke in die Berufsausbildung

Jugendliche, die bis zum 30. September eines Jahres noch keinen Ausbildungsplatz gefunden haben, vermittelt die Bundesagentur für Arbeit an Ausbildungsbetriebe für ein Betriebspraktikum im Umfang von 6 bis 12 Monaten. Die Übernahme in ein Ausbildungsverhältnis sollte vom Betrieb angestrebt werden.

Zielgruppe

- Jugendliche, die noch nicht in vollem Umfang über die notwendige Befähigung zur betrieblichen Ausbildung verfügen
- Lernbeeinträchtigte und sozial benachteiligte Jugendliche

Vertragsverhältnis

Mit dem Praktikanten wird ein Qualifizierungsvertrag nach §26 Berufsbildungsgesetz geschlossen. Es handelt sich um ein sozialversicherungspflichtiges Beschäftigungsverhältnis, für das eine Vergütung gezahlt wird.

Betriebliches Zeugnis

Am Ende des Praktikums erhält der Jugendliche eine Bescheinigung über die vermittelten Kenntnisse und Fertigkeiten.

Weitere Informationen

www.arbeitsagentur.de ▸ Bürgerinnen und Bürger ▸ Ausbildung ▸ Nationaler Pakt für Ausbildung (19.01.2013)

A Aufgaben

1. Begründet die Notwendigkeit staatlicher Regulierung auf dem Arbeitsmarkt. Berücksichtigt das Kapitel Soziale Sicherung, S.15 ff.
2. Nennt wichtige Maßnahmen.
3. Recherchiert im Internet über den aktuellen Stand von Fördermaßnahmen für Jugendliche.
   - www.bmas.de
   - www.arbeitsagentur.de

4 Weiterführendes Material

M1 Fachkräfte entscheiden den Wohlstand Deutschlands

Mehr Fachkräfte für Deutschland. BMAS, BMWi und BA starten gemeinsam nationale und internationale Kampagne

... Die Fachkräfteoffensive richtet sich an Fachkräfte und Unternehmen. ... Sie will Antworten geben auf ... Fragen, die sich Wirtschaft und Gesellschaft ... stellen: Wer kann die Arbeit von morgen leisten? Welche sind die Engpassberufe? Wie können wir die großen Potenziale, insbesondere der Älteren und Frauen, weiter mobilisieren? Wie können sich auch kleinere und mittlere Betriebe sicher im demografischen Wandel aufstellen? Ziel ... ist, die Dringlichkeit ... noch stärker im Bewusstsein zu verankern und Lösungswege aufzuzeigen, wie Unternehmen und Fachkräfte ... profitieren können. Im Ausland will die Kampagne junge, gut qualifizierte Menschen für eine berufliche Zukunft in Deutschland interessieren. ... Die Inlandplattform bündelt ... Beratungs- und Unterstützungsangebote für Unternehmen und Fachkräfte. Das Auslandsportal wirbt ... nicht nur für die Chancen einer Karriere in Deutschland, sondern bietet auch Jobangebote und konkrete Hilfestellungen, die ... zur Aufnahme einer Arbeit in Deutschland führen. Suchmöglichkeiten nach Beratungsangeboten sowie der Zugang zur Jobbörse der BA runden das Angebot ab. ...

Dazu ihr **Vorstandsvorsitzender** ... : „Um den Bedarf an Fachkräften zu decken, ... geht es darum, ... die Erwerbstätigkeit von Frauen und Älteren zu erhöhen, arbeitslose Menschen zu qualifizieren, die Abbrecherquoten bei Schülern, Auszubildenden und Studenten zu senken. ... Es bleibt eine Lücke, die nur durch Zuwanderung zu schließen ist. Wir rechnen, dass wir jährlich 200 000 Fachkräfte aus dem Ausland brauchen."

Siehe Homepages von BMWi, BMAS und BA:
www.fachkräfte-offensive.de (06.06.2012)
www.make-it-in-Germany.com (06.06.2012)

BMAS: Pressemitteilung v. 05.06.2012, Auszug, bearbeitet

http://www.bmas.de/DE/Service/Presse/Pressemitteilungen/fachkraefte-offensive.html (06.06.2012)

Werbeoffensive soll Fachkräfte im Ausland mobilisieren

Nach einer Prognose der BA dürften bis 2025 auf Grund des Geburtenrückgangs in Deutschland etwa 3 Mio. Arbeitskräfte fehlen. Jährlich verlassen 120 000 Arbeitskräfte das Land.

Nach **Süddeutsche Zeitung** v. 6./7. Juni 2012, S. 6

Fachkräftemangel in Deutschland –
Kommentar von Stefan Vetter:
Wer den Fachkräftemangel der Zukunft sichern will, muss zuallererst beim einheimischen Potenzial ansetzen. Noch immer gibt es viele Langzeitarbeitslose, die unzureichend qualifiziert sind, können Frauen nur halbtags oder nicht arbeiten, weil Kinderbetreuung fehlt. Doch die Regierung setzt den Rotstift gerade bei der Qualifizierung schlecht ausgebildeter Arbeitsloser an.

Buxtehuder Tageblatt v. 06.06.2012, S. 2

M2

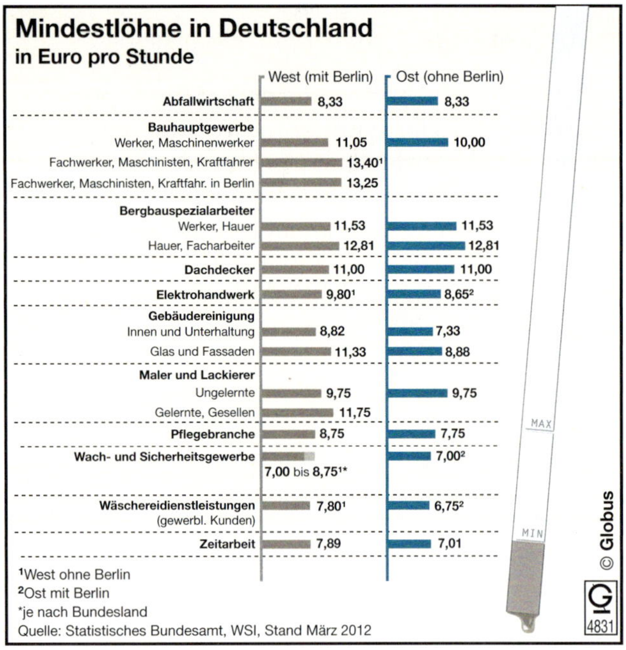

Mindestlöhne

führte der Staat für wenige Branchen durch Gesetz ein. Die Tarifvertragsparteien handeln weiter Entgelte aus, sind aber an den Mindestlohn gebunden. Dieser soll sicherstellen, dass Erwerbsarbeit die Existenz sichert. Ab Ende 2011 fordern Teile der Regierungsparteien und die Opposition generelle Regelungen. Arbeitgebernahe Teile der CDU/CSU und FDP fürchten den Wegfall von Arbeitsplätzen. Beschlüsse wurden noch nicht gefasst. Als Kompromiss könnte der Mindestlohn nur für bestimmte Branchen gelten, z.B. Gastronomie. Im Entsendegesetz hat der Staat, z.B. für das Bauhauptgewerbe, einen Mindestlohn festgelegt (s. Schaubild links). Diesen handelten die Tarifvertragsparteien aus. Er soll auch Niedriglöhne für ausländische Arbeitnehmer in Deutschland verhindern.

M3

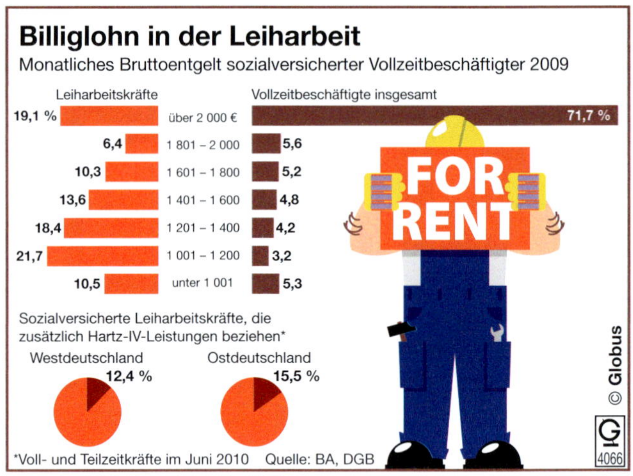

Arbeiten mit den Materialien

Zu **M1**

1 Nennt Gründe für die „Fachkräfteoffensive".

2 Begründet die Auswahl der Zielgruppen.

3 Sprecht darüber, wie ausgewählte Maßnahmen wirken können.

4 Nehmt Stellung zu dem Kommentar.

Zu **M2**

1 Nennt Gründe für die geringen Stundenlöhne der genannten Branchen.

2 Sprecht über folgende Meinungen:

A: „Mindestlöhne verhindern, dass der Verdienst geringer ist als das Arbeitslosengeld."
B: „Dass durch Mindestlöhne Arbeitsplätze wegfallen, ist nicht belegt. Die meisten EU-Staaten haben Mindestlöhne vereinbart."
C: „Ein Lohn sollte bei Vollzeitarbeit die Exsistenz sichern."

Zu **M3**

1 Vergleicht das Bruttoentgelt der Beschäftigtengruppen.

2 Recherchiert die Diskussion zu Mindestlöhnen und zur Leiharbeit in den Medien. Diskutiert Vor- und Nachteile.

Blickpunkt: Regionale Wirtschaft

1 Fragestellungen zur Erkundung der regionalen Wirtschaftsstruktur

- Wodurch ist die Wirtschaftsstruktur eurer Region gekennzeichnet?
- Wie hat diese sich entwickelt?
- Welche Handelsbeziehungen gibt es regional mit anderen Regionen/dem Ausland?
- Wie leben und arbeiten die Menschen in eurer Gemeinde bzw. eurer Region?
- Welche besonderen Probleme sehen sie?
- Wie lebten/arbeiteten frühere Generationen?

▸ **Leitauftrag** Erstellt eine ähnliche → Mindmap für den eigenen Wirtschaftsraum. Nutzt die Website eurer Gemeinde/Stadt bzw. eures Kreises. Befragt auch Eltern und Großeltern dazu.

Typische Wirtschaftsstruktur

· Metallverarbeitung
· Papier und Kartonagenherstellung
· Elektro-, Haus- und Küchengerätefertigung
· Handwerk, Handel und Dienstleistungen

Chancen bzw. Probleme

· Verlust von Arbeitsplätzen in der Produktion, auch durch Verlagerung in Niedriglohnländer
· Zunahme bei Handel, Dienstleistungen, Gastronomie und Fremdenverkehr

Wirtschaftsstandort Sundern (Sauerland)

Vorrangige Handelsbeziehungen

Stadtgebiet und Hochsauerland-Kreis, Deutschland

Wirtschaften der Menschen früher

· Kupfer- und Eisenerzbergbau, Eisenverarbeitung
· Holzkohleherstellung

B Auf einen Blick

Ihr plant eine Erkundung zum regionalen Strukturwandel, führt diese durch und wertet sie aus.

Ihr ermittelt Veränderungen in den Sektoren Industrie, Dienstleistungen und Landwirtschaft.

Ihr informiert euch über wirtschaftliche und soziale Folgen von Betriebsschließungen.

Ihr lernt Instrumente staatlicher Politik zur Bewältigung des Strukturwandels kennen.

2 Regionaler Strukturwandel und staatliche Strukturpolitik

Merkmale regionaler Wirtschaftsstruktur

Dazu gehören:

- Infrastruktur
  - Verkehrswege
  - Kultur- und Freizeiteinrichtungen
  - Wohnmöglichkeiten
  - Ver- und Entsorgungseinrichtungen
  - Einkaufsstätten
  - Aus- und Weiterbildungsangebote von Betrieben, Schulen, Hochschulen
- ökologische Bedingungen
- *Steueraufkommen* und *Einkommen*
- wichtige → Branchen vor Ort, eingesetzte Technik, erzeugte Waren, erbrachte Dienstleistungen
- Absatz- und Beschaffungsmärkte und globale Verflechtungen
- Arbeitskräftestruktur: Geschlecht, Alter, Nationalität, Qualifikation
- Arbeitslose, offene Stellen und Ausbildungsstellen.

Wirtschaftliche Rahmenbedingungen wandeln sich positiv oder negativ

- Betriebe wenden neue Techniken an, stellen um auf die Herstellung neuer Produkte.
- Neue Dienstleistungen werden nachgefragt
- Erwerbstätige erleben neue Anforderungen.
- Regionale Branchen verlieren an Bedeutung, weil ihre Nachfrage sinkt. Sie sind evtl. wegen Arbeitskosten oder Verkehrsanbindung nicht mehr wettbewerbsfähig.

Als Folge kann die Arbeitslosigkeit steigen, die Kaufkraft und Steuerkraft sinken, was wieder zu Umsatzrückgängen im Handel führt.

Strukturpolitik des Staates

Diese soll die regionale Entwicklung unterstützen und den Wandel in den Branchen fördern (siehe Übersicht Folgeseiten). Das kann in der Region, auf Landes- und Bundesebene erfolgen. Bestimmte Probleme sind zwischen den Staaten der EU bzw. der Welt zu klären.

Die Strukturpolitik hängt mit anderen Bereichen der Wirtschaftspolitik, z.B. Handelspolitik, Arbeitsmarktpolitik, zusammen.

Der deutsche Staat betreibt Strukturpolitik über Förderprogramme der EU, des Bundes und der Länder sowie Maßnahmen der Kreise/Gemeinden. Gefördert werden Regionen mit

- besonders hoher Arbeitslosenquote,
- unterdurchschnittlichem Einkommen,
- mangelhafter Infrastruktur und
- schlechten Zukunftsaussichten zur Entwicklung der Zahl der Arbeitsplätze.

Die Kosten für die Fördermaßnahmen auf EU- und Bundesebene tragen besonders die reicheren Staaten und Bundesländer.

Ziele der Strukturpolitik

- Ausgleich von Standortnachteilen
- Abbau regionaler Entwicklungsunterschiede
- Förderung des Wirtschaftswachstums
- Schaffung wettbewerbsfähiger Arbeitsplätze

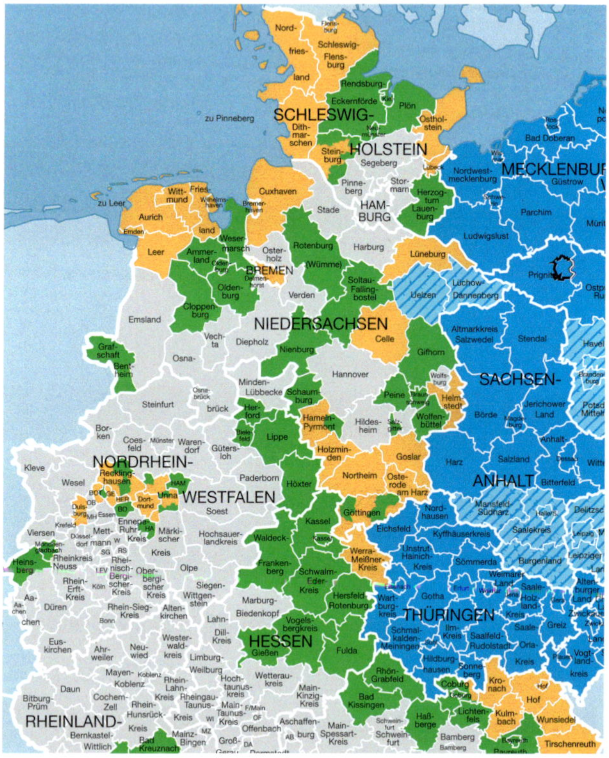

▲ Fördergebiete im Zeitraum 2007–2013 (Ausschnitt). Die Farbflächen von blau (stark) über gelb bis grün (geringer) zeigen unterschiedlich hohen Förderbedarf. Die neuen Bundesländer (blaue Fläche) gehören vollständig zum Fördergebiet.

Regionales wirtschaftliches Förderprogramm Nordrhein-Westfalen (NRW)

„**Regionalpolitik** in der Bundesrepublik Deutschland ist Teil der allgemeinen Wirtschaftspolitik. Primäre Zielsetzung der Regionalpolitik im Rahmen der **Gemeinschaftsaufgabe „Verbesserung der regionalen Wirtschaftsstruktur“** ist es, dass strukturschwache Regionen durch Ausgleich ihrer Standortnachteile Anschluss an die allgemeine Wirtschaftsentwicklung halten können und regionale Entwicklungsunterschiede abgebaut werden. Darüber hinaus ... unterstützt die Regionalpolitik die global ausgerichtete Wachstums- und Beschäftigungspolitik. Sie trägt ... dazu bei, **in den strukturschwachen Regionen das gesamtwirtschaftliche Wachstum zu stärken**, durch Schaffung von ... wettbewerbsfähigen Arbeitsplätzen den ...Strukturwandel zu erleichtern ... ." (S.7; Hervorhebungen v. Verf.).

„Dabei steht Nordrhein-Westfalen spätestens seit Beginn der Sechzigerjahre in einem Strukturwandel ...: Seit 1970 ist die **Zahl der Erwerbstätigen** im Produktionssektor um 1,7 Mio. auf heute 2,1 Mio. gesunken; im selben Zeitraum stieg sie im Dienstleistungssektor um über 3,2 Mio. auf 6,5 Mio.

... Immer mehr Dienstleistungen sind produktions- und produktbezogen und immer mehr Produkte haben einen hohen Dienstleistungsanteil (Entwicklung, Design, Service, Wartung, Entsorgung, Information etc.).

Ein solch lebendiges Verflechtungsgefüge zwischen Dienstleistungsunternehmen und Industriewirtschaft ... bildet die Basis der Wettbewerbsfähigkeit. ...“ (S.82).

Deutscher Bundestag: Drucksache 16/13950: Koordinierungsrahmen der Gemeinschaftsaufgabe „Verbesserung der regionalen Wirtschaftsstruktur“ ab 2009 v. 08.09.2009, S. 7, 82
http://dipbt.bundestag.de/dip21/btd/16/139/1613950.pdf (20.03.2013)

Wirtschaftsleistung von Nordrhein-Westfalen (NRW) und Perspektiven für die zukünftige Entwicklung

NRW ist mit 18 Mio. Einwohnern das bevölkerungsreichste Land der Bundesrepublik Deutschland (BRD). Nach Berechnungen des Arbeitskreises Volkswirtschaftliche Gesamtrechnungen der Länder weist es mit einer **Wirtschaftsleistung** von über 582 Mrd. € im Jahr 2012 (pro Einwohner 32 631 €; Durchschnitt BRD pro Einwohner 32 281 €) eine beachtliche Wirtschaftsstärke auf.

Für die **zukünftige Entwicklung** ist nach Angaben des Deutschen Bundestags (Drucksache 16/13950) zu bedenken:

- Bei Aufwendungen für Forschung und Entwicklung liegt NRW unter dem Durchschnitt der BRD. Die Wissens- und Technologieorientierung ist gering.
- Es gibt zu wenig junge, wachstumsstarke Unternehmen, um eine Modernisierung der Wirtschaft mit entsprechendem Beschäftigungswachstum ausreichend zu fördern.
- Kapitalausstattung und Investitionstätigkeit reichen für die Anpassung an den Strukturwandel nicht aus.

Nordrhein-Westfalen hat bereits, vor allem auch aus Mitteln der **GRW**[1], Investitionen in die Modernisierung seiner Infrastruktur vorgenommen. Bis zum Jahr 2000 wurden nach Angaben des Deutschen Bundestags alte Industriestandorte teilweise saniert. Danach stand die Infrastrukturförderung für zukunftsweisende Bereiche wie Logistik und Mikrotechnologie im Vordergrund.

Wichtig ist neben dieser Förderung auch das **Ziel-2-Programm des Europäischen Fonds für regionale Entwicklung**. Hierfür stehen mehr als 2,5 Mrd. € zur Verfügung. Damit sollen die Wettbewerbs- und Anpassungsfähigkeit der Wirtschaft sowie die Beschäftigung gefördert werden, wie aus o.g. Quelle hervorgeht. **Schwerpunkte** des Programms sind demzufolge:

– Förderung unternehmerischen Handelns,
– Stärkung von Innovationen und
– Nachhaltigkeit

Damit soll die regionale Angleichung gefördert werden.

Bemerkenswert ist darüber hinaus, dass mit Projekten und Wettbewerben die Strategie „Stärken stärken" verfolgt wird. Damit sollen wachstumsintensive Branchen und Technologiebereiche wie Gesundheitswirtschaft, Umwelttechnologien, Energietechnik, der IT-Bereich, die Medien-Branche und die Kulturwirtschaft ausgebaut werden.

[1] Gemeinschaftsaufgabe „Verbesserung der regionalen Wirtschaftsstruktur"

A Aufgaben

1 Beschreibt den Strukturwandel in eurer Heimatregion. Nennt Gründe dafür. Führt dazu eine Erkundung durch (siehe Folgeseite).

2 Begründet die Strukturpolitik des Staates.

3 Welche Politikbereiche aus dem Schaubild auf S.145 werden im Förderprogramm NRW angesprochen?

4 Welche Fördermaßnahmen zur wirtschaftlichen Entwicklung betreffen eure Heimatregion? Fragt bei der Wirtschaftsförderung des Kreises/der Gemeinde nach. Informiert euch im Internet.

5 Das wichtigste Förderinstrument zur regionalen Entwicklung der EU ist der EFRE (siehe oben Ziel-2-Programm). Informiert euch im Internet über Fördermaßnahmen aus dem Fonds in eurer Region. Nutzt Suchmaschinen zur Wirtschaftsförderung.

6 Sollten reichere Bundesländer für ärmere zahlen? Führt eine Pro-Kontra-Debatte.

Methode Erkundung des regionalen Wirtschaftsraums

1 Darum geht es

Ihr könnt Ausschnitte der Arbeits- und Wirtschaftswelt in den Unterricht einbeziehen.

Beachtet dabei Perspektiven
- der hier arbeitenden und lebenden Menschen, auch als Konsumenten und Bürger,
- des Unternehmens, das Waren produziert, Dienstleistungen erbringt und beides vermarktet,
- der Gemeinde, die mit der Bereitstellung öffentlicher Güter u.a. die Infrastruktur gestaltet.

2 So läuft es ab

Vorbereitung

Ihr klärt, was ihr wo, warum und wie erkunden wollt, wie ihr plant, die Ergebnisse zu dokumentieren, auszuwerten und zu präsentieren.

Es kann z.B. darum gehen, zu erfahren und zu beurteilen,
- was für das Arbeiten und Leben in eurer Gemeinde bedeutsam ist,
- welche Interessengegensätze die Diskussion, z.B. um ein neues Gewerbegebiet, bestimmen. Dabei sind dann wirtschaftliche, ökologische und soziale Aspekte abzuwägen.

Entscheidet, ob ihr von
- einem betrieblichen Fall (siehe Folgeseite, Punkt 3) oder
- der Erarbeitung wesentlicher Merkmale der regionalen Struktur (siehe Mindmap S.143) ausgehen wollt.

Bedenkt, für wen und wie die Arbeit von Nutzen sein kann, wenn ihr z.B. ein Strukturproblem durch die Veröffentlichung aufklärt.

Nutzt verschiedene Quellen zur Informationsbeschaffung:
- Pläne zur Wirtschaftsförderung (Ziele, Maßnahmen, Ergebnisse von Gemeinde, Kreis, Land, Bund, EU, Entwicklungsgesellschaften)
- Websites im Internet, z.B.
  - www.bmwi.de ▸ Wirtschaft ▸ Wirtschaftspolitik
  - www.wirtschaft.nrw.de ▸ Wirtschaft ▸ Kommunen und Regionen ▸ Wirtschafts- und Strukturförderung
- Fallberichte in Zeitungen, Zeitschriften, Rundfunk, TV, Internet
- Veröffentlichungen von Gewerkschaften, Unternehmen, Arbeitgeberverbänden, → Kammern, Parteien
- Haushaltspläne der Gemeinde/des Kreises
- Daten statistischer Ämter (Land, Bund), z.B. in Jahrbüchern oder im Internet und der Bundesagentur für Arbeit ▸ Service ▸ Arbeitsmarkt in Zahlen ▸ Arbeitslose nach Gemeinden

Befragt verschiedene Experten, z.B.
- in Unternehmen: Arbeitnehmer, Betriebsrat, Unternehmensleitung,
- in der Gemeinde/dem Kreis (Amt für Wirtschaftsförderung), Kommunalpolitiker, Bürger, Bürgerinitiativen,
- bei der Arbeitsagentur,
- bei Kammern, Verbänden, Gewerkschaften.

Erstellt ein Ablaufdiagramm für die Vorbereitung, Durchführung und Auswertung. Bedenkt die Zeit, die zur Verfügung steht.

Entscheidet folgende organisatorische Fragen:
- Welche Teilaufgaben können welche Gruppen bearbeiten? Wie lassen sich die Ergebnisse zusammenführen und auswerten?
- Welche Techniken der Informationsbeschaffung, -aufbereitung und -auswertung müssen eingeübt werden (z.B. Befragung, Proto-

koll, Nutzung (Video-)Recorder, Textauswertung, Internetrecherche, Bericht für eine Zeitung, Präsentation am PC)?
- Welche Absprachen sind zu treffen, z.B. mit der Schule, dem Betrieb? Worauf beziehen sich diese, z.B. Zeit, Kosten, Verkehrsanbindung, Ablauf, Schwerpunkte, Gesprächspartner?
- Wie könnt ihr euch auf Planänderungen vorbereiten?
- Ist eine Vorerkundung notwendig?
- Welches Verhalten ist angemessen?

Auswertung
Stellt die erkundeten Informationen zusammen. Welche fehlen noch? Lassen sie sich nachträglich beschaffen?

Bereitet die Ergebnisse wie geplant auf. Wer ist anzusprechen, wenn noch Fragen auftauchen? Bedankt euch bei dem Betrieb/der Institution. Reflektiert eure Arbeit unter folgenden Fragestellungen:
- Was haben wir erreicht und war unser Ziel? Gab es Abweichungen? Wenn ja, warum?
- Welche Information hatten wir bereits? Wie stimmen sie mit der erkundeten Wirklichkeit überein?
- War unser Zeitplan zutreffend? Nutzten wir geeignete Methoden und Techniken? Reichten unsere Vorkenntnisse?
- Wie klappte die Zusammenarbeit in der Gruppe/Klasse? Wie kooperativ zeigte sich der Betrieb/die Institution?

Analysiert Konflikte auf der Sach- und Beziehungsebene. Gebt Feedback zum Verhalten.

Regeln zum Feedback
✓ Beschreibe das Verhalten anderer, aber bewerte es nicht. Es könnte verletzen.
✓ Behandle andere so, wie du selbst behandelt werden möchtest.
✓ Gib positive Eindrücke wieder. Nenne Dinge, die zu ändern sind. Feedback soll aufbauend sein.
✓ Kritisiere niemanden als Menschen, sondern beziehe dich auf sein Verhalten.

3 Beispiele zu betrieblichen Fällen

- **Soziale und wirtschaftliche Folgen von Betriebsschließungen**
  - Gründe
  - berufliche Qualifikation Entlassener
  - Rechte für Arbeitnehmer aus Gesetzen und Tarifverträgen, evtl. dem Sozialplan
  - Aktionen der Arbeitnehmer/Gewerkschaften
  - Mobilität der Betroffenen
  - Auswirkungen des Arbeitsplatzverlustes auf Entlassene, ihre Familien, regionale Wirtschaft
  - Möglichkeiten zur Arbeitsvermittlung
  - Programme zur Beschäftigungsförderung, Weiterbildung und Umschulung
  - Arbeitslosengeld, Höhe und Dauer der Leistungen
- **Neuansiedlung eines Betriebes**
  Entscheidungssituation im Planspiel: „Eine umstrittene Wirtschaftsförderung wird entschieden"

3 Weiterführendes Material

M1 Wirtschaftsförderung vor Ort – Beispiel Duisburg

Die Förderprogramme der EU, des Bundes und Landes werden in Kreisen und Gemeinden durchgeführt und ergänzt. Das leisten Ämter und Gesellschaften, die z.B. von der Stadt gegründet wurden. Welche Dienstleistungen die Gesellschaft für Wirtschaftsförderung Duisburg GmbH erbringt, verdeutlichen folgende Texte:

Technologieförderung, Veranstaltungen und Network der Gesellschaft für Wirtschaftsförderung (GfW) Duisburg

Sie haben die Idee, wir ebnen den Weg

Technologische Entwicklung und Innovation … verbessern die Wettbewerbsfähigkeit der Duisburger Wirtschaft und schaffen zukunftssichere Ausbildungs- und Arbeitsplätze.

Wir setzen uns … dafür ein, chancenreichen sowie innovativen Unternehmen und Existenzgründern in Duisburg Rahmenbedingungen zu bieten, die ihre Entwicklung unterstützt. Viel Wert legen wir auf … persönliche Beratung. Wir helfen Ihnen, die Machbarkeit Ihres Vorhabens zu prüfen, unterstützen Sie bei der Suche nach Kapitalgebern und begleiten Sie kompetent bei der Realisierung Ihrer Idee. Sie suchen für Ihr Vorhaben Kontakte zu Unternehmen oder Forschungseinrichtungen? Auch dabei helfen wir gerne weiter.

Für innovative Existenzgründer ist unsere Gründungsinitiative Innovation Duisburg eine ideale Starthilfe. …

… gut informiert von Anfang an

Immer wieder wenden wir uns mit … Informationsveranstaltungen an … technologieorientierte und auch branchenfremde Unternehmen. Hier steht Duisburgs geballtes Unternehmer-Wissen zur Verfügung. Kompetente Personen informieren über aktuelle Themen … für den unternehmerischen Alltag, z.B.

- Finanzierung/Risikomanagement
- Fördermittel
- Robotik/Mechatronik

Nach
Gesellschaft für Wirtschaftsförderung Duisburg mbH
http://www.tectrum.duisburg.de/tectrum/service/technologiefoerderung/tech_foerderung.php (25.06.2012)

Pressemitteilung v. 12.11.2010

Auftaktveranstaltung der Gründungsinitiative Innovation Duisburg (GRIID)

… Informieren Sie sich … im Tectrum, wie GRIID für angehende Unternehmer die Weichen stellt. … GRIID ist ein Gemeinschaftsprojekt der Gesellschaft für Wirtschaftsförderung und der Universität Duisburg-Essen …. Hinzu kommen … regionale Partner, die … ein einzigartiges Netzwerk schaffen: die Sparkasse Duisburg, die Volksbank Rhein-Ruhr, die Niederrheinische IHK und viele weitere. GRIID wendet sich an alle …, die eine gute Idee haben. Ganz gleich, was Sie gerade tun: ob Sie ein Angestelltenverhältnis haben, die Universität besuchen oder … arbeitslos sind. Wenn Sie gründen wollen, dann sind Sie … genau richtig (s. www.griid.de)!

Nach
Gesellschaft für Wirtschaftsförderung Duisburg mbH
http://www.tectrum.duisburg.de/tectrum/tectrum/pressemitteilungen/2010/auftakt_griid_2010.php (25.06.2012)

M2 PHOENIX – der Zukunft einen Standort geben

Vom Stahlstandort zu einem der größten innovativen Lebensräume Deutschlands
Nur 5 km von der Dortmunder City entfernt werden auf PHOENIX auf über 200 Hektar Räume für moderne Lebens- und Arbeitsformen geschaffen. Eine Fläche, ... so groß wie 300 Fußballfelder, mit ... Anbindung an Autobahnen und den Dortmunder Flughafen.
...(Am) Stadtteil Hörde entstehen auf dem ehemaligen Hochofen- und Stahlwerksgelände PHOENIX rund 15 000 neue Arbeitsplätze in den Schlüsselbranchen der Zukunft – und zugleich ein ... Wohnviertel mit hohem Freizeitwert. Ein neu angelegter Stausee wird PHOENIX zu einem ganz besonderen Anziehungspunkt im neuen Dortmund machen.

Das Projekt PHOENIX wird sowohl durch das Land NRW als auch durch die EU unterstützt, die das Großprojekt aus dem Strukturfonds fördert. Die Initiative dortmund-project bringt ihr einzigartiges Netzwerk aus Stadt, Wirtschaft und Wissenschaft ein. Sie schafft optimale Rahmenbedingungen für die Entwicklung bestehender und die Ansiedlung weiterer Unternehmen in den nachhaltigen Wachstumsmärkten. ... Hier entsteht ein ... Wirtschafts-, Arbeits- und Lebensraum in einem Stadtkonzept der kurzen Wege.
(s. dort weitere Informationen unter: **PHOENIX auf einen Blick**).

Nach **Projektbüro PHOENIX**
http://www.phoenixdortmund.de/de/fakten/ (02.07.2012)

M3 Förderung einer Betriebserweiterung in Nordostniedersachsen: zusätzliche Investitionen schaffen Arbeitsplätze

Ein Kunststoff verarbeitendes Unternehmen mit zwanzig Mitarbeitern beabsichtigt die Erweiterung seiner Betriebsstätte. Es ist geplant, eine weitere Produktionshalle zu errichten, zusätzliche Maschinen zu erwerben und mehr Personal einzustellen. Der Investitionsbedarf beträgt 1 000 000 Euro.

Das Unternehmen hat im Newsletter der „Wirtschaftsförderung Uelzen aktiv" über die Richtfördersätze in den Jahren 2010–2013 gelesen. Dazu fand eine Informationsveranstaltung der Wirtschaftsförderung in Zusammenarbeit mit Behörden des Landes Niedersachsen und der NBank (Investitions- und Förderbank Niedersachsen) statt.

Danach nimmt das Unternehmen mit der „Wirtschaftsförderung Uelzen aktiv" Kontakt auf, um weitere Informationen zu erhalten, und vereinbart einen Vor-Ort-Termin. Das Unternehmen präsentiert hier sein Investitionsvorhaben und fragt den Wirtschaftsförderer nach der Förderung der geplanten Investitionen.
Der Wirtschaftsförderer stellt das Förderprogramm im Rahmen der Gemeinschaftsaufgabe „Verbesserung der regionalen Wirtschaftsstruktur" (GRW) vor. Die Finanzierungshilfe dient dem Ausgleich von Standortnachteilen. Sie will die Wettbewerbs- und Anpassungsfähigkeit der Wirtschaft durch die Schaffung und Sicherung von dauerhaften Arbeitsplätzen stärken.
Die Investitionen sind grundsätzlich förderfähig, wenn durch sie zusätzliche Einkommensquellen in der Region entstehen, durch die das Gesamteinkommen der Region unmittelbar und auf Dauer erhöht wird. Da das antragstellende Unternehmen seine Produkte überwiegend überregional absetzt, gilt das als erfüllt.
Durch die Schaffung von drei weiteren Arbeitsplätzen und den Erhalt der vorhandenen zwanzig Arbeitsplätze für mindestens fünf Jahre erfüllt das Unternehmen eine weitere Fördervoraussetzung: Mindestens 15 % zusätzliche Dauerarbeitsplätze müssen entstehen. Wenn die Ziele nicht erreicht werden, kann die Förderung zurückgefordert werden.
Das Unternehmen stellt einen Antrag auf einen Investitionszuschuss bei der NBank. Neben dem Antragsformular benötigt diese weitere Unterlagen, z.B. die Bilanzen der letzten drei Jahre, Finanzierungszusagen für die Investitionen und Bauunterlagen. Das Unternehmen wird bei Fragen zur Antragstellung aktiv unterstützt.
Nach Bearbeitung des Antrags und in Abstimmung mit dem Niedersächsischen Wirtschaftsministerium erhält das Unternehmen einen Bewilligungsbescheid. Das Investitionsvorhaben in Höhe von 1 000 000 Euro wird mit einem Fördersatz von 20 % bezuschusst.
Die Fördersätze richten sich nach der Lage des Investitionsortes. Jedem Landkreis wird eine bestimmte Förderhöhe zugeordnet. Im Landkreis Uelzen erhalten kleine Unternehmen 20 % für Betriebserweiterungen.
Während des Durchführungszeitraums steht die „Wirtschaftsförderung Uelzen aktiv" dem Unternehmen zur Seite. Sei es bei Fragen zum Mittelabruf oder bei Problemen mit der Erreichung des Arbeitsplatzziels.

Gottschlich, Eberhard Wirtschaftsförderung Uelzen aktiv 2011, Auszüge

M4 Ausgewählte Daten zu den Fördergebieten in Niedersachsen

	Niedersachsen	Ost-Friesland[1]	Nordost-niedersachsen[2]	Südost-niedersachsen[3]
Bevölkerung am 01.01.2011	7 918 293	643 470	143 233	675 031
Bruttoinlandsprodukt 2009				
in Mio. Euro	205 715	14 855	3 141	15 677
je Einwohner in Euro	25 913	23 058	21 735	23 207
Vergleich zum Wert D = 100 %[5]	89	79	74	79
je Erwerbstätigem in Euro	55 938	51 690	53 500	55 266
Vergleich zum Wert D = 100 %[4]	94	87	90	93
Erwerbstätige 2009	3 677 500	287 400	58 700	283 700
Einpendler 2010, insgesamt	232 788	60 280	8 675	81 930
in % der Erwerbstätigen[4]	9,5	33,8	23,5	42,7
Auspendler 2010, insgesamt	359 114	71 545	13 509	117 967
in % der Erwerbstätigen	13,9	37,8	32,3	51,8
Arbeitslose 2010, absolut	299 596	27 038	6 000	26 298
Arbeitslosenquote in %	7,5	8,8	9,1	7,6
Vergleich zum Wert D = 100 %[5]	97	114	118	99

[1] WHV, FRI, WTM, AUR, LER, EMD [2] UE, DAN [3] BS, GF, PE, WF
[4] sozialversicherungspflichtige Erwerbstätige
[5] Wert für Deutschland, Anteil in den Spalten bedeutet z.B. 94 % des Wertes von Deutschland

Quelle: Bundesagentur für Arbeit, NLS-online, LSKN; Regionaldatenbank des NIW, Berechnungen des NIW

Arbeiten mit den Materialien

Zu **M1**

1 Listet die Fördermaßnahmen der GFW auf. Nennt Vorteile für Unternehmen.

2 Nehmt Stellung:
   a) Förderprogramme bringen wenig; wenn eine Investition lohnt, wird sowieso investiert.
   b) Viele Investitionen rechnen sich nur bei Förderung.

Zu **M2**

1 Beschreibt Möglichkeiten des Standorts. Besorgt euch weitere Informationen über ähnliche Projekte in eurer Nähe.

2 Welches Interesse haben NRW und EU an der Förderung von PHOENIX?

Zu **M3**

1 Warum kann das Kunststoff verarbeitende Unternehmen eine Förderung erhalten?

2 Welche Leistungen erbringt die Wirtschaftsförderung Uelzen aktiv?

3 Was bedeutet die Förderung für die Region?

Zu **M4**

Vergleicht die Daten der Fördergebiete mit denen des Landes. Begründet damit die Förderbedürftigkeit.

Alles klar?

Arbeitsmarktpolitik: Ein starker Sozialstaat ist notwendig

1 Nenne Unterschiede zwischen Arbeits- und Gütermarkt.

2 Welche Ziele verfolgen die Gewerkschaften auf dem Arbeitsmarkt?

3 Nenne Unterschiede der Arbeit:

4 Nenne Maßnahmen zur Förderung Jugendlicher und junger Erwachsener auf dem Arbeitsmarkt.

5 Notiere Chancen und Risiken eines offenen europäischen Arbeitsmarktes.

6 Für Arbeitnehmer, z.B. bei Bau und Gebäudereinigung, regelt der Staat die Zahlung von Mindestlöhnen. Begründe.

7 Fachkräfte sichern den Wohlstand. Begründe.

Blickpunkt: Regionale Wirtschaft

8 Beschreibe die Infrastruktur eurer Gemeinde. Berücksichtigt drei Arten.

9 Nenne die Bedeutung der Infrastruktur für die Unternehmen.

10 Beschreibe Entwicklungen, die zum Wandel der Wirtschaftsstruktur beitragen.

11 Erkläre je ein Beispiel zum Strukturwandel:
a) bezogen auf Branchen,
b) bezogen auf Regionen.
Ziehe dazu die Übersicht auf S. 145 heran.

12 Beschreibe an einem Beispiel den Zusammenhang zwischen dem Strukturwandel und Anforderungen an Berufstätige.

13 Nenne mindestens zwei Ziele der Strukturpolitik und begründe ihre Bedeutung.

14 Bewerte die Verkehrsanbindung von PHOENIX als Gewerbe- und Wohngebiet.

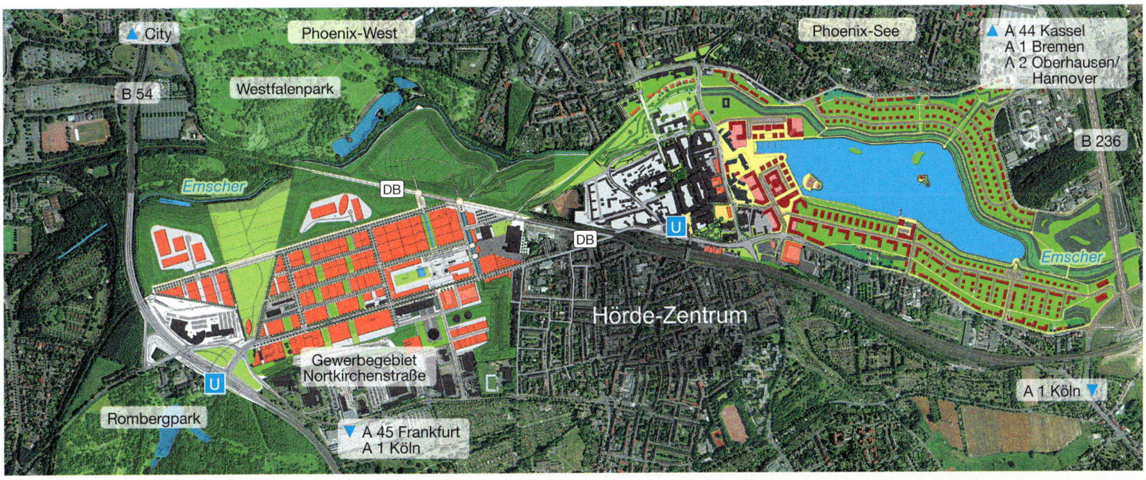

▲ Masterplan Phoenix-West und Phoenix-See 2004 (nach Stadt Dortmund und Architekturbüro Stegepartner)

Sachwortverzeichnis

Vorbemerkung:
Sachwörter, die im Schulbuch beschrieben sind, werden hier nicht aufgeführt. Die Definition ist über das Stichwortverzeichnis aufzufinden.

Ablauforganisation legt fest, wo und wann die einzelnen Aufgaben im Betrieb zu erledigen sind.

Arbeitslosenquote setzt die Zahl der registrierten Arbeitslosen zu den Erwerbspersonen in Beziehung und misst so die relative Unterauslastung des Arbeitskräfteangebots. Unterschieden werden die **Arbeitslosenquote der zivilen Erwerbspersonen**: der sozialversicherungspflichtig Beschäftigten einschl. Auszubildende, geringfügig Beschäftigten und Beamten (ohne Soldaten) und der Selbstständigen sowie die **Arbeitslosenquote der abhängigen Erwerbspersonen** (ohne Selbstständige). Diese Quote ist derzeit ca. 1,5 % höher.

Arbeitsproduktivität drückt sich im Verhältnis (Quotient) des Produktionsergebnisses (in Stück, Menge, Volumen o.Ä.) zur eingesetzten Arbeitszeit (z.B. in Minuten, Tagen, Jahren) aus. Die Produktivität steigt, wenn die gleiche Stückzahl in geringerer Zeit hergestellt oder in der gleichen Zeit mehr produziert wird.

Aufbauorganisation regelt, welche Abteilung im Betrieb mit welchen Aufgaben bei der Arbeit (→ Arbeitsorganisation) wie zusammenarbeitet und geleitet wird.

Ausbildungsberufe sind Berufe, für die nach dem Berufsbildungsgesetz oder der Handwerksordnung eine bundeseinheitliche Ausbildungsordnung gilt. Die Ausbildung findet in Betrieben oder Verwaltungen sowie teilweise in überbetrieblichen Ausbildungseinrichtungen und in der Schule statt (duales System der Berufsausbildung). Zunehmend wird der Erwerb von beruflichen Handlungskompetenzen bedeutsam. Ein bestimmter Schulabschluss ist für A. i.d.R. nicht gefordert, die Betriebe können aber eigene Einstellungsvoraussetzungen festlegen. Neben A. gibt es landesrechtlich geregelte berufliche Ausbildungsgänge. Diese finden häufig in Berufsfachschulen statt.

Automatisierung vollständige Technisierung der Produktion, bei der keine menschliche Arbeitskraft mehr notwendig ist.

Beruf → Ausbildungsberufe

Berufsgenossenschaft Träger der Sozialversicherung, die für die gesetzliche Unfallversicherung zuständig ist. Sie versichert Erwerbstätige gegen die Folgen von Arbeitsunfällen und Berufskrankheiten. Berufsgenossenschaften haben als Dachverband die Deutsche Gesetzliche Unfallversicherung.

Betriebsorganisation besteht aus → Aufbauorganisation und → Ablauforganisation sowie → Informationsorganisation.

Branche meint einen Wirtschaftszweig, z.B. Bauwirtschaft, Metallindustrie.

Bruttoanlageinvestitionen langfristige Anlage von Kapital zur Erhaltung, Verbesserung und Ausweitung der Produktionsanlagen. Die B. sind ein wesentlicher Bestandteil bei der Ermittlung der Wirtschaftsleistung einer Volkswirtschaft (→ Investition).

Bruttoinlandsprodukt (BIP) Wirtschaftsleistung einer Volkswirtschaft (z.B. von Deutschland) in einem bestimmten Zeitraum (Jahr). Es bezieht die Werte aller im Inland produzierten Waren und Dienstleistungen ein.

Bundesagentur für Arbeit Bundesbehörde, die zuständig ist vor allem für Arbeitsvermittlung und -beratung, Berufsberatung, Förderung der Berufsausbildung, berufliche Weiterbildung sowie Zahlung von Arbeitslosengeld und Kurzarbeitergeld.

Deutsche Gesetzliche Unfallversicherung → Berufsgenossenschaften

Erfindung Plan zum technischen Handeln, das neue Anwendungen ermöglicht (z.B. die Dampfmaschine von James Watt). Zum Schutz der geistigen Leistung des Erfinders gibt es die Möglichkeit, auf die Erfindung ein Patent anzumelden. Wer eine patentierte Erfindung nutzen möchte, muss das Recht besitzen.

Fertigungstiefe bezeichnet in der → Wertschöpfungskette den Anteil der Eigenfertigung bei der Gütererstellung.

Fusion Zusammenschluss zweier oder mehrerer Unternehmungen.

Globalisierung Prozess der zunehmenden internationalen Verflechtung in den Bereichen Politik, Wirtschaft, Gesellschaft, Kommunikation und Ökologie. Die globalen Beziehungen betreffen die Ebene von Individuen, Gesellschaften, Institutionen, Staaten und lokalen Einheiten. Nachhaltiges Handeln soll Maßstäbe für die Gestaltung der Beziehungen liefern.

Grundbuch darin werden alle rechtlichen Informationen, die ein Grundstück oder eine Immobilie betreffen, eingetragen. Dazu gehören die Eigentümer, besondere Nutzungsrechte und auch Schulden (Hypotheken), die darauf aufgenommen wurden und für die das Grundstück eine → Sicherheit ist. Es wird beim zuständigen Amtsgericht geführt.

IKT (Informations- und Kommunikationstechnologien) technische Fähigkeiten zur Informationsverarbeitung und Kommunikation.

Industrialisierung Ersatz von Handarbeit durch Fabrikarbeit mit Maschinen sowie die Verbreitung dieser Produktionsweise in den Wirtschaftsbereichen.

Informationsorganisation legt fest, wie innerbetrieblich und nach außen Informationen ausgetauscht werden.

Investition Anlage von → Kapital zur Erhaltung, Verbesserung und Vermehrung von Produktionsmitteln. Die Erhaltung wird Ersatzinvestition genannt: Aufwendung für den Ersatz verbrauchter Produktionsmittel, z.B. Maschinen. Die Ausweitung der Investition der Produktionsmittel heißt Nettoinvestition. Investiert werden kann auch in Lagerbestände (Vorratsinvestition) oder in die Qualifikation von Menschen (Bildungsinvestition).

Kammer Vertretungen u.a. des Handwerks (Handwerkskammer), der Industrie, des Handels, von Banken und Versicherungen (Industrie- und Handelskammer). Sie nehmen Interessen der Wirtschaft und öffentliche Aufgaben wahr. So sind sie u.a. zuständig für die betriebliche Berufsausbildung und die Abschlussprüfung.

Kapital → Produktionsfaktor in Form von Geld (Geldkapital) oder Produktionsanlagen (Sachkapital).

Kompetenzfeststellungsverfahren zur Messung der Handlungskompetenz, beziehen sich auf Kompetenzbereiche (s. S. 80). Als Ergebnis der K. entsteht ein individuelles Kompetenzprofil. Die Schülerinnen und Schüler (Sch.) sind handelnd zu beteiligen und sollen eine aktive und selbstbestimmte Rolle übernehmen. Dazu gehört eine Selbstbewertung in Form einer Selbsteinschätzung. Die Arbeitsaufträge sind so gestaltet, dass sie zur Handlung auffordern. Alle Aufträge setzen beobachtbare Handlungen und zu beobachtendes Verhalten in Gang. Geschultes Personal nimmt die Beobachtung nach einem Kriterienkatalog vor und dokumentiert die Ergebnisse schriftlich, z.B. ein Stärkenprofil, das den Sch. bekannt gegeben wird.

Konsumgüter Waren und Dienstleistungen für den privaten Ge- oder Verbrauch.

Kosten in Geld bewerteter Verbrauch an → Produktionsfaktoren, welche zur Erstellung der betrieblichen Leistung notwendig sind.

Lebenshaltungskosten, das Messen der Veränderung, hier am → Preisindex 2005, verdeutlicht eine Aussage über die reale Entwicklung im Zeitverlauf. Zugrunde gelegt wurde der Preisindex aller privaten Haushalte.

Lebensversicherung Personenversicherung. Im Vertrag wird eine Versicherungsleistung, meist eine vereinbarte Versicherungssumme, als Geldleistung vereinbart, die im vertraglich vereinbarten Versicherungsfall (z.B. Fälligkeitsdatum) an den Versicherungsnehmer oder beim Tod an einen anderen Bezugsberechtigten ausgezahlt wird.

Liquidität Zahlungsfähigkeit.

Lohnnebenkosten umfassen besonders die Beiträge der Arbeitgeber zur Sozialversicherung, Lohn- und Gehaltsfortzahlung, Kosten für die berufliche Aus- und Weiterbildung.

Mindmap ist das strukturierte Erschließen und bildhafte Darstellen eines Themengebietes. Die Arbeit kann Grundlage für die Planung der weiteren Arbeit sein. Mindmaps bestehen aus beschrifteten Diagrammen mit Hauptthemen und Unterbegriffen, die mit Linien verbunden werden. Gedanken sollen sich frei entfalten können.

Montanunion Bezeichnung für: Europäische Gemeinschaft für Kohle und Stahl (EGKS). Dieser Vorläufer der Europäischen Gemeinschaft (EG) wurde 1951 gegründet. Er gab den Mitgliedstaaten Zugang zu Kohle und Stahl, ohne Zoll zahlen zu müssen. Eine „Hohe Behörde" im Bereich der Montanindustrie, also der Kohle- und Stahlproduktion, konnte gemeinsame Regelungen für alle Mitgliedstaaten treffen.

Nachhaltiges Handeln (N.H.) ist ein Verhalten, bei dem die Konsequenzen des menschlichen Handelns, ob durch die Produktion oder durch den Konsum, ökologisch sowie sozialverträglich sind und allen Ländern und Kulturen ökonomische und soziale Entwicklungschancen bieten. Damit verbunden ist die gerechte Verteilung von Lebenschancen aller Menschen, welche jedoch nicht zulasten der Umwelt und Tierwelt erfolgen darf. N.H. sichert so die Lebensgrundlagen zukünftiger Generationen.

Nachhaltigkeit → Nachhaltiges Handeln

Potenzialanalyse kann helfen, sich selbst und den eigenen Wünschen auf die Spur zu kommen. Mit verschiedenen Methoden und Verfahren (z.B. Analysen, Tests) wird versucht, Werthaltungen, Talente, Fähigkeiten und Fertigkeiten zu erkennen sowie berufliche Potenziale zu ermitteln. Anhand der Persönlichkeitsmerkmale und individuellen Voraussetzungen kann so die Richtung zukünftiger Berufsorientierung verdeutlicht werden.

Preisindex Maß für die Entwicklung der Preise. Bei dem P. für die Lebenshaltung werden die Preisveränderungen der einzelnen Waren und Dienstleistungen entsprechend der Verbraucherstruktur berücksichtigt. Dem liegt ein konstanter Warenkorb des Basisjahres zugrunde. Im Abstand von einigen Jahren wird entsprechend veränderter Verbrauchsgewohnheiten ein neuer Index ermittelt.

Preisniveaustabilität der → Preisindex hat sich insgesamt nicht verändert. Einzelne Güter können sich im Preis verändert haben.

Produktinnovation Entwickeln eines neuen Produktes, das bestehende Bedürfnisse besser befriedigt oder neue schafft und befriedigt.

Produktionsfaktoren sind (in der Volkswirtschaftslehre) menschliche Arbeit (Erwerbsarbeit), → Kapital sowie Boden (Grundstücke, Bodenschätze). Angesichts der Verknappung von Wasser und Luft wird statt Boden auch vom Produktionsfaktor Natur oder Umwelt gesprochen.

Rationalisierung planvolles, vernünftiges (rationales) Handeln zur Erreichung eines Zieles.

Rentabilität Verhältnis von Überschuss zu Kapital oder Umsatz in %. Es gibt Eigenkapitalrentabilität, Gesamtkapitalrentabilität (ROI = return on investment), Umsatzrentabilität.

Schlafmützenkonkurrenz besteht, wenn die Marktteilnehmer kein Interesse an einem Wettbewerb über den Preis haben. Sie passen sich stillschweigend einem von allen akzeptierten Preisniveau an. Das kann auch heißen, dass die Preise im Gleichklang angehoben oder gesenkt werden.

Selbstständige → Unternehmer

Sicherheit meint bei einer Geldanlage das Risiko, dass der angelegte Betrag zurückgezahlt wird; bei einem Kredit kann z.B. ein Grundstück für die Bank als Sicherheit dienen, die im → Grundbuch eingetragen wird.

Strukturpolitik staatliche Maßnahmen im Zusammenhang des → Strukturwandels, um Standortnachteile und regionale Entwicklungsunterschiede auszugleichen sowie das Wirtschaftswachstum und wettbewerbsfähige Arbeitsplätze zu fördern.

Strukturwandel bezeichnet Veränderungen in Wirtschaftszweigen und Regionen. Er kann ausgelöst sein durch neue Technologien, → Globalisierung, veränderte Verbrauchsgewohnheiten und → Strukturpolitik des Staates.

Unternehmer Inhaber eines Unternehmens beziehungsweise eines Betriebes, den er als Selbstständiger eigenverantwortlich führt.

Wahrscheinlichkeitsrechnung hilft zu bestimmen, wie hoch das Risiko ist, dass z.B. ein Schadensfall für eine Versicherung eintritt. Dazu werden Vergleichswerte aus der Vergangenheit genutzt, z.B. bei Pkw-Versicherung für Fahranfänger die Unfallhäufigkeit und Kosten solcher Unfälle für die Versicherung.

Wertschöpfungskette stellt die Stufen der Produktion als eine Reihung von Tätigkeiten dar. Diese schaffen Werte, verbrauchen Ressourcen und sind in Prozessen miteinander verbunden.

Wirtschaftliches Prinzip Kosten und Nutzen des Kaufs oder der Produktion eines Gutes werden abgewogen. Der Verbraucher handelt wirtschaftlich, wenn er mit einer bestimmten Summe Geld einen möglichst hohen Nutzen (z.B. Kauf eines bestimmten Sportschuhs) erzielt. Es kann auch so ausgedrückt werden: Der Verbraucher handelt dann nach dem wirtschaftlichen Prinzip, wenn er einen bestimmten Nutzen (z.B. ein bestimmtes Fahrrad) mit möglichst wenig Geld kauft.

Wirtschaftsförderung Maßnahme des Staates, z.B. finanzielle Förderung und Beratung durch → Strukturpolitik.

Lösungen zu den Aufgaben S. 67–69

A1: *Rechnen:* 1. 120 m^3; 2. 36 m;
Rechtschreibung: 1 b, 2 a, 3 b, 4 b, 5 a, 6 a, 7 b

A2: *Karteikarten sortieren:* 1. in 24; 2. in 32; 3. in 22; 4. in 5; 5. in 34; 6. in 29; 7. in 13; 8. in 19; 9. in 25;
Buchstaben durchstreichen: 1. Zeile: 4 d; 2. Zeile: 3 d; 3. Zeile: 5 d; 4. Zeile: 8 d; 5. Zeile: 1 d;
Rechenkonzentration: a:6/b:2/c:7/d:5;
Genaues Beobachten: 1 b/2 c/3 b/4 a/5 a/6 c

A3: *Zuordnung:* 1 c;
Wortbedeutungen: 1.e) 2.b);
Wortverhältnisse: a) 2B b) 2C

A4: *Räder: 4 und 2; Wasserdruck: D; Schiffe: B; Fass: A*

Stichwortverzeichnis

Bildquellen

akg-images: 15 (3);
„Allensdorfer Lesebuch“ 2006, (Hrsg.) Fickeltünnes e. V. – 600 Jahre Stadt Allendorf: 143 re. u.;
Bergmoser + Hoeller, Aachen: 27, 118;
Bundesagentur für Arbeit, Nürnberg/planet-beruf.de/ Schülerarbeitsheft: 38 li.;
Bundesagentur für Arbeit, Nürnberg/planet-beruf.de/ Eltern: 38 Mi.;
Bundesagentur für Arbeit, Nürnberg/Beruf-Aktuell: 38 re.;
Bundesarbeitsgemeinschaft Berufswahlplatz, Hamburg: 51;
Bundesinstitut für Bau-, Stadt- und Raumordnung (BBSR), Bonn: 144;
Bundesinstitut für Berufsbildung (BIBB): 92 M2;
Bundesverband Informationswirtschaft, Telekommunikation und neue Medien e. V. (BITKOM): 109;
Bundesministerium für Arbeit und Soziales (BMAS), Bonn: 140 (Logo); 141;
Bundesministerium für Umwelt, Naturschutz und Reaktorsicherheit (BMU), Berlin: 111 M4;
Cornelsen Verlagsarchiv: 15 (1–2), 122 li.;
DGB Bundesverband, Abt. Kommunikation und Öffentlichkeitsarbeit, Berlin: 89;
DIHK – Deutscher Industrie- und Handelskammertag e. V., Berlin: 61;
Elsen, Martin, Stade: 128 li.;
Fischer, Lillian, Berlin: 14;
Fotolia.com: 7 li. o. (© contrawerkstatt); 7 li. u. (© pressmaster), 7 re. o. (© Deklofenak), 7 re. u. (© Kzenon), 39 li. Mi., 77 (© alphaspirit), 79 li. u. (© VRD), 81 li. o. (© contrawerkstatt), 82 li (4) (© contrawerkstatt), 105 (© vector/Angela Stolle), 113 re. o. (© MAST), 122 re. (1 – 3) (© Gina Sanders), 124 (© pix4U), 126 li. (© Rainer Plendl), 126 re. (© LV DESIGN), 127 (© Angelika Bentin);
Gesellschaft für Wirtschaftsförderung Duisburg mbH, Abt. Technologiezentrum: 149;
© IAB – Kurzbericht 1/2007: 92 M1;
imu-Infografik, Duisburg: 41 re. u., 111;
© 2011 IW Medien – iwd 40: 29 M3, 29 M4, 110 M2;
Klöckener, Franz, Sundern: 143 re o.;
© Kochen macht Schule gGmbH/www.kochen-macht-schule.org: 95 (2);
Krüper, Bielefeld: 88 li. o.;
Kurowski, Walter, Oberhausen: 17, 98 re., 148;
© Kussmaul, Sabine: 84;
Mahler, Dirk, Neuruppin: 151;
Mester, Gerhard, Wiesbaden: 102;
Mujkanovic, Denis, Nordenham: 60, 63;
Neues Marketing – Werbeagentur, Sundern: 143 li. o., 143 li. u.;
picture-alliance: 95 (1) (ASA/Faugere), 135 li. (akg-images);
picture-alliance/dpa © dpa: 79 li. o., 99;
picture-alliance/dpa © dpa-Bildarchiv: 22, 138 re u.;
picture-alliance/dpa © dpa-Fotoreport: 104, 150;
picture-alliance/dpa © dpa-Report: 87 li. o., 130;
picture-alliance/dpa-infografik © dpa-infografik: 6, 9 li. u., 16, 18, 20 li., 20 re., 23, 24, 25 re., 28 li., 28 re., 29 M1, 29 M2, 30, 34 u. re., 94, 103, 116, 139 li. u., 142 li., 142 re.;
picture-alliance/dpa-Grafik © dpa-Grafik: 34 re. o., 135;
picture-alliance/Globus-Infografik © Globus-Infografik: 49, 139 re. o.;
picture-alliance/ZB © dpa-Report: 138 re. Mi.;
Plaßmann, Thomas, Essen: 33 li.;
Project Photos: 35, 147 li. o., 147 re. o.;
Schamuhn, Anette, Berlin: 35 (Foto: Project Photos), 39, 42, 80, 86 (Foto: Peter Wirtz), 95 (3), 98 li., 125 (Foto: Dirk Schamuhn), 137, 138 re. o. (Foto: Peter Wirtz), 138 li., 147 (Fotos: Project Photos/Peter Wirtz);
Schamuhn, Dirk, Berlin: 125;
Schüler, Detlev, Berlin: 65, 66, 76, 96;
SeeReal Technologies, Dresden: 106 re. o.;
Severin Elektrogeräte GmbH, Sundern: 9 re. o.,
Shutterstock: 81 re. u. (© Mihai Blanarn), 82 li. (1) (© Antonio Jorge Nunes), 82 li. (2) (© fotoluminate), 82 li. (3) (© GekaSkr), 82 re (1) (© konstantynov), 82 re. (2) (© Santos);
© Spekking, Raimund/CC-BY-SA-3.0 (via Wikimedia Commons): 108;
Stadt Dortmund/Architekturbüro Stegepartner: 153 (3);
Stiftung Haus der Geschichte, Bonn: 31 (Jupp Wolter/ Künstler), 117 (Peter Leger/Künstler);
TTT The Team Composite AG, Stade: 134;
Vario Press, Hamburg/Härtel: 107;
Verband der Privaten Bausparkassen e. V., Berlin: 25 li.;
VITRONIC Dr.-Ing. Stein Bildverarbeitungssysteme GmbH, Wiesbaden: 106 re. u.;
Wirtz, Peter, Dormagen: 11, 13, 19, 33 re., 40, 41 li. o., 46, 50, 52, 55, 57, 72, 74, 87 li. u., 86, 88 li. u., 101, 133, 147 u., 153 li. o. (1–2);

Nicht in allen Fällen war es möglich, die Rechteinhaber der Abbildungen ausfindig zu machen. Für eventuell entstandene Fehler oder Auslassungen bitten wir um Verständnis.
Berechtigte Ansprüche werden selbstverständlich im Rahmen der üblichen Vereinbarungen abgegolten.